백퍼 일본어
회화체 517

일본 애니, 일본 드라마를 박차고 나온 100% 회화체 말!

백퍼 일본어 회화체 517

1쇄 2023년 11월 20일

지은이 임단비, 노구치 가오리
감수 오쿠무라 유지

펴낸이 임형경
펴낸곳 라즈베리
마케팅 김민석
디자인 제이로드
내지 일러스트 홍수미
편집 장원희, 구라모토 타에코
등록 제2014-33호
주소 (우 132,873) 서울 도봉구 해등로 286-5, 101-905
대표전화 02_955_2165
팩스 0504_088_9913
홈페이지 www.raspberrybooks.co.kr
블로그 http://blog.naver.com/e_raspberry

ISBN 979-11-87152-37-8 (13730)

백퍼
일본어
회화체
517

일본 애니,
일본 드라마를
박차고 나온 100%
회화체 말

쩐!

임단비 · 노구치 가오리 지음
오쿠무라 유지 감수

Raspberry 라즈
베리

Introduction

이제껏 교과서적으로 공부한 일본어에 한계를 느껴 생활 일본어로 한 단계 업그레이드 해야 할 시기가 왔다는 생각이 들 때 이 책을 펼쳐보세요.

이 책은 말끝에서 미묘한 뉘앙스를 전달하는 종조사, 부드럽게 대화를 시작할 수 있게 도와주는 의문사 · 감동사, 줄여 말하다 보니 다른 말처럼 들리는 축약어, 실생활에서 즐겨 쓰는 단어 · 관용어 · 의성어 · 속담까지 두루 담았습니다.

백퍼 일본어 회화체 517개를 완벽히 소화한 후, 다양한 OTT를 통해 일본드라마나 애니메이션, 버라이어티 프로그램을 원어로 직접 들어보세요. 들리는 일본어가 생기는 순간, 여러분의 일상에 소소하고 행복한 쾌감이 찾아옵니다.

백퍼 일본어 회화체의 "이 책 괜찮네~" 5가지 포인트

1 일본어 회화체 표현이 듬뿍! 517개!
2 예문이 듬뿍!
3 지루하지 않게 일러스트가 듬뿍!
4 원어민 음성 mp3는 덤!
5 유투브 강의도 덤!

임단비 · 노구치 가오리

How to learn 3단계

일본어 회화체 말 3단계 학습법! 일본어 회화체 말을 상황별로 '냉큼' 활용하실 수 있도록 도와드립니다.

---

029 もしもし 여보세요, 저기요

전화를 걸 때, 다른 사람을 부를 때 쓰는 말이다. 상대가 듣기 싫은 말을 할 때 못 들은 척 넘어가고 싶을 때도 쓴다.

Ⓐ もしもし、ちょっとそこのおねえさん！
Ⓑ えっ？ 私ですか？
Ⓐ 今の生活を変えたくありませんか？
Ⓑ 結構です。満足してます。

A : 저기요, 거기 아가씨!
B : 네? 저요?
A : 지금 생활을 바꾸고 싶지 않나요？
B : 됐어요. 만족해요.

1단계 warm up

'회화체 말'을 익히기 위한 준비 운동

감동사, 종조사, 회화체 단어, 축약어로 익히는 생생 일본어 회화체 말! 지루한 설명 쏙 빼고, 바로 활용할 수 있는 대화문으로 반복 학습하세요.

2단계 situation nihongo

일본 애니 & 드라마 속 생생하게 살아 있는 상황별 일본어

warm up으로 미리미리 공부한 표현들을 상황별로 충분히 복습하면서 생활 속 관용 표현까지 놓치지 말고 챙겨 보세요.

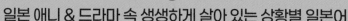

---

137 いい加減(かげん) 적당히, 어지간히, 작작, 이제 슬슬

진행머리가 난감하거나 참을성이 한계치에 도달했을 때 쓰는 말이다. 너무 지나치지 않게 적당히 하라고 남에게 주의 줄 때 쓴다.

(UFO캐치머-しながら)
Ⓐ もういい加減諦めたら？
Ⓑ まだだよ。もうちょいで取れるとこなんだよ。(落ちる)
Ⓐ ほら、またダメだったじゃん。
Ⓑ くやしー、借しかったのに、あともう一回だけ。

(인형뽑기 하면서)
A : 이제 그만 포기하지 그래?
B : 아직이야. 조금만 더하면 집을 수 있을 것 같단 말이야. (떨어진다)
A : 거봐, 또 실패했잖아.   B : 분해, 아슬아슬했는데. 한 판만 더.

---

363 ついてる 재수 좋다
ついてない 재수 없다

ついてる는 '운이 좋은 것', ついてない '운이 없는 것'을 말한다.

Ⓐ テストどうだった？
Ⓑ もうボロボロだったよ。
Ⓐ ヤマあたんなかったの？
Ⓑ 全然あたんなかった。まじついてないよ。

→ヤマをかける 찍어서 공부하다
→ヤマがあたる 찍어서 공부한 곳이 나오다
→ヤマあたんなかったの？ = ヤマがあたらなかったの？ 여보 문제가 비나간거야? 찍은 게 안 나갔어?

A : 시험 어땠어? B : 아주 엉망이었어.

3단계
wrap up

'회화체 말'을 익히기 위한 마무리 운동

끝으로 일본어 회화체 표현을 더욱 풍부하게 해 주는 의성어, 의태어가 포함된 부사와 속담까지 더한 wrap up으로 일본어 회화체 말 3단계 학습을 알차게 마무리해 보세요.

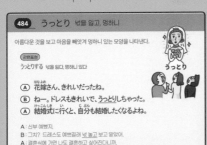

484 うっとり 넋을 잃고, 멍하니

아름다운 것을 보고 마음을 빼앗겨 멍하니 있는 모양을 나타낸다.

관련표현
うっとりする 넋을 잃다, 멍하니 있다

Ⓐ 花嫁さん、きれいだったね。
Ⓑ ねー。ドレスもきれいで、うっとりしちゃった。
Ⓐ 結婚式に行くと、自分も結婚したくなるよね。

A : 신부 예뻤지.
B : 그치? 드레스도 예쁘길래 넋 놓고 말았어.
A : 결혼식에 가면 나도 결혼하고 싶어진다니까.

백퍼 홈페이지　　유튜브 강의　　팟빵 강의

원어민 음성과 강의 백퍼 활용법
이 책은 원어민 음성 MP3와 강의가 준비되어 있습니다.

1 홈페이지에서 다운받은 원어민 음성을 듣는다 (www.raspberrybooks.co.kr)
2 알아듣는 말을 메모한다
3 책을 보고 못 알아들었던 말을 형광펜으로 표시한다
4 문장이 이해가 되지 않을 때는 유튜브나 팟캐스트 검색창에 '백퍼 일본어 회화체'로 검색하여 음성 강의를 듣는다
5 다시 책을 보지 않고 원어민 음성 파일을 들어 내 것으로 흡수한다

Contents

warm up
'회화체 말'을 익히기 위한 준비 운동

warm up 1
말꼬리에 착착 달라붙는 '종조사' 익히기

001　~だ 24
002　~か 25
003　~んだ / ~んです 26
004　~じゃん 27
005　~よ 27
006　~ね / ~な 28
007　~よね / ~よな 29
008　~の 30
009　~なの 31
010　~のよ 32
011　~のよね 32
012　~ぞ 33
013　~ぜ 33
014　~さ 34
015　~わ 34
016　~かも 35
017　~かな 35

018　~かしら 36
019　~っけ 36
020　~もん 37
021　~とか 37
022　~かい 38
023　~みな 39
024　~や 40
025　~のやら 40
026　~たまえ 41
027　~じゃ 42
028　~のう 42

あのう・・・

warm up 2
자연스럽게 말을 꺼내는 '감동사' 익히기

029　もしもし 43
030　あのう 44
031　あのさ 44
032　あのね 45
033　あのなぁ 45

034 そうだ！ 46
035 ねぇねぇ 46
036 ほら 47
037 ジャーン 47
038 おい / おいおい 48

warm up 3

대화의 물꼬를 터 주는 '질문' 익히기

039 どう？ 49
040 どうした？ 50
041 なぜ？ 50
042 なんで？ 51
043 なんて？ 51
044 なにそれ？ 52
045 どうして？ 52
046 どういうこと？ 53
047 なにかあった？ 53
048 なにがあった？ 54

warm up 4

짧지만 감정을 툭 드러내는 '감동사' 익히기

049 あら 55
050 おや 56
051 あれ？ 56

052 おっと 57
053 えっ 57
054 ゲッ 58
055 は？ 58
056 よし 59
057 よいしょ 59
058 やれやれ 60
059 まあ 60
060 さあ〜 61
061 おお、おー 61
062 いやぁ 62
063 な〜んだ 63
064 なるほど 63
065 もう、もぅ 64

warm up 5

알고 나면 무지 쉬운 '회화체 단어' 익히기

066 わたし→あたし 65
067 あなた→あんた、あーた 66
068 おまえ→おめえ 66
069 あそこ→あすこ、あっこ 67
070 そうか→そっか、そーか 67
071 どこか→どっか 68
072 それでもいいか→それでもいっか 68
073 いいえ→いえ 69
074 そうそう→そそ 69
075 いたい→いてえ→いってぇ、って

え、いて 70

076 こんにちは → こんちは 70

077 おじさん → おっさん、おっちゃん、お
じん / おばさん → おばはん、おばん 71

078 やはり → やっぱ(り) 71

079 あまり → あんま(り) 72

080 すこし → ちょっと、ちょい、ちょっぴり、
ちびっと 72

081 すこしも → ちっとも 73

082 ちいさい → ちっこい、ちっちゃい 73

083 かわいい → かわいー、かわゆい 74

084 いらっしゃい → らっしゃい 74

085 うるさい → るさい、るせぇ、るっせぇ 75

086 ところ → とこ 75

087 ほんとう → ほんと、んと 76

088 すみません → すいません 76

089 ていうか → つうか 77

まぁ いいじゃん

warm up 6

편하게 줄여 쓰는 '축약어' 익히기

090 ~では → ~じゃ 78

091 の → ん / ので → んで / のだ → んだ 79

092 ない → ねー、ねぇ 79

093 ない → ん 80

094 らない、れない → んない 80

095 る → ん 81

096 られる → れる 82

097 ~です → ~(っ)す 83

098 ~たい → ~て 、~てぇ 83

099 ~ている → ~てる
(~でいる → ~でる) 84

100 ~ていく → ~てく
(~でいく → ~でく) 84

101 ~ておく → ~とく
(~でおく → ~どく) 85

102 ~てしまう → ~ちゃう、~ちまう
(~でしまう → ~じゃう、~じまう) 86

103 ~てしまった → ~ちゃった
(~でしまった → ~じゃった、
~じまった) 87

104 ~はいけない → ~ちゃいけない(~で
はいけない → ~じゃいけない) 88

105 ~てあげる → ~たげる / ~てやる →
~たる 89

106 ~なければ → ~なけりゃ、~なきゃ 90

107 ~ても → ~たって(~でも → ~だって) 91

108 ~と → ~って / ~という(명사) → ~
っていう / ~という → ~って 92

109 これは → こりゃ / それは → そりゃ /
あれは → ありゃ 93

110 え段 + ば → い段 + ゃ(ぁ) 94

111 ~ればどう? → ~れば? / ~たらどう? →
~たら?(~だらどう? → ~だら?) 96

112 ~ているの? → ~てんの?
~ているんだ? → ~てんだ? 97

situation nihongo 1

의견을 말하는 장면

situation nihongo 2

화를 내는 장면

113　とりあえず 100

114　まず 101

115　いちおう 101

116　じつは 102

117　ぶっちゃけ 102

118　いっとくけど 103

119　そもそも 103

120　とにかく 104

121　だって 104

122　～って、～ってば 105

123　いっそ 105

124　～なんて 106

125　どうせ 107

126　たかが 108

127　せっかく 109

128　いまのところ 109

129　なんだかんだ 110

130　どうでもいいし 110

131　どうにかなるよ 111

132　しょうがないじゃん 111

133　くそっ 112

134　こら！ 113

135　チクショー、チキショー 113

136　ふざけんな 114

137　いいかげん 114

138　なめんなよ、ナメるなよ 115

139　あなた、なにさまのつもり？ 115

140　かんけいない 116

141　めくじらをたてる 117

142　ムキになる 118

143　ぎゃくギレ 118

144　おもわずぼやく 119

145　ねにもつ 119

146　でしゃばる 120

147　ツケがまわってくる 121

148　ざまをみろ、ざまぁをみろ 122

149　どくをはく 123

situation nihongo 3

반성, 사과, 후회하는 장면

150 ごめん 124
151 すまんかった 125
152 ゆるしてくれ 125
153 くやんでもくやみきれない 126
154 わびをいれる 126
155 みずにながす 127
156 なかったことにする 127
157 むねにてをあててかんがえる 128
158 あわせるかおがない 128
159 あとのまつり 129

situation nihongo 4

소문, 연예계에 관한 대화 장면

160 さばをよむ 130
161 さいブレイク 131
162 デマ 131
163 シャッターチャンス 132
164 めヂカラ 132
165 ジェネレーションギャップ 133
166 ネタばれ 134
167 はがゆい 134
168 こじれる 135

169 ベタ 135
170 うれっこ 136
171 くちコミ 137

situation nihongo 5

의외라는 표정을 짓는 장면

172 うそ！ 138
173 まじ！ 139
174 ありえない 140
175 びっくりぎょうてん 140
176 とんでもない 141
177 どういうかぜのふきまわし？ 142
178 ひょんなことから 142
179 めからうろこがおちる 143
180 ふにおちない 143

situation nihongo 6

약속하는 장면

181 せんやく 144
182 すっぽかす 145
183 ドタキャン 145
184 ぬきさしならないじじょう 146
185 ばくすいする 146
186 りょうかい 147

187 ギリギリ / ギリギリセーフ 148
188 こうじつ 149

situation nihongo 8

스타일에 관한 대화 장면

210 さまになる 166
211 いやしけい 167
212 エロかわ 168
213 いろけ 168
214 おとこうけ / おんなうけ 169
215 ちょいワル 170
216 ダサい 170
217 ヤワ 171
218 ぼせいほんのうをくすぐる 172
219 ねこぜ 172
220 だいいちいんしょう 173
221 ちかよりがたい 173
222 どうがん 174
223 ねこをかぶる 174
224 ギャップ 175
225 カラげんき 175
226 もうそうへき 176
227 ちからもち 176
228 つよがる 177
229 しりがるおんな 177

situation nihongo 7

연애에 대한 대화 장면

189 ほれる 150
190 いしきする 151
191 みゃくあり / みゃくなし 152
192 かまをかける 153
193 けんがい 153
194 ぬけがけ 154
195 えんきょりれんあい 154
196 かまって 155
197 けんたいき 156
198 のろけばなし 156
199 おそろい、おそろ 157
200 はがうく 157
201 ムード 158
202 ～ざんまい 159
203 めあて 160
204 ひとなみ 161
205 ビビる 161
206 むちゃぶり 162
207 したみ 163
208 ネタぎれ 164
209 けりをつける 165

situation nihongo 9

성격 관한 대화 장면

230 めんくい 178
231 そうしょくけいだんし / にくしょく
けいじょし 179
232 よるがた / あさがた / やこうせいに
んげん 180
233 おてんば 181
234 シャイ 181
235 マメ 182
236 おたかくとまる 182
237 おとなびた / こどもじみた 183
238 ががつよい 184
239 かげがうすい 184
240 そりがあわない 185
241 ガラじゃない 185
242 きまぐれ 186
243 うちべんけい 187
244 うつわがおおきい / うつわがちいさい
188
245 だるい 189
246 ～をきどる 190
247 ～フェチ 191

situation nihongo 10

말, 행동에 관한 대화 장면

248 オチ 192
249 かたこと 193
250 ことばづかい 193
251 かつぜつ 194
252 ぎこちない 194
253 ちゃちゃをいれる 195
254 くちをすっぱくしていう 195
255 くちをそろえる 196
256 あげあしをとる 196
257 くうきをよめない、KY 197
258 つきあいがいい / つきあいがわるい
198
259 ノリがいい / ノリがわるい 198
260 ひく 199
261 ドンびき 200
262 ういてる 200
263 てんねん 201

situation nihongo 11

불평, 불만을 하는 장면

264 にどでま 202
265 なによ 203
266 せこい 203
267 うんざり 204
268 ずるい 205
269 ずうずうしい 205
270 はなにつく 206
271 ちょうしにのる 206
272 みもふたもない 207
273 トラブルメーカー 207
274 ちょうウザイ 208
275 つれない 208
276 すじあい 209
277 くだらない 209
278 かたをもつ 210
279 ケチじゃなくてエコ 210
280 けちをつける 211
281 シカト 211
282 これみよがしに 212
283 しろいめでみる 212
284 たなにあげる 213
285 じこチュー 213
286 じらいをふむ 214
287 ダメだし 214
288 たりきほんがん 215

situation nihongo 12

기분, 마음상태를 말하는 장면

289 しょげる 216
290 へこむ 217
291 きがめいる 217
292 うっとうしい 218
293 むなしい 219
294 きげんがわるい 219
295 テンションがあがる / テンションが
    さがる 220
296 はしゃぐ 221
297 くつろぐ 221
298 まったり 222
299 よゆうない 223
300 やりきれない 223
301 きがきでない 224
302 なきべそ 224
303 はんなき 225
304 じれったい 225
305 ぶきみ 226

situation nihongo 13

가정과 관련된 대화 장면

306 しりにしかれている 227
307 おによめ 228
308 カカアでんか / ていしゅかんぱく 229
309 かぎっこ 230
310 ほったからしにする 230
311 おやばなれ / こばなれ 231
312 すねをかじる 231
313 おちこぼれ 232
314 ともばたらき、ともかせぎ 232
315 はこいりむすめ 233
316 なりたりこん 234

situation nihongo 14

가족 간의 대화 장면

317 こごと 235
318 とっとと 236
319 さっさとしろよ 236
320 おてて 237
321 ねんね 237
322 みちくさ 238
323 みみにタコ 238

324 あうんのこきゅう 239
325 ちょうだい、ちょーだい 239
326 あしのふみばもない 240
327 もんげん 240

situation nihongo 15

아줌마들의 대화 장면

328 おじゃましてます 241
329 こうえんデビュー 242
330 しょたいじみている 243
331 せけんしらず 244
332 だだをこねる 244
333 グレる 245
334 そっくり 246
335 しつけ 246
336 ねぞうがわるい / ねぞうがよい 247
337 ぬかよろこび 247
338 そろそろおいとまします 248
339 ながいしました 248

situation nihongo 16

학생들의 대화 장면

340 がくえんさい 249
341 がくしょく 250

342 しゅっせきをとる 251

343 ちくる 251

344 ちこくま 252

345 パンキョー 253

346 プレッシャー 253

347 かりパク 254

348 きあい 254

349 ググる 255

350 むだあし 255

351 いたくもかゆくもない 256

352 ひにくる 256

353 みみがいたい 257

354 メアド 257

355 こうこうデビュー 258

356 イメチェン 258

357 ～びより 259

358 ごがつびょう 260

359 なつバテ 260

360 ゼミ 261

361 よいおとしを 261

362 あけおめことよろ 262

366 ジンクス 265

367 らくしょう 265

368 ベストをつくす 266

369 ひょうしぬけ 266

370 おてあげ 267

371 もともこもない 267

372 きがぬける 268

373 あさめしまえ 269

セクハラで訴えてやりたい。

situation nihongo 18

직장에 관한 대화 장면

374 すずめのなみだ 270

375 じょしかい 271

376 まけいぬ / かちいぬ 272

377 セクハラ 273

378 ふところがさみしい 273

379 しゅっせがしら 274

380 にっちもさっちも 274

381 じばらをきる 275

382 ろとうにまよう 275

383 ぷー、ぷー太郎 276

384 とらばーゆ 276

situation nihongo 17

시험에 관한 대화 장면

363 ついてる / ついてない 263

364 まぐれ 264

365 げんかつぎ 264

situation nihongo 19

일에 관한 장면

385 さしいれ 277

386 ごまをする 278

387 しごく 278

388 ヘマ 279

389 つめがあまい 279

390 しんどい 280

391 ねこのてもかりたい 280

392 はかどる 281

393 キリがいい / キリがわるい 282

394 まくらをたかくしてねる 282

395 かたのにがおりる 283

396 あたまがさがる 283

situation nihongo 20

고민, 상담하는 장면

397 そうだんにのる 284

398 ここだけのはなし 285

399 ひとはだぬぐ 285

400 フォローする 286

401 ぜんとたなん 286

402 しゃこうじれい 287

403 はらをわって 287

404 ずばり 288

405 そのばしのぎ 288

406 たいこばんをおす 289

407 くびをつっこむ 289

408 トラウマ 290

409 こころをおににして 291

410 ふんぱつして 291

411 きよみずのぶたいからとびおりるつ
   もりで 292

situation nihongo 21

난처한 장면

412 まいった 293

413 かんべんしてほしい 294

414 しまった 295

415 やばい 295

416 まずい 296

417 やっちゃった 296

418 やましい 297

419 ずぼし 297

420 きょどる 298

421 とりつくしまもない 298

422 ま、いっか 299

423 やらかす 299

situation nihongo 22

술자리, 술에 관한 대화 장면

424 かんじ 300

425 いっきのみ 301

426 コールしてのませる 301

427 おうさまゲーム 302

428 はらおどり 302

429 イナバウアー 303

430 グロッキー 303

431 たくのみ 304

432 たちがわるい 304

433 てがつけられない 305

434 きがおけない 305

435 でんぱない 306

436 オール 306

437 まきで 307

situation nihongo 23

사건, 사고, 추궁에 관한 대화 장면

438 アリバイ 308

439 ぬれぎぬ 309

440 デカ / ホシ 309

441 ふこうちゅうのさいわい 310

442 じこる 310

443 しらをきる 311

444 ねもはもない 311

445 あじをしめる 312

446 ねほりはほり 312

447 くぎをさす 313

448 けんとうがつく 313

449 ひょうざんのいっかく 314

450 ぶっかけられる 314

451 ネコババ 315

situation nihongo 24

음식, 다이어트에 관한 대화 장면

452 おススメ 316

453 ごちそう 317

454 くいつく 318

455 むしょうに 318

456 めのいろがかわる 319

457 したづつみをうつ 319

458 こだわり 320

459 おおぐい 320

460 おくがふかい 321

461 ハマる 321

462 やつれる 322

463 やけになる 322

464 やみあがり 323

situation nihongo 25

일상적인 수다 장면

465 ガラクク 324
466 マニア 325
467 パシリ 325
468 ナマあし 326
469 バッサリ 326
470 ひえしょう 327

471 ぶなん 327
472 ややこしい 328
473 ひきたてやく 328
474 ほんね / たてまえ 329
475 めぼしをつける 329
476 ていばん 330
477 てかげん 330
478 ゆるキャラ 331
479 エコ(eco) 331
480 うれすじ / しにすじ 332

wrap up

'회화체 말'을 익히기 위한 마무리 운동

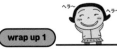

wrap up 1

알아두면 득이 되는 '부사' 익히기

481 うっかり 336
482 いきいき 337
483 うかつに 337
484 うっとり 338
485 うやむや 338
486 おおげさ 339

487 おもいきって 339
488 がっかり 340
489 がむしゃら 340
490 ぐったり 341
491 しみじみ 341
492 けちょんけちょん 342
493 たっぷり 343
494 だらだら 343
495 ちゃらちゃら 344
496 つくづく 344
497 ぴったり 345

498 ぶらぶら 345

499 べたべた 346

500 へっちゃら、へいちゃら 346

501 ヘラヘラ 347

502 ホヤホヤ 348

508 うそもほうべん 353

509 めとはなのさき 353

510 てとりあしとり 354

511 たなからぼたもち、たなぼた 354

512 たよりのないのはよいたより 355

513 にそくのわらじをはく 355

514 ひゃくぶんはいっけんにしかず 356

515 ぶたにしんじゅ 356

516 まごにもいしょう 357

517 るいはともをよぶ 358

wrap up 2

회화에 자주 나오는 '속담' 익히기

503 はなよりだんご 349

504 かわいさあまってにくさ100ばい 350

505 ごうにいればごうにしたがえ 351

506 かぜあたりがきびしい、かぜあたりが
つよい 351

507 はれものにさわる 352

Index 360

warm up

1 말꼬리에 착착 달라붙는 '종조사' 익히기
   교과서에 안 나오는 표현까지 한 번에 정리한다!

2 자연스럽게 말을 꺼내는 '감동사' 익히기
   말은 시작이 반이다!

3 대화의 물꼬를 터 주는 '질문' 익히기
   진심 어린 질문으로 대화의 물꼬를 튼다!

4 짧지만 감정을 툭 드러내는 '감동사' 익히기
   일본어를 더욱 일본어답게 만들어 준다!

5 알고 나면 무지 쉬운 '회화체 단어' 익히기
   내가 배운 일본어가 실제로는 이렇게 쓰인다!

6 편하게 줄여 쓰는 '축약어' 익히기
   실제 일본인들은 이렇게 줄여서 말한다!

“이것만 알아도 일드 감상이 훨씬 쉬워진다!”

'회화체 말'을 익히기 위한 준비 운동

よーいどん！

やるぞ！

교과서에 안 나오는 표현까지 한 번에 정리한다!
말꼬리에 착착 달라붙는 '종조사' 익히기

콕 집어 정리하기 어려운 종조사. 단어처럼 마냥 외울 수도 없는 데다 같은 말이라도 각각의 문장마다 뉘앙스가 다를 수 있기 때문에, 종조사를 익히는 가장 좋은 방법은 일본 애니나 드라마를 많이 접하는 거랍니다. 다양한 상황 속에 자연스럽게 노출되다 보면 귀에 착착 감겨 입 밖으로 술술~. 남자, 여자, 나이에 따른 말투 구분도 한결 쉽게 느껴질 거예요. 단, 아직 말끝에 종조사 붙이기가 어색할 땐 'です입니다', 'ます합니다'와 같은 정중한 말투로 안전하게!

001 ～だ ~이다

명사나 な형용사는 작문이나 일기에서는 だ를 넣어 쓰지만 말할 때는 빼고도 말한다. 현재를 나타낼 때 い형용사는 원형 그대로 쓰고, 동사의 경우 원형으로 말하면 지금 하려고 하는 가까운 미래의 행동, 습관적인 행동이나 일반적인 사실을 나타낸다.

Ⓐ 今日から夏休みだ。

Ⓑ 休みだからってゴロゴロしてると、あっという間に終わっちゃうよ。

Ⓐ わかってるよ。あ、友達から電話だ。

Ⓑ ほんとにこの子ったら…。

A : 오늘부터 여름방학이다.
B : 방학이라고 해서 빈둥빈둥거리면 눈 깜짝할 새에 끝나버린다.
A : 알고 있어요. 아, 친구한테 전화 왔다.
B : 정말이지 얘는….

002　〜か ~까?

일본에서 의문을 나타낼 때 'か 까?'를 넣는다. 다만 말할 때는 か를 빼고 끝을 올려서 말하는 경우가 많다.

Ⓐ ねえ、今日どこ行く？

Ⓑ そうねぇ。映画行かない？

Ⓐ いいねぇ、今面白いの何やってる？

Ⓑ これいいね、これ見ようよ。

A : 있지, 오늘 어디 갈래?
B : 그러게. 영화 보러 안 갈래?
A : 좋다, 지금 재밌는 거 뭐 해?
B : 이거 좋다, 이거 보자.

ドキドキ〜　ワクワク〜

Ⓐ 予定より早く仕事終わっちゃいましたね。

Ⓑ そうですね。これからどうしますか？

Ⓐ 会社に戻るのもあれだし、直帰します？

Ⓑ そうですね。部長に報告してみます。

A : 예정보다 일이 빨리 끝나버렸네요.
B : 그러게요. 이제부터 어떻게 할까요?
A : 회사에 들어가는 것도 그렇고, 바로 퇴근할까요?
B : 그럴까요. 부장님에게 보고해 볼게요.

남녀 모두 쓸 수 있는 말로, 〜んだ는 〜のだ, 〜んです는 〜のです의 회화체다. 발생한 어떤 일에 대한 사정을 설명할 때 쓴다.

Ⓐ 昨日このかばん買った<u>んだ</u>。

Ⓑ かわいいね。

Ⓐ セールだから安かった<u>んだ</u>。

Ⓑ 全然安物っぽく見えないよ。

A : 어제 이 가방 산 <u>거야</u>.
B : 예쁘네.
A : 세일해서 싸게 산 <u>거야</u>.
B : 전혀 싸구려처럼 안 보여.

Ⓐ これ、つまらないものですが、日本のお土産です。

Ⓑ ありがとうございます。日本に行った<u>んですか</u>？

Ⓐ はい、友達と旅行で行った<u>んです</u>。

Ⓑ そうだった<u>んですか</u>、いいですね。

A : 이거, 별거 아니지만 일본에서 사 온 선물입니다.
B : 고맙습니다. 일본에 다녀오신 <u>건가요</u>?
A : 네. 친구랑 여행 다녀왔<u>거든요</u>.
B : 그러셨던 <u>거예요</u>? 부럽습니다.

자신의 의견을 강조할 때 쓴다. '〜ではない → 〜じゃない ~은 아니다'가 변한 말로 친한
사이에 격의 없이 쓴다. 정중히 말할 때는 '〜じゃないですか？ ~가 아닌가요?', '〜じゃ
ないでしょうか？ ~가 아닐까요?', '〜じゃありませんか？ ~가 아닙니까?'라고 한다.

(A) あれ、ここらへんに公衆電話があったはずなんだけどな。
(B) もっと先じゃない？
(A) いや、確かここの角にあったはず…。
(B) なくなったんじゃない？ 今時公衆電話を使う人いないじゃん。

A : 어라, 이쯤에 공중전화가 있었던 것 같은데. B : 좀 더 앞쪽 아니야?
A : 아냐. 분명 여기 모퉁이에 있었던 것 같은데….
B : 없어진 거 아니야? 요즘 공중전화 쓰는 사람 없잖아.

상대가 모르고 있다고 생각하는 것을 강조하여 알릴 때 쓰는 말로, 남녀 모두 쓸 수 있다.
だ, です 뒤에 붙여 だよ, ですよ와 같은 식으로 쓴다. 다만, 이 よ는 친한 사이에 편하게
쓸 수 있는 말로, 우리말의 '~요'처럼 정중한 느낌을 주지는 않는다.

(A) あそこの居酒屋安いのにおいしいんだよ。
(B) じゃあ今度一緒に行こうよ。
(A) 今日行く？
(B) いいね、他のみんなも誘おうよ。

A : 저 술집 싼데도 맛있어. B : 그럼 다음에 함께 가자.
A : 오늘 갈래？ B : 좋아, 다른 사람들도 함께 가자고 하자.

〜ね ~자, ~네, ~데, ~지, ~게
〜な ~네, ~데, ~군

상대가 알고 있다고 생각하는 것에 대해 동의를 구하거나 확인할 때 쓰는 말이다. 주로 여자는 ね를, 남자는 な를 쓴다. 간혹 혼잣말을 할 때 な를 쓰는 경우가 있는데 이 경우에는 남녀 상관없이 쓴다.

Ⓐ この映画、絶対一緒に見よう**ね**!
Ⓑ うん! 公開日に見に行こう**ね**!
Ⓐ 楽しみだ**ね**! 予約したほうがいいかな。
Ⓑ 私が予約しておく**ね**。

A : 이 영화 꼭 함께 보자, 응?
B : 그래! 개봉일에 보러 가자!
A : 기대되는데! 예약하는 게 좋겠지?
B : 내가 예약해 둘게.

Ⓐ このラーメンおいしい**な**。
Ⓑ おお、かなりうまい**な**。
Ⓐ さすがテレビで紹介されただけある**な**。
Ⓑ テレビに出てても、あんまりおいしくないお店も多いけど、ここは
違う**な**。

A : 이 라면 맛있네.
B : 야, 꽤 맛있는데.
A : 역시 텔레비전에 나온 이름값을 하는군.
B : 텔레비전에 나와도 별로 맛없는 가게도 많은데,
  여기는 다르네.

확인할 때, 상황을 설명하면서 말을 꺼낼 때, 친한 사이에 자신의 근황을 알릴 때 쓰는 말이다. 주로 よ와 ね가 합해진 よね는 여자가 쓰고, よ와 な가 합해진 よな는 남자가 쓴다.

관련표현

今日(きょう)、月曜日(げつようび)だよね？ 오늘 월요일이지?

最近(さいきん)太(ふと)っちゃったんだよね。 요즘 살쪄 버렸네.

お前(まえ)、明日(あした)ゼミ行(い)くんだよな？ 너 내일 세미나 가지?

Ⓐ 最近食欲がないのよね。

Ⓑ 病院に行ったほうがいいんじゃない？

Ⓐ たぶん、夏バテだと思うんだよね。

Ⓑ でも、念のためお医者さんに診てもらったほうがいいよ。

• 夏(なつ)バテ 여름을 탐

• 念(ねん)のため 만약을 위해

A : 요즘 식욕이 없네.　B : 병원에 가 보는 게 좋지 않겠어?

A : 아무래도 여름을 타나 보네.　B : 그치만 만약을 위해 진찰받아 보는 게 좋을 거야.

Ⓐ オレ、最近、ちょっと太っちゃったんだよな〜。

Ⓑ そうか？ あんまりわかんないよ。

Ⓐ そうか？ あんまわかんないか。じゃ、いいや。

A : 나, 요즘 좀 살찐 것 같지?

B : 그래? 잘 모르겠는데.

A : 그래? 별로 티 안 나는구나. 그럼 됐네.

어떤 사실에 대해 부드럽게 단정지을 때, 감상을 말할 때, 상황을 설명할 때, 물어볼 때 등 등, 여자가 주로 쓰는 말이다. 연령에 상관없이 쓰긴 하지만 주로 젊은 여자들이 많이 쓰는 편이다.

관련표현

この服(ふく)、すごく安(やす)かったの。 이 옷 아주 싸게 샀어.

きのう、ドリアを作(つく)ったけど失敗(しっぱい)しちゃったの。
어제 도리아를 만들었는데 망쳤어.

Ⓐ あのアイドル、最近(さいきん)お気(き)に入(い)りなの。

Ⓑ そんなにかっこよくなくない？

Ⓐ そうなんだけど、バラエティに出(で)てるの見(み)ると、なんか可愛(かわい)いの。

Ⓑ 確(たし)かに愛嬌(あいきょう)はありそうだね。

A : 저 아이돌, 요즘 맘에 들어.
B : 그렇게 멋있어 보이진 않잖아?
A : 그렇긴 하지만, 버라이어티에 나오는 걸 보면 왠지 귀엽잖아.
B : 확실히 애교는 있어 보이네.

부드러운 단정을 나타낸다. 뒤에 같은 단정을 나타내는 だ나 です를 붙인 なのだ, なの
です는 더욱 강한 단정을 나타낸다. なのだ나 なのさ는 남자가 주로 쓴다.

> 관련표현

ほんとなの？ 정말 그래?

ほんとなの。 정말 그래.

ほんとなのよ。 정말 그런 거야.

ほんとなのね。 정말 그랬구나.

ほんとなんだ。 정말 그렇군.

ほんとなんです。 정말 그렇다니까요.

Ⓐ ねえ、聞いた？ お隣の山田さんお引越しするんですって。

Ⓑ そうなの？ それは寂しくなるわね。

Ⓐ なんでもご主人さんが会社やめちゃったらしいわよ。

Ⓑ そうなの〜。山田さんも大変ね〜。

• なんでも 확실히는 모르나, 어쩌면

A : 있지, 들었어? 옆집 야마다 씨 이사한대.

B : 그래? 이거 쓸쓸해지겠네.

A : 잘은 모르겠지만 남편이 회사를 그만 둬 버렸다나 봐.

B : 그랬구나. 야마다 씨도 힘들겠다.

～のよ ~인 거야, ~니까

단정을 나타내는 の, 주장을 나타내는 よ가 붙은 말로 주로 여자가 쓴다. 사정을 설명하면서 상대에게 상황을 알려줄 때 쓴다.

Ⓐ あなた、最近太ったんじゃない？

Ⓑ そうなのよ。もう～～困っちゃう。

Ⓐ ダイエットしなさいよ。

Ⓑ ダイエット、したいけど、できないのよ。

ダイエットしたいけど・・・

A : 너 요즘 살찐 거 아냐?
B : 그러니까. 진짜 미쳐 버리겠어.
A : 다이어트해.
B : 다이어트하고 싶지만, 안 된다니깐.

～のよね ~단 말이야, ~하잖아

단정을 나타내는 の, 말하는 사람의 의견을 나타낼 때의 よ, 동의를 구하는 ね가 붙은 형태이다. 정보와 확인을 동시에 나타낸다.

Ⓐ 最近、ダイエットしてもなかなか痩せられないのよ。

Ⓑ 私もなのよ。

Ⓐ どうしたら痩せられるのかしら？

Ⓑ そうなのよね。どうしたらいいんだろうね。

A : 요즘 다이어트해도 좀처럼 안 빠져.
B : 나도 그래.
A : 어떻게 하면 뺄 수 있을까?
B : 그러게 말이야. 어떻게 하면 좋을는지.

012 ～ぞ ~테다, ~거다

자신의 의지나 주장을 강하게 나타내는 말로, 주로 남자가 쓰는 말이다. 예를 들어, '行(い)くぞ 간다'라고 한다면 그 말 속에는 '네가 안 가도 나는 갈 거다'라는 강한 의지가 들어 있다. 이 밖에도 '勝(か)つぞ 이길 테다', 'やるぞ 해낼 테다'라는 말에서는 '이기겠다, 해내겠다'라는 스스로의 강한 다짐이 느껴진다.

(父親) お前、まだ自転車乗れないんだってな。友達に馬鹿にされるぞ。

(子供) もうされてるよ。クラスで乗れないの、僕だけだよ。

(父親) よし、じゃあ明日から毎朝早く起きて練習するぞ。

(子供) うん！がんばる！

아빠 : 너 아직 자전거 못 탄다며? 친구들이 무시한다.
아이 : 이미 무시당하고 있는걸요. 우리 반에서 못 타는 애는 저밖에 없어요.
아빠 : 좋아, 그럼 내일부터 매일 아침 일찍 연습하는 거다.   아이 : 네 열심히 할게요!

013 ～ぜ ~다, ~거든, ~자

주로 젊은 남자들이 쓰는 말로, 혼잣말이나 책임을 회피하는 듯한 뉘앙스가 담겨 있다. 친한 사이나 아랫사람에게 친근감을 갖고 가벼운 다짐을 할 때 쓰기도 한다.

(A) 明日試験なんだろ、家帰って勉強しなくていいのか？

(B) あんな試験、勉強なんてしなくたって楽勝だぜ。

(A) そんなこと言って、落ちたって知らないぜ。

(B) 大丈夫だって。余裕だよ。

A : 내일 시험이잖아, 집에 가서 공부 안 해도 괜찮아?
B : 그까짓 시험, 공부 안 해도 끄떡없거든.
A : 그렇게 말하다 떨어져도 모른다.
B : 괜찮다니까. 자신 있어.

014 ～さ ~야

요코하마, 도쿄의 사투리 표현으로 가벼운 주장을 나타낸다. 평소 남자들 사이에 편하게 쓰는 말이지만, 여자들이 센 느낌을 주려고 일부러 쓰기도 한다. 격식 있는 표현은 아니므로 너무 지나치게 쓰지 않도록 주의한다.

(A) こんな責任のある仕事、私に務まるかな。

(B) 心配するなよ。みんなも協力するからさ。

(A) もし失敗しちゃったらどうしよう。

(B) 大丈夫、今度はうまくいくさ。

● 務(つと)まる 맡은 바 임무를 해낼 수 있다

A : 이런 책임이 막중한 일을, 내가 해낼 수 있을까? B : 걱정하지 마. 모두가 도와줄 거야.
A : 만약 실패라도 하면 어떡해. B : 괜찮다니까, 이번에는 잘될 거야.

015 ～わ ~어, ~게, ~ㄴ걸, ~래

가벼운 주장이나 감탄, 결의를 나타내는 말로, 품위 있는 여성이 쓰는 느낌을 준다. 일본 애니나 드라마에서도 부잣집 사모님이나 따님이 쓰는 걸 목격할 수 있을 것이다. 단, 끝을 내려서 발음하게 되면 남녀 상관없이 쓸 수 있다.

(A) 大変！ 家の鍵閉めてくるの忘れちゃったわ！

(B) すぐ戻ったほうがいいわよ！

(A) そうね。戻って鍵閉めてくるわ。

A : 큰일이야! 집 열쇠 잠그는 걸 잊고 왔어.
B : 어서 집에 다녀오는 게 좋겠는걸.
A : 어. 가서 문 잠그고 올게.

〜かも ~일지도

어떤 일이 성립할 가능성에 대한 생각을 말하는 표현이다. 〜でしょう를 쓸 때보다 가능성이 낮아진다. かも는 '~かもしれない ~일지도 모른다', '〜かもしれません ~일지도 모릅니다'를 줄인 말이다.

Ⓐ ごめーん。明日行けない**かも**。

Ⓑ え～、どうして？ なにかあったの？

Ⓐ それが、急に仕事で呼び出し食らっちゃって。

Ⓑ そっか、残念。仕事じゃしょうがないね。

A : 미안. 내일 못 갈 수도. B : 뭐라고? 왜? 무슨 일 있어?
A : 그게 갑자기 일로 호출 당했지 뭐야. B : 그렇군. 아쉽다. 일이면 어쩔 수 없지.

〜かな ~려나

'勉強(べんきょう)しようかな。공부라도 할까나.'와 같이 스스로 묻거나 자신의 의지를 확인할 때, 'だれか代(か)わりに行(い)ってくれないかな。누가 대신 가주지 않으려나.'와 같이 원하는 것을 말할 때, 'どうして先輩(せんぱい)に対(たい)してあんな口(くち)の聞(き)き方(かた)するのかな。어떻게 선배에 대해 저런 말투를 쓸 수 있나.'와 같이 납득이 안 갈 때도 쓴다.

Ⓐ (服を選びながら)これ、どう**かな**？

Ⓑ いいね、似合ってるよ。

Ⓐ ほんと？ じゃ、これにしようっと！

A : (옷을 고르면서) 이거 어떠려나?
B : 좋다. 어울려.
A : 정말? 그럼, 이걸로 해야지!

018 　〜かしら　~을라나

의문을 나타낼 때 주로 나이 든 여자가 쓰는 말이다. わ와 마찬가지로 품위 있는 여성이나 쓸 것 같은 뉘앙스로, 평범한 젊은 여자들은 잘 쓰지 않는다.

- Ⓐ ちょっと塩入れすぎた<u>かしら</u>。味見てくれる？
- Ⓑ いや、もっと入れてもいいんじゃないかな？
- Ⓐ (塩入れる)どう<u>かしら</u>？
- Ⓑ うん、ちょうどよくなった。

• 味見(あじみ) 맛을 봄, 간을 봄

A : 소금을 너무 많이 넣었<u>을라나</u>? 간 좀 봐 줄래?
B : 아니, 좀 더 넣어도 괜찮지 않을까?
A : (소금을 넣는다) 어떨지 <u>모르겠어</u>?
B : 응, 간이 잘 맞아.

019 　〜っけ　~였지?, ~였나?, ~어라?, ~더라?, ~던가?

자신이 확실히 기억하지 못하는 것을 상대에게 확인하거나 자신의 기억을 되짚어 볼 때 쓴다. 정중하게는 〜ですっけ, 〜ましたっけ, 〜でしたっけ로 말한다.

- Ⓐ あれ〜、メガネがない。どこ置いた<u>っけ</u>？
- Ⓑ 机の上、探した？
- Ⓐ うん、探したけどないんだよ。
- Ⓑ そういえば、昨日寝る前に本読んでなかった<u>っけ</u>？

A : 어, 안경이 없다. 어디 뒀<u>더라</u>.
B : 책상 위 찾아봤어?
A : 응, 찾아봤는데 없었어.
B : 그러고 보니 어제 자기 전에 책 읽지 <u>않았었어</u>?

どこ置いたっけ？

변명이나 이유를 말할 때 여자나 어린아이들이 주로 쓰는 말이다. 회화에서는 の를 ん으로 발음하므로 もの가 もん이 된 것이다.

Ⓐ ダイエットするって言いながら、また甘いもの食べて…。

Ⓑ だっておいしそうだったんだ<u>もん</u>。

Ⓐ また太るよ。

Ⓑ 明日からは本気でダイエットする<u>もん</u>！

A : 다이어트 한다면서 또 단것을 먹으면 어떡해.
B : 그치만 맛있어 보였단 <u>말야</u>.
A : 또 살찐다.
B : 내일부터는 정말로 다이어트 할 거<u>란</u> 말야.

확실치 않은 예를 제시할 때 남녀 상관없이 쓰는 말이다. 여행지를 고르거나 뭘 먹으면 좋을지 고민하는 상황에서 쓰면 된다. 자신의 의견을 직설적으로 말하지 않고 넌지시 돌려 말하고 싶을 때 쓰는 표현이기도 하다.

Ⓐ どっか旅行行きたいね。温泉<u>とか</u>。

Ⓑ いいね〜、どこがいいかね。

Ⓐ 伊豆<u>とか</u>？

Ⓑ そうだね、近い所がいいね。箱根<u>とか</u>ね。

A : 어디 여행 가고 싶다. 온천이<u>라든가</u>. B : 괜찮은데~, 어디가 좋을까.
A : 이즈<u>라든가</u>? B : 그래, 가까운 곳이 좋겠다. 하코네<u>라든가</u> 말이야.

022 〜かい？ ~나?

질문할 때 쓰는 말로, 주로 중년 이상의 나이 든 남자가 쓴다. 자신보다 어린 상대나 여성에게 약간 부드럽게 물어보는 느낌이다. 직장 상사나 집에서 아버지들이 쓰는 말이라고 생각하면 된다.

Ⓐ ちょっと君、昨日頼んだ書類は作ってくれたかい？

Ⓑ もうすぐできあがります。

Ⓐ できあがりしだい、持ってきてくれるかい？

Ⓑ はい、分かりました。

A : 이봐 자네, 어제 부탁한 서류는 다 되었나?
B : 이제 곧 끝납니다.
A : 다 되는 대로 가져다주겠나?
B : 네, 알겠습니다.

Ⓐ 出かけたんじゃなかったのかい？

Ⓑ 雨が降ってるから止めたんだ。

Ⓐ そうか、雨が降ってきたかい。

Ⓑ うん、ザーザー降ってるよ。

A : 외출한 게 아니었나?
B : 비가 내리길래 관뒀어요.
A : 그래, 비가 내리고 있었나?
B : 네, 주룩주룩 내리고 있어요.

あめ...

윗사람, 특히 나이 든 남자가 명령하는 말투로 쓰는 말이다. '〜してみなさい ~해 보세요'의 줄임말로, '言ってみなさい 말해 보세요'를 줄여 '言ってみな 말해 봐'라고 말한다. 일반적으로는 言ってみてください를 줄인 말로 言ってみて를 쓴다. 뭔가에 도전해보라고 할 때 쓰는 말이다. 간사이 지방에서는 〜みな 〜みい로 말한다.

Ⓐ こないだ、読んでみなって言った本、読んでみたかい?

Ⓑ はい、今読んでる途中なんですが…。

Ⓐ どうだい? おもしろいだろう?

Ⓑ ええ、まぁ…。

Ⓐ あれ? つまんない?

Ⓑ いや、あの…。

Ⓐ 遠慮しなくていいから、正直な感想を言ってみな。

Ⓑ 実は、私には難しすぎて、ちょっと…理解できないんです…。

A : 저번에 읽어 보라고 한 책 읽어 봤나? B : 네, 지금 읽고 있는 중입니다만….
A : 어떤가? 재미있지? B : 네, 그럭저럭…. A : 어라? 재미없어? B : 아니, 저 그게….
A : 눈치 보지 말고 솔직히 감상을 말해 보게.
B : 실은 저에게는 너무 어려워 잘 이해하지 못하겠습니다만….

Ⓐ 花火、きれいだぞ。お前もはよ来てみぃ。

Ⓑ はいはい。あらほんと、きれい。

A : 불꽃놀이 예쁘다. 당신도 빨리 와 봐.
B : 알았어요. 어머, 정말 예쁘다.

~や ~아, ~어, ~야, ~여, ~지

어떤 일에 대해 귀찮고 피곤해하면서 무책임한 느낌으로 말할 때 쓴다.

관련표현

もうどうでもいいや。이제 어떻게든 되겠지.

どっちでもいいや。둘 다 괜찮아.

Ⓐ おかえり。夕飯は？

Ⓑ 食べた。

Ⓐ お風呂は？

Ⓑ 今日はもういいや。疲れた、寝る。

A : 왔어? 저녁은? B : 먹었어. A : 씻어야지? B : 오늘은 이제 됐어. 피곤해. 잘게.

～のやら ~는지, ~인지, ~인가

불확실한 기분으로 말할 때 쓴다.

Ⓐ 今日も赤字だ。

Ⓑ ほんとに、困りましたね。

Ⓐ この先、やっていけるのやら…。

Ⓑ そうですね。

この先、
やっていけるのやら・・・

A : 오늘도 적자다.

B : 정말 곤란하네요.

A : 앞으로 지속할 수 있을는지.

B : 그러게요.

〜たまえ ~게, ~게나

たまえは たまうの 명령형으로 동사의 ます형에 붙어 보조동사로 쓰인다. 윗사람이 아랫사람에게 명령할 때 쓰면 친절하고 부드러운 말투로 들린다. 예를 들어 '〜しろ 해라'를 쓰면 단순한 명령, '〜したまえ ~하게'를 쓰면 부드럽게 명령하는 느낌을 준다.

(社員が社長に呼ばれたとき)

Ⓐ 失礼します、お呼びですか？

Ⓑ ああ、そこに掛けたまえ。

Ⓐ はい。

Ⓑ そんなに緊張しないで。楽にしたまえ。

(사장이 직원을 부른 경우)

A : 실례합니다, 부르셨습니까?

B : 아, 거기에 앉게.

A : 네.

B : 그렇게 긴장하지 말고 편하게 있게나.

そこに掛けたまえ！

失礼します！

단정의 뜻을 나타내는 말로, 주로 나이 든 남자가 쓴다. 할아버지의 말에서 들을 수 있는
말로 〜だ, 〜だよ에 해당하는 말이다.

Ⓐ この写真に写ってる人、誰？

Ⓑ わしじゃ。

Ⓐ 本当？ おじいちゃん、昔はかっこよかったんだね！

Ⓑ ああ、昔は近所でも二枚目だって評判だったんじゃよ。

A : 이 사진에 있는 사람 누구예요?
B : 나구먼.
A : 정말? 할아버지, 옛날에는 멋있었구나!
B : 아, 옛날에는 동네에서 미남이라고 소문이 자자했구먼.

상대가 동의하길 바라는 마음이나 감동을 나타내는 말로, 역시 나이 든 남자가 주로 쓰는
말이다. 일본 애니나 드라마에서 할아버지들이 여유롭게 감상에 젖어 있는 경우에 많이
쓰는 말투다. 〜ね, 〜な와 같은 뜻이다.

Ⓐ おいしそうなお菓子じゃのう。

Ⓑ 硬いけど食べれる？

Ⓐ そうか、じゃあ、やめとこうかのう。

● 원래는 **食べられる**인데 회화에서는
　ら를 빼고 말하는 경우가 많음

Ⓑ 柔らかいお菓子も買ってきたよ。

A : 맛있어 보이는 과자로군.　　B : 딱딱한데 먹을 수 있겠어요?
A : 그래, 그럼 먹지 말아야겠네.　　B : 말랑한 과자도 사왔지요.

あのう・・・

말은 시작이 반이다!
자연스럽게 말을 꺼내는 '감동사' 익히기

일본 애니나 드라마를 보다 보면 'あのう 저기', 'あのね 있잖아', 'そうだ! 아, 맞다!' 등의 감정을 한마디로 표현하는 감동사로 말을 꺼내는 장면이 자주 나와요. 바로 생활에서 익힐 수 있는 생생한 일본어인데요, 입 밖으로 내기 좀 쑥스럽더라도 일본어를 더욱 일본어답게 만들어 주는 표현이므로 자연스럽게 입에 붙도록 연습해 보세요. 백문이 불여일견! 다음의 상황 속에서 감동사가 어떤 역할을 하는지 다양한 장면을 통해 배워 보기로 해요.

---

029 もしもし 여보세요, 저기요

전화를 걸 때, 다른 사람을 부를 때 쓰는 말이다. 상대가 듣기 싫은 말을 할 때 못 들은 척 넘어가고 싶을 때도 쓴다.

Ⓐ もしもし、ちょっとそこのおねえさん！
Ⓑ えっ？ 私(わたし)ですか？
Ⓐ 今(いま)の生活(せいかつ)を変(か)えたくありませんか？
Ⓑ 結構(けっこう)です。満足(まんぞく)してます。

A : 저기요, 거기 아가씨!
B : 네? 저요?
A : 지금 생활을 바꾸고 싶지 않나요?
B : 됐어요. 만족해요.

もしもし

030 あのう 저, 저기

별 뜻 없이 말과 말 사이를 자연스럽게 연결해 주는 말로, 모르는 사람에게 말을 걸거나 할 말이 생각나지 않을 때 あのう…라고 말을 꺼내며 대화를 이어 나간다.

Ⓐ あのう、この椅子、使ってもいいですか？

Ⓑ すみません、もう一人、人が来るんです。

Ⓐ ああ、そうですか。

A : 저, 이 의자 써도 될까요?
B : 미안합니다. 한 분이 더 오실 거예요.
A : 아, 그러세요.

あのう…

031 あのさ 있잖아

남녀 모두 쓸 수 있는 말로, 주로 말을 꺼낼 때 쓴다. あのう가 윗사람이나 대하기 어려운 상대에게 쓰는 말이라면, あのさ는 친한 사이에 가볍게 쓰는 말이다.

Ⓐ あのさ、明日空いてる？

Ⓑ 明日？ 空いてるけど。

Ⓐ ちょっと付き合ってくれない？

Ⓑ いいよ。どこ行くの？

A : 있잖아, 내일 시간 있어？ B : 내일？ 있는데.
A : 어디 좀 같이 가 줄래？ B : 좋아. 어디 가는데？

032 ___ あのね 있지, 있잖아

친한 사이에 용건을 꺼내기 전에 쓰는 말이다. 대화 도중에 할 말이 바로 생각나지 않을 때도 쓸 수 있다. 주로 여자는 あのね, 남자는 あのな를 쓴다.

Ⓐ もしもし、急に電話してくるなんて珍しいね。

Ⓑ ちょっと相談があって。

Ⓐ うん、どうしたの？

Ⓑ <u>あのね</u>、実は私、彼氏ができたんだけど…。

A : 여보세요, 갑자기 전화를 다 주고 어쩐 일이야?
B : 좀 상의할 일이 있어서.
A : 그래, 무슨 일인데?
B : <u>있지</u>, 실은 나 남자친구가 생겼는데….

033 ___ あのなぁ 저기 말이야, 이거 봐, 있잖아

다음 말을 잇기 위해 말을 꺼낼 때 쓴다. 주로 남자가 쓰는 말이지만, 요즘은 톤을 높여 여자가 쓰기도 한다. あのな로 짧게 발음하면 あのね와 같은 뜻이고, あのなぁ로 길게 발음하면 상대를 질책하는 소리로 들린다.

Ⓐ デート代は全部男が出すのが当然じゃない？

Ⓑ まったく、なんで女ってそう考えるんだろうな。

Ⓐ 記念日には高価なプレゼントも、もらわないと。

Ⓑ <u>あのなぁ</u>、彼氏はお前の財布じゃないんだぞ。

A : 데이트 비용은 전부 남자가 내는 게 당연하잖아?
B : 나 원 참, 왜 여자들은 그렇게 생각하는지 모르겠군.
A : 기념일에는 고가의 선물도 받아야 하고.
B : <u>저기 말이야</u>, 남자친구는 니 지갑이 아니거든.

034 **そうだ！** 아, 맞다!

무언가가 갑자기 생각났을 때 쓰는 말이다.

Ⓐ 明日どこ行こうか。

Ⓑ そうだね、どうしようか。

Ⓐ そうだ！ 明日から見たい映画が公開になるんだ！

Ⓑ じゃあ、それ見に行こうか。

A : 내일 어디 갈까?
B : 글쎄, 어떻게 할까.
A : 아, 맞다! 보고 싶었던 영화, 내일 개봉하거든!
B : 그럼 그거 보러 갈까?

035 **ねぇねぇ** 있지 있지

상대에게 주의를 끌면서 말을 걸 때 쓰는 말이다. 본래 여자나 어린아이가 ね를 길게 발음
하거나 두 번 반복해서 ねぇねぇ, 남자의 경우는 なぁなぁ라고 하지만, 요즘은 남녀 구
분 없이 모두 쓰기도 한다.

Ⓐ ねぇねぇ、これ、どうやって切ればいい？

Ⓑ 食べやすいように切ればいいよ。

Ⓐ こんな感じでいい？

Ⓑ うん、うまいうまい。

A : 있지 있지, 이거 어떻게 자르면 돼?
B : 먹기 쉽게 자르면 돼.
A : 이런 식으로 하면 돼?
B : 응, 잘한다, 잘해.

뭔가를 가리키며 상대의 주의를 끌 때 쓰는 말이다. 이를테면, 단순히 주의를 끌기 위해 'ほら、見(み)て。야, 봐봐.' 할 말이 얼른 생각나지 않을 때 'ほら、あれ何(なん)だっけ？ 야, 그거 뭐였더라?', 대화를 나누다 의견이 맞지 않았는데 나중에 자신이 맞다는 걸 알았을 때 'ほら、わたしが言(い)った通(とお)りじゃん。거봐, 내가 말한 대로잖아.'와 같이 쓴다.

Ⓐ ほら、あれ何だっけ？あの変な臭い食べ物。

Ⓑ ああ、ドリアン？

Ⓐ そうそう！こないだ初めて食べたけど、本当に臭かったね！

Ⓑ 話には聞いてたけど、あれはすごい匂いだったよね。

• ドリアン 두리안 (지독한 냄새를 풍기는 과일 이름)

A : 야, 그거 뭐였지? 그 이상한 냄새 나는 먹는 거.   B : 아아, 두리안?
A : 그래그래! 저번에 처음 먹었는데 정말 냄새 지독했지!
B : 소문 들어 알고는 있었지만, 그건 정말 지독한 냄새였어.

무언가를 발표하거나 그것을 보여주면서 하는 표현이다.

Ⓐ ねえ、見て！

Ⓑ 何？

Ⓐ ジャーン！「JLPT N1」合格しました!!

Ⓑ わー、スゴーイ。おめでとー！

A : 이거 봐봐!   B : 뭐?
A : 짠~! 'JLPT N1' 합격했에!!   B : 와~, 대단하다. 축하해!

038 **おい** 야, 어이, 이봐
おいおい 야야

주로 남자가 떨어져 있는 사람을 부르거나 주의를 줄 때 쓰는 말이다. 윗사람이 아랫사람에게, 친한 사이나 동년배 사이에서 쓴다. おい를 반복한 おいおい는 어이가 없을 때 주로 쓴다.

Ⓐ おい！ お前、今ひま？

Ⓑ うん、まあ…。

Ⓐ そっか。じゃ、ちょっと手伝ってくれよ。

Ⓑ いいけど…。何すればいいの？

A : 야, 너, 지금 한가해?
B : 응, 그럭저럭.
A : 그래. 그럼 좀 도와 줘.
B : 괜찮긴 한데…. 뭘 하면 되는데?

Ⓐ 悪いけど100万円貸してくんねえ？

Ⓑ ええっ、急には無理だよ。

Ⓐ おいおい、話が違うくね？ この前、金貸してくれるって言ったじゃん。
　　　　　　　　　　　　　→ ● 원래는 **違わない**로 관동지방 사투리

Ⓑ でも、金額が金額だから…。

A : 미안한데, 100만엔 빌려 줄래?
B : 뭐라고? 갑자기 무리야.
A : 야야, 말이 다르지 않아? 저번에는 돈 빌려 주겠다고 했잖아.
B : 하지만 금액이 금액인지라….

なんで？

warm up 3

진심 어린 질문으로 대화의 물꼬를 튼다!
대화의 물꼬를 터 주는 '질문' 익히기

지금까지 감동사로 자연스럽게 말을 꺼내는 방법을 익혔다면 이번에는 상대방에게 관심을 보이는 질문으로 대화를 시작하는 연습을 할 차례예요. 아무리 큰 오해와 자존심 싸움으로 상처투성이가 된 사이라도 어려움을 겪고 있는 상대에게 던지는 따뜻한 질문은 마음에 뭉친 응어리를 스르르 녹게 만들어 주는 법이죠. 누군가와 친해지고 싶을 때, 걱정될 때, 어떻게 된 일인지 자초지종을 듣고 싶을 때 지금부터 배울 질문으로 대화의 물꼬를 터 보세요.

---

039 どう？ 어때?

상대의 의향을 물을 때 쓰는 말이다.

Ⓐ この服、どう？

Ⓑ うん、似合ってるよ。

Ⓐ ホント？ テキトーに答えてない？

Ⓑ そんなことないよ。ほんとに似合ってるよ。

A : 이 옷, 어때?
B : 응, 잘 어울린다.
A : 진짜? 적당히 대답하는 건 아니고?
B : 안 그래. 정말 잘 어울려.

040 どうした？ 무슨 일 있어?

'어떻게 된 거야?', '무슨 일이야?'라는 뜻으로 남녀 모두 쓴다. 주로 여자는 どうした
の？, 남자는 どうしたんだ？로 말한다.

Ⓐ 顔色悪いけど、どうした？
Ⓑ ちょっと風邪気味なんだ。
Ⓐ 大丈夫？
Ⓑ 大した事ないから心配しないで。

どうした？

A : 안색이 나쁜데, 무슨 일 있어?
B : 살짝 감기 기운이 있어.
A : 괜찮겠어?
B : 별거 아니니까 걱정하지 마.

041 なぜ？ 왜?

이유나 원인을 물을 때 쓰는 말이다. 같은 말로 どうして가 있다.

Ⓐ なぜ、人は、勉強しなきゃならないんだろう。
Ⓑ どうしたの？ 急に…。
Ⓐ 人生の目的について考えてんだよ。
Ⓑ 何言ってんの。ただ勉強したくないだけでしょ。

A : 왜, 사람은 공부를 해야만 하는 걸까?
B : 왜 그래? 갑자기.
A : 인생의 목적에 대해 생각하고 있는 거야.
B : 무슨 소리야. 그냥 공부하기 싫은 거면서.

042 なんで？ 왜?

'어떤 이유로'라는 뜻으로 강하게 부정할 때 쓴다.

Ⓐ お兄ちゃん、トモくん見てて。

Ⓑ なんで？ いつも僕ばっかり。

Ⓐ だって、しょうがないじゃん。お兄ちゃんなんだから。

Ⓑ チェッ、僕も弟に生まれてくればよかった。

なんで？

A : 형이 토모 좀 봐줘.
B : 왜? 맨날 나만.
A : 그야 어쩔 수 없잖아. 형이니까.
B : 칫, 나도 남동생으로 태어났어야 하는데.

043 なんて？ 뭐래?, 뭐라고?

'뭐라고 했어?'라는 뜻인 なんと言(い)ったの？의 회화체가 なんて言ったの？, 이것을
줄여서 말하면 なんて？가 된다.

Ⓐ ねぇ、明日のデートどこ行く？

Ⓑ えっ？ 今なんて？ ごめん、聞いてなかった。

Ⓐ 明日のデートどこ行く？ってきいたのよ。

Ⓑ あ、明日ね。どこ行こっか？

なんて？

A : 있지, 내일 데이트 어디 가?
B : 어? 지금 뭐라고? 미안, 안 듣고 있었어.
A : 내일 데이트 어디 가?라고 물어본 거.
B : 아, 내일. 어디 갈까?

それは何(なん)ですか？→ それは何(なに)？→ それなに？→ なにそれ？로 도치법 형태를 써서 무언가에 대해 왜 그런지 모르겠으니까 알고 싶다는 의미를 강하게 나타낸다. 말하는 사람의 감정이 담겨 있는 말이다.

Ⓐ **なにそれ？ かわいい、ちょっと見せて。**

Ⓑ **いいよ、昨日買ったんだ。かわいいでしょ！？**

Ⓐ **うん、ほんとかわいい。私も欲しい。**

Ⓑ **まだあるはずだよ。行ってみる？**

A : 그게 뭐야? 귀엽다. 좀 보여 줘.　B : 좋아, 어제 샀어. 귀엽지!?
A : 응, 정말 귀엽다. 나도 갖고 싶다.　B : 아직 있을 걸. 가 볼래?

원인이나 이유를 물을 때 쓰는 말이다.

Ⓐ **学校行きたくない。**

Ⓑ **どうして？**

Ⓐ **だって、今日マラソン大会なんだもん。**

Ⓑ **あー、マラソン大嫌いだもんね。**

A : 학교 가기 싫다.
B : 왜?
A : 왜냐면, 오늘 마라톤 대회 있거든.
B : 아, 마라톤 진짜 싫어하지.

046 **どういうこと？** 어떻게 된 거야?

어떻게 된 일인지 이유를 물을 때 쓴다. 또는 어떤 의미인지 상대의 말에 대한 진의를 알고 싶을 때도 사용하는 말이다.

Ⓐ 明日から山田と会えなくなるね。

Ⓑ えっ？ なにそれ？ どういうこと？

Ⓐ えっ？ 知らなかったの？ 山田、引っ越すんだよ。

Ⓑ えっ？ どこに？

A : 내일부터 야마다랑 못 만나겠다.
B : 어? 뭐야? 어떻게 된 거야?
A : 어머? 몰랐어? 야마다 이사가잖아.
B : 어머? 어디로?

047 **なにかあった？** 무슨 일 있었어?

무슨 일이 있었는지 상대에게 상황을 물어 볼 때 쓰는 말이다. 정중하게 물어볼 때는 なにかありましたか？라고 한다.

Ⓐ 昨日電話くれたでしょ？ なにかあった？

Ⓑ ちょっと聞きたいことあったんだけど、もう大丈夫。

Ⓐ そっか、ごめん。

Ⓑ 気にしなくていいよ。忙しかったんでしょ?!

A : 어제 전화했었지? 무슨 일 있었어?
B : 좀 물어보고 싶은 게 있었는데, 이제 괜찮아.
A : 그렇구나, 미안.
B : 신경 쓰지 않아도 돼. 바빴잖아.

なにがあったの？ 무슨 일이 있었는데?

무슨 일이 있는 건 확실한데 구체적으로 무슨 일이 있었는지 모를 때 쓰는 말이다.

Ⓐ ショック!!

Ⓑ どうしたの？ なにがあったの？

Ⓐ 聞いてよ。中村君、付き合ってる子いるんだって。

Ⓑ そっか、そりゃ、ショックだよね。

A : 충격!!

B : 왜 그래? 무슨 일이 있었는데?

A : 들어봐. 나카무라 사귀는 애 있대.

B : 그렇군, 그거야말로 충격이다.

なにがあったの？

warm up 4

일본어를 더욱 일본어답게 만들어 준다!
짧지만 감정을 툭 드러내는 '감동사' 익히기

앞서 말을 꺼내기 위한 말들을 배웠다면 이제는 반응을 할 때 유용하게 쓸 수 있는 감동사를 배워 봐요. 예를 들면 'あら! 어머!', 'おっと! 아이쿠!', 'は？ 엥?', 'ゲッ! 헐!' 우리가 일상생활에서 흔히 쓰는 말들이요. 이런 말들은 짧지만 자신의 감정을 고스란히 드러내 주는 말들입니다. 감정은 최대한 숨기는 게 좋다고들 하지만 우리가 성인군자도 아니고 그건 힘들잖아요. 뭔가 한마디 내뱉어야 속 시원하겠는데 한국어로 하기 곤란한 경우에는 일본어로 툭 던져 보세요. 외국어를 배워서 좋은 점은 최대한 활용해야죠. 적당한 감정은 표현하면서 살기!

---

049 あら 어, 어머

주로 여자들이 예상하지 못한 일로 깜짝 놀라거나 감동할 때 쓰는 말이다. 'あらら 이런', 'あらあら 어머머', 'あらまあ 어머나, 세상에'와 같이 다양하게 표현한다.

（ソファーの下におもちゃを見つけて）

Ⓐ あら？ こんなところに…。

Ⓑ あ、それ、ぼくのだ。探してたんだよ。

Ⓐ ちゃんとしまっとかないと…。

Ⓑ わかってるよ。

（소파 밑에서 장난감을 발견하고는）

A : 어머? 이런 곳에…. B : 아, 그거, 내 거예요. 찾았던 건데.

A : 잘 넣어둬야지. B : 알았다니까요.

050 **おや** 아, 어, 아니, 어머

뜻밖의 일에 부딪치거나 의문이 생겼을 때 주로 남자가 쓰는 말이다. あらあら처럼 おや를 두 번 연달아 써서 'おやおや 이런, 저런'이라고 하기도 한다.

   Ⓐ おや！ぼく、どうしたの？
   Ⓑ お母_{かあ}さんがいない…。
   Ⓐ そっか…。あ、あれ、お母さんじゃない？
   Ⓑ あ、お母さんだ。お母さーん！

A : 어, 너 왜 그래?
B : 엄마가 없어요.
A : 그렇구나. 아, 저기, 엄마 아냐?
B : 아, 엄마다. 엄마!

051 **あれ？** 어?

감동하거나, 놀라거나, 의심스러운 생각이 들 때 남녀 모두 자주 쓰는 말이다.

   Ⓐ あれ？へんだなぁ…。
   Ⓑ どうしたの？
   Ⓐ それがさ、いくら探_{さが}してもないんだよ。
   Ⓑ それってもしかして…、これ？

あれ？

A : 어? 이상하네.
B : 왜?
A : 그게 말야, 아무리 찾아도 없어.
B : 그거 혹시, 이거?

おっと 아이쿠, 아이고

놀랐을 때, 갑자기 생각났을 때, 일을 그르칠 것 같아서 급하게 제지시킬 때 쓰는 말이다.
버티는 강도가 더 셀 때는 おっとっと를 쓴다.

Ⓐ <u>おっと</u>、危(あぶ)ない！

Ⓑ あ、すみません…。

Ⓐ 気(き)をつけて、もう少(すこ)しで落(お)ちちゃうところだったよ。

Ⓑ はい、おかげで助(たす)かりました。

おっと、
危ない！

A : <u>아이쿠</u>, 위험해!
B : 아, 죄송합니다.
A : 조심해야지, 자칫 잘못하면 떨어질 뻔했잖아.
B : 네, 덕분에 무사했네요.

えっ 어, 앗

뜻밖의 일로 놀라거나 의심스러울 때 쓰는 말로, 상대에게 되물을 때 주로 쓴다.

Ⓐ <u>えっ</u>？ 今(いま)の何(なに)？

Ⓑ ん？ なんかあった？

Ⓐ うん、今(いま)、白(しろ)いものが…。

Ⓑ 気(き)のせいよ。野良猫(のらねこ)でもいたんでしょ。

A : <u>어</u>? 지금 뭐야?
B : 응? 뭐가 있었어?
A : 응. 방금 하얀 것이….
B : 기분 탓이겠지. 들고양이 같은 거라도 있었던 거겠지.

054 ゲッ 헐, 헉

원래는 토할 것 같을 때 내는 소리로, 좋지 않은 일을 예감했을 때도 쓰는 말이다.

(A) ゲッ、もうこんな時間。行かなきゃ。

(B) 大丈夫？ 遅刻じゃない？

(A) 走ってけばギリかな。

(B) 気をつけて。

A : 헐! 벌써 시간이 이렇게 됐네. 가야겠다.
B : 괜찮아? 지각 안 하겠어?
A : 뛰어가면 얼추 맞추겠다.
B : 조심해.

055 は？ 어?, 엥?

상대의 말에 의구심이 들거나 어처구니없는 말을 들어서 기가 막힐 때 쓰는 말이다.

(A) お母さん、私大学行かない。

(B) はぁ？ 何言ってんの？ あんなにがんばってたじゃん。

(A) だって行きたくなくなったんだもん。

(B) じゃ、なんで行きたくなくなったのよ？

A : 엄마, 나 대학 안 가.
B : 엥? 무슨 말 하는 거야? 그렇게 노력해 놓고는.
A : 근데 가기 싫어졌지 뭐.
B : 그럼, 왜 가기 싫어진 건데?

056 **よし** 좋아

'よし、やるぞ。좋아, 해 볼까.' 하고 결심할 때, 'よし、来(こ)い！좋아, 덤벼 봐!' 하고 상
대방의 행동을 부추길 때, 'よし、その調子(ちょうし)だ。좋아, 그렇게 하면 돼.' 하고
행동을 인정할 때 쓸 수 있는 말이다. 강아지에게도 'お手(て)！お座(すわ)り！손! 앉아!'라
고 했을 때 말을 잘 들으면 よしよし라고 한다. 마지막으로 강한 의지를 가지고 말할 때
는 よっし라고 한다.

Ⓐ また太っ たんじゃない？
Ⓑ 分かる？３キロも太っちゃったんだ。
Ⓐ あごが二重あごになってる…。
Ⓑ まじで？よし、明日から本格的にダイエットする！！

A : 또 살찐 거 아냐?　B : 알겠어? 3킬로나 쪘어.
A : 턱이 이중턱이 됐는데.　B : 정말? 좋아, 내일부터 본격적으로 다이어트 해야겠다!!

---

057 **よいしょ** 으샤, 영차

무거운 짐을 들거나 몸을 일으킬 때처럼 힘을 모아 기운을 돋으려고 할 때 쓰는 말이다.
힘을 더 줘서 말할 때는 どっこいしょ라고 한다.

Ⓐ よいしょ。
Ⓑ 最近、座る時も立つ時も掛け声出ちゃうよね。
Ⓐ うん。私達ももう歳だね。
Ⓑ ほんと、嫌になっちゃうね。

A : 으샤.
B : 요즘 앉을 때도 일어날 때도 소리를 내게 되네.
A : 응. 우리도 이제 나이가 있잖아.
B : 진짜. 싫다 싫어.

やれやれ 어휴, 아이고

피곤할 때나 난처하고 불안한 감정 따위가 사라지고 안도감을 느낄 때 쓰는 말이다. 젊은 사람들보다는 나이 든 사람들이 주로 쓴다. 'はぁ～ 하아～'와 같은 한숨 소리와 비슷하다고 보면 된다. 'やれやれ、やっと仕事(しごと)が終(お)わったよ。어휴, 겨우 일이 끝났네.', 'やれやれ、やっと週末(しゅうまつ)か。아이고, 드디어 주말이구나.'와 같이 쓴다.

Ⓐ もたもたしてないで、早く学校行かないと遅刻するわよ！

Ⓑ はーい、あ！ お母さん、体操着どこ？

Ⓐ ここにあるわよ！

Ⓑ ありがと！ じゃあ行って来ます！

Ⓐ 行ってらっしゃい。やれやれ、やっと全員学校と会社に行ったわ。

A : 꾸물거리지 마, 빨리 학교 안 가면 지각한다！ B : 네~, 아! 엄마, 체육복 어디？
A : 여기 있어！ B : 고마워요! 그럼 다녀오겠습니다！
A : 잘 다녀와. 어휴, 이제야 다 학교랑 회사에 갔네.

まあ 어머, 정말, 그런대로, 그럭저럭, 뭐

Ⓐ うちの子、結婚が決まったんですよ。

Ⓑ まあ、それはおめでとうございます。

Ⓐ ありがとうございます。

Ⓑ それで、お式はいつ頃？

A : 우리 애, 결혼하게 됐어요.
B : 어머, 그거 축하드려요.
A : 고맙습니다.
B : 그래서 식은 언제쯤？

060 さあ〜 글쎄

망설일 때나 부정적인 기분을 나타낼 때, 즉석에서 대답을 피할 때 쓰는 말이다. 재촉할 때는 'さあ, さっ 자아, 자'로 짧게 발음한다.

Ⓐ すみません。5才くらいの女の子、見かけませんでしたか？

Ⓑ <u>さあ〜</u>、見かけませんでしたよ。

Ⓐ そうですか。ありがとうございます。

A : 저기요. 5살 정도 여자아이, 못 보셨어요?
B : 글쎄요, 못 봤는데요.
A : 그래요? 고맙습니다.

061 おお、おー 오호

감동하거나 놀랐을 때 쓰는 말이다.

Ⓐ 見て見て、二重跳びできるようになったよ。

Ⓑ <u>おお</u>。やるじゃん。すごいね。

Ⓐ お父さんもできる？

Ⓑ お父さんはできないよ。

A : 봐봐, 2단뛰기 잘하게 됐어.
B : <u>오호</u>. 잘하네. 대단한데.
A : 아빠도 할 수 있어?
B : 아빤 못하지.

놀라거나 곤란할 때 남자가 あらな わぁ 대신에 쓰는 말이다. いや라고 짧게 발음하면
부정을 나타낸다.

(同窓会で)

Ⓐ　おー。山田君、久しぶりだねぇ。

Ⓑ　**いやぁ**、中田君じゃないか。元気だったかい?

Ⓐ　おかげさまで、なんとかやってるよ。

Ⓑ　僕もだよ。**いやぁ**、ほんと懐かしいなぁ。

(동창회에서)

A : 오, 야마다 오랜만이네.

B : 야아, 나카타 아냐? 잘 지냈나?

A : 덕분에 그럭저럭 지내지.

B : 나도 그래. 야아, 진짜 반갑다.

いやぁ、ホント懐かしいなぁ

Ⓐ　今日の帰りに一杯、どう?

Ⓑ　**いや**、今日はやめとくよ。

Ⓐ　どうしたの? 体調でも悪いの?

Ⓑ　ていうか、明後日検診なんだ。

A : 오늘 퇴근길에 한잔 어때?

B : 아니, 오늘은 패스할래.

A : 왜? 몸이라도 안 좋아?

B : 그보다는 모레 건강검진이야.

　なーんだ　뭐야, 난 또

상대방의 예상 외의 말이나 행동에 책망하는 기분을 나타낸다.

Ⓐ 香織今日お休みだって?

Ⓑ えっ? どこか具合でも悪いの?

Ⓐ ただのサボりだよ。

Ⓑ なーんだ、心配して損した。

な～んだ！

A : 가오리 오늘 쉰다며?
B : 어? 어디 몸이라도 안 좋은가?
A : 그냥 땡땡이치는 거지.
B : 뭐야, 걱정 괜히 했네.

064　**なるほど**　그렇구나, 그렇군, 과연, 역시

상대방의 주장이나 말에 몰랐던 사실을 알게 됐을 때, 납득됐을 때, 동의할 때 쓰는 말이다.

Ⓐ ねえ、この問題、分からないんだけど…。

Ⓑ ああ、これは、これがAで、ここがこうなってこうなるんだよ。

Ⓐ なるほど。そっか、分かった。ありがとう。

Ⓑ こっちのも似たような問題だから、やってみなよ。

A : 있지, 이 문제 모르겠는데.
B : 아, 그건 이것이 A라서 여기가 이렇게 돼서 이렇게 되는 거야.
A : 그렇구나. 그렇군, 알겠다. 고마워.
B : 이것도 비슷한 문제니까 풀어 봐.

065 **もう、もう** 정말, 진짜

자신의 판단이나 감정을 강조할 때 쓰는 말이다. 부사로 쓸 때는 '벌써', '이미'라는 뜻이 된다.

Ⓐ 映画、どうだった？

Ⓑ <u>もう</u>、すっごくよかったよ。まだ見てないの？

Ⓐ うん、見たいんだけどね…。

Ⓑ 早く見なよ～。絶対いいから。

A : 영화 어땠어?

B : <u>진짜</u> 정말 좋았어. 아직 안 봤어?

A : 응. 보고는 싶은데….

B : 빨리 봐 봐. 완전 좋으니까.

Ⓐ お母さん、お腹空いた。

Ⓑ えっ。<u>もう</u>？ さっき食べたばっかじゃない。

Ⓐ 僕は育ち盛りなんだよ。

Ⓑ しょうがないわね。なにかあったっけ？

A : 엄마, 배고파.

B : 어? <u>벌써</u>? 좀전에 막 먹었잖아.

A : 나는 한창 자랄 때잖아.

B : 하긴. 뭐가 있었더라.

warm up 5

내가 배운 일본어가 실제로는 이렇게 쓰인다!
알고 나면 무지 쉬운 '회화체 단어' 익히기

あたし

한때 일드에 푹 빠져서 '일드 사랑'을 외치던 기억을 슬몃 꺼내 보실래요? 아예 일본어 공부까지 해 보리라 마음 먹고 대본을 찾아봤다가 심하게 좌절한 경험도요. '뭐지, 혹시 오탈자 아냐? わたし는 알겠는데 あたし?, いたい는 알겠는데 いてぇ?' 지금껏 쌓아 왔던 자신의 일본어 실력을 의심하며 애꿎은 사전만 뒤지던 아픈 경험, 한 번쯤 다 있으셨죠? 여기에서는 속 썩이던 정체불명의 어휘들을 말끔하게 정리했어요. 간단하고 편한 발음이 제격인 회화의 특성을 이해하며 공부해 보세요.

---

066 わたし→あたし 나

わたし는 남녀 모두 쓸 수 있지만, あたし는 여자만 쓰는 말이다.

Ⓐ レポートやってる？
Ⓑ 全然。まだ資料も見てない。
Ⓐ え、やばくない？ あと三日しかないよ。
Ⓑ あたしって、何事も追い込まれないとやれないタイプなんだよね。

• 追(お)い込(こ)む 몰아넣다 (追い込まれる 몰림을 당하다)

A : 리포트 쓰고 있어?
B : 하나도 안 썼어. 아직 자료도 못 봤어.
A : 이런, 괜찮겠어? 이제 사흘밖에 안 남았어.
B : 난 무슨 일이든 꼭 닥쳐야 하는 타입이야.

067 あなた → あんた、あーた 당신

- （夫）今月のおこづかい、もうちょっともらえない？
- （妻）こないだあげたばっかじゃない！
- （夫）いや、ほら、また部下達と飲み行っておごってあげちゃってさ…。
- （妻）まったく、あーたって人は！ またそんなかっこつけて！

  うちだって楽じゃないんだからね！

남편 : 이달 용돈 좀 더 줄 수 있어?

아내 : 준 지 얼마 안 됐잖아!

남편 : 아니 그게 말이야, 부하직원들한테 술 한잔 사 주느라고 그만….

아내 : 정말이지, 당신이란 사람은! 허세 좀 그만 부려! 우리라고 안 힘든 줄 알아!

---

068 おまえ → おめぇ 너

- Ⓐ 君たち、早く行かないと授業始まっちゃうよ。
- Ⓑ るせぇな、おめぇにゃ関係ねぇだろ？
- Ⓐ でも、先生に怒られちゃうよ。
- Ⓑ やっぱ優等生は違うね。

  オレらはサボるんだからいいんだよ。

• -にゃ ~한테, ~에게는 (~には의 축약형태)

A : 너희들 빨리 안 가면 수업 시작하겠어.

B : 신경 꺼, 니한테 무슨 상관인데?

A : 그래도 선생님에게 혼날 텐데.

B : 역시 우등생은 다르네. 우리들은 땡땡이니까 괜찮아.

069 あそこ → あすこ、あっこ　거기, 저기

Ⓐ きれいな夜景(やけい)だね！

Ⓑ だろう、あすこに観覧車(かんらんしゃ)も見(み)えるんだよ。

Ⓐ ほんとだ、きれいだね。あすこは？

Ⓑ あれは新(あたら)しくできたショッピングモールだよ。

A : 야경 예쁘다!
B : 그치, 저쪽에 관람차도 보이네.
A : 정말이네, 예쁘다. 저기는?
B : 저건 새로 생긴 쇼핑몰이야.

070 そうか → そっか、そーか　그렇지, 그렇구나

회화에서 う를 っ로 발음한 형태다. 길게 そーか로 발음하기도 한다.

Ⓐ ミキさん、会社(かいしゃ)辞(や)めちゃうんだって。

Ⓑ そっか…、寂(さび)しくなるね。

Ⓐ それもそうだけど、仕事(しごと)が心配(しんぱい)。

Ⓑ そっか、あんた同(おな)じチームだもんね。

A : 미키 씨, 회사 그만 둔대.
B : 글쿠나, 섭섭하네.
A : 그것도 그렇지만, 일이 걱정.
B : 글치, 너 같은 팀이었지.

071 どこか→どっか 어딘가

확실히 지정하지 않은 장소를 말할 때 쓰는 どこか를 회화에서는 どっか로 말하기도 한다.

Ⓐ ねえ、明日から連休じゃん。どっか行かない？

Ⓑ いいね、行こうよ。

Ⓐ どこがいい？ 海なんかどう？

Ⓑ お、いいんじゃない！ 海行こ、海！

A : 있지, 내일부터 휴일이잖아. 어디 갈래?
B : 좋지, 가자.
A : 어디가 좋아? 바다 같은 데 어때?
B : 오, 좋다! 바다 가자. 바다.

072 それでもいいか→それでもいっか 그것도 괜찮지

실제로 거의 차이가 없으니까 잘된 것이라고 치자는 일종의 기운을 북돋는 말이다. いいか를 빨리 발음하면 いっか가 된다.

Ⓐ あ、卵買うの忘れてた。

Ⓑ 卵ないと、オムライスできないじゃん。

Ⓐ だったら、焼き飯にすればいいじゃん。

Ⓑ それでもいっか。

A : 아, 달걀 사는 거 까먹었다.
B : 달걀이 없으면 오므라이스 못하잖아.
A : 그럼 볶음밥을 하면 되잖아.
B : 그것도 괜찮지.

073 **いいえ → いえ** 아뇨

회화에서 부정을 나타내는 'いいえ 아니요'를 줄여서 말할 때는 'いえ 아뇨'라고 한다. い
や, ううん도 부정을 나타내는 말이다.

- Ⓐ コーヒー、入れましょうか？
- Ⓑ <u>いえ</u>、結構です。さっき飲んで来ました。
- Ⓐ そうですか、じゃ、お茶でも。
- Ⓑ ほんとに、お気づかいなく。

A : 커피 탈까요?
B : <u>아뇨</u>. 괜찮아요. 아까 마시고 왔어요.
A : 그래요? 그럼 차라도.
B : 정말로 신경 안 쓰셔도 괜찮아요.

074 **そうそう → そそ** 그래그래

상대의 말에 동의를 나타낼 때 쓰는 そうそう를 회화에서는 줄여 そそ로 말한다.

- Ⓐ 来年は受験だし、これからはゲームをやめて勉強に集中するこ
  とにしたよ。
- Ⓑ <u>そそ</u>、それが一番。
- Ⓐ ところで、お前さっきから何やってんだよ？
- Ⓑ 新しいゲーム。昨日買ったんだ。

A : 내년에는 시험도 있고, 지금부터는 게임 그만하고 공부에 집중하기로 했어.
B : <u>그래그래</u>, 그게 가장 좋지.
A : 근데, 너 아까부터 뭐 하는 거야?
B : 새로운 게임. 어제 샀어.

075 痛(いた)い→いてえ→いってぇ、ってえ、いて 아파

(A) いってぇ！ 足(あし)の指(ゆび)ぶつけた！

(B) 大丈夫(だいじょうぶ)？

(A) いてててて、思(おも)いっきりぶつけた〜。

(B) うわ、赤(あか)くなってるね〜。

A : 아야! 발가락 부딪쳤다!
B : 괜찮아?
A : 아파아파파파, 세게 치여서~.
B : 어, 빨개졌어.

いってぇ！

076 こんにちは→こんちは 안녕(하세요)

(男(おとこ)の子(こ)が友人(ゆうじん)の家(いえ)に遊(あそ)びに行(い)って、友人のお母(かあ)さんに挨拶(あいさつ)する。)

(A) あら、いらっしゃい、久(ひさ)しぶりね。

(B) こんちは。おじゃまします。

(A) どうぞどうぞ、ゆっくりしてってね。

(B) はい、どうもっす。 ┈┈┈┈● ゆっくりして行ってくださいねの 반말체

(남자아이가 친구 집에 놀러 가서 친구 어머니에게 인사한다.)
A : 어머, 어서 와. 오랜만이네.　B : 안녕하세요. 좀 놀다 가겠습니다.
A : 그래 괜찮아, 편하게 놀다 가.　B : 네, 감사합니다.

077 おじさん→おっさん、おっちゃん、おじん 아저씨
おばさん→おばはん、おばん 아줌마

Ⓐ うわ、何あのおっさん、バーコード頭だよ。

Ⓑ ほんとだ。漫画に出てきそう〜。

Ⓐ あすこのおばはんも、めっちゃ見てるし。

Ⓑ さすがおばはんだね、あんなあからさまに、じろじろ見るなんて。

A : 우와, 저 <u>아저씨</u> 뭐야! 바코드 머리잖아.
B : 정말이다! 만화에나 나올 것 같은 머리야~.
A : 저기 <u>아줌마</u>도 뚫어져라 보시는 것 좀 봐.
B : 역시 <u>아줌마</u>는 대단하셔. 저렇게 빤히 쳐다보다니 말야.

---

078 やはり→やっぱ(り) 역시

촉음 っ를 붙여 강조하는 말이다.

（관련표현）

ばかり ~만, ~뿐 → ばっか(り)

Ⓐ あの芸能人カップル、別れたんだって。

Ⓑ やっぱりね。すぐ別れると思った。

Ⓐ 男が浮気したらしいよ。

Ⓑ 今までだって女絡みのスキャンダルばっかりだったじゃん。

A : 저 연예인 커플 헤어졌대.　B : <u>역시</u>나. 바로 헤어질 줄 알았어.
A : 남자가 바람피운 것 같아.　B : 지금껏 여자 문제로 스캔들이 끊이질 않았잖아.

079 あまり→あんま(り) 너무, 별로

ん을 넣어 강조한 말이다.

Ⓐ あれ？ピクルス食べないの？

Ⓑ あんま好きじゃないんだよね。

Ⓐ じゃあ食べていい？

Ⓑ どうぞ～。

A : 어? 피클 안 먹어?
B : 별로 안 좋아해.
A : 그럼 먹어도 돼?
B : 그래.

080 少(すこ)し→ちょっと、ちょい、ちょっぴり、ちびっと 조금

Ⓐ それ、うまそうだな。ちょっと味見していい？

Ⓑ うん、ちょっぴり辛いけど。

Ⓐ ほんとだ、ちょい辛だけどうまいな。

Ⓑ もっと食べていいよ。

A : 그거 맛있어 보이는데. 맛 좀 봐도 될까?
B : 응, 좀 맵긴 하지만.
A : 정말이네, 조금 맵지만 맛있다.
B : 더 먹어도 돼.

081 少(すこ)しも → ちっとも　조금도, 전혀

Ⓐ 荷物持ってくれてありがとう。重かったでしょ？

Ⓑ ちっとも。こんなん軽いって。

Ⓐ ありがとう。おかげで助かった。

Ⓑ 全然、お安いごようだよ。

• お安(やす)い御用(ごよう) 상대방의 부탁을 쉽게 들어줄 수 있다고 할 때 쓰는 말. 부탁한 상대방이 미안해할 때 편하게 생각하라는 의미로 씀

A : 짐 들어 줘서 고마워. 무거웠지?
B : 전혀. 이 정도는 가볍다니까.
A : 고마워. 덕분에 살았다.
B : 뭘, 이 정도 일은 식은 죽 먹기야.

082 小(ちい)さい → ちっこい、ちっちゃい　작다

Ⓐ 子犬が生まれたの〜。

Ⓑ うわ〜、ちっこくてかわいい!!

Ⓐ でしょ？足なんて、こんなにちっちゃいの！

Ⓑ やっぱ子犬のときが一番かわいいよね。

A : 강아지가 태어났어!
B : 우와~ 자그마해서 귀엽다!
A : 그치? 발도 이렇게 작아!
B : 역시 강아지 때가 가장 귀엽다니까.

083　かわいい→かわいー、かわゆい　귀엽다

Ⓐ お子さま生まれたんですよね？写真ないんですか？
Ⓑ これ、昨日撮った写真なんだ。
Ⓐ わ～、かわゆい‼ お目めぱっちり～！
Ⓑ 目は妻に似たみたいで、大きいんだ。

• お目(め)め＝目(め) 눈 (유아어)

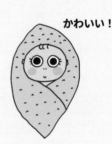

かわいい！

A : 아이 태어났다면서요? 사진 없나요?
B : 이거, 어제 찍은 사진이야.
A : 우와~ 귀여워! 눈이 정말 똘망똘망하네!
B : 아내를 닮아서인지 눈이 크더라구.

084　いらっしゃい→らっしゃい　어서 오세요

앞에 나오는 음절 い가 생략된 말이다.

Ⓐ らっしゃい‼ おー人様ですか？
Ⓑ はい。
Ⓐ じゃあ、カウンターどうぞ！
Ⓑ すみません、テーブルでもいいですか？

• カウンター
　카운터 (음식점이나 술집에서 손님과 요리하는 사람이 서로 대화할 수 있도록 마련한 자리)

A : 어서 오세요‼ 한 분이세요?　B : 네.
A : 그럼, 카운터석에 앉으세요!　B : 죄송한데, 테이블석으로 앉아도 될까요?

うるさい→るさい、るせぇ、るっせぇ 시끄러

회화에서 うるさい는 う가 생략되고, ~さい는 변해서 せえ가 된다. 주로 남자가 쓰는 말로, 강하게 발음하면 るっせぇ가 된다.

관련표현

めんどうくさい → めんどくせぇ 귀찮다, 성가시다

(高校生がタバコを吸おうとしていて)

Ⓐ おい、未成年がタバコはよくないだろ！

Ⓑ るせぇな、おっさんにゃ関係ねぇだろ？

Ⓐ っていうか、関係あるんだよね。(警察手帳を見せる)

Ⓑ あっ！やべぇ。逃げろー。

(고등학생이 담배를 피려고 하니까)
A : 어이, 미성년자가 담배는 안 좋지!　B : 시끄럽네, 아저씨한테 무슨 상관인데?
A : 오히려 상관있단 말이지. (경찰증을 보인다)　B : 앗! 망했다. 도망치자~.

ところ→とこ 곳, 점, 참

Ⓐ まだ家帰らないの？

Ⓑ 今帰ろうとしてたとこ。

Ⓐ 随分熱心に勉強するんだね。

あんたんとこって、もしかして教育ママ？

Ⓑ そんなんじゃないよ。

A : 아직도 집에 안 가?　B : 이제 가려던 참이야.
A : 꽤 열심히 공부하네. 너네 엄마, 혹시 치맛바람이 세시니?　B : 그런 건 아니야.

087 本当(ほんとう) → ほんと、んと 정말로

Ⓐ この洋服どう？ 似合う？

Ⓑ 似合う、似合う、<u>ほんと</u>、どんな服でも似合うね。

Ⓐ そんなことないよ～。

Ⓑ いや<u>ほんと</u>に。
   そんな服、相当スタイルがよくないと着こなせないよ。

• 着(き)こなす 옷을 맵시 있게 입다

A : 이 옷 어때? 어울려? B : 어울린다, 어울려. 정말 아무 옷이나 다 어울린다.
A : 뭘~. B : 아냐, 정말이야. 이런 옷 웬만한 사람은 소화하기 힘들어.

088 すみません → すいません 미안합니다, 저기요

Ⓐ すいません、ちょっと道を教えてほしいんですが。

Ⓑ あ、はい。

Ⓐ 地下鉄の駅はどっちですか？

Ⓑ あそこの信号渡って左ですよ。

A : <u>저기</u>, 길 좀 물어보고 싶은데요….
B : 아, 네.
A : 지하철역이 어디인가요?
B : 저쪽 신호 건너서 왼쪽이에요.

089 **ていうか→つうか** 라기 보다는 (오히려)

'라고 하기 보다는', '다른 표현으로 말하면'이라는 뜻으로 というか(とゆうか) → って
いうか(ってゆうか) → っていうか(ってゆうか) → てか 또는 ちゅうか → つうか
로 변한 형태다. 말을 바꿔서 할 때나 앞서 말한 말을 부드럽게 부정하면서 보충할 때도
쓴다. 말할 때 'つうかさぁ 근데 말이야'로도 자주 쓴다.

Ⓐ カバンが小さすぎて、荷物が入らない。

Ⓑ つうか、荷物多すぎじゃねぇ〜？ 1泊2日だよ!

Ⓐ だって、絶対必要なものなんだもん。

Ⓑ まったく女ってのはめんどくせぇなぁ〜。

A : 가방이 너무 작아서 짐이 안 들어가.

B : 라기보다는 짐이 너무 큰 거 아니고? 1박2일이야!

A : 그지만 꼭 필요한 물건이거든.

B : 정말이지, 여자들은 성가시다니까.

- -

Ⓐ 最悪! 彼に二股かけられてた。

Ⓑ それって悪いっつうか、逆によかったじゃん。

Ⓐ えー、どうして？

Ⓑ 結婚する前に、それがわかって。

A : 최악이야! 남자친구가 양다리 걸쳤어.

B : 그건 나쁘다기 보다는 역으로 잘 된 거잖아.

A : 어? 왜?

B : 결혼하기 전에 그걸 알게 됐으니깐.

まぁ いいじゃん

실제 일본인들은 이렇게 줄여서 말한다!
편하게 줄여 쓰는 '축약어' 익히기

당연한 말이지만 축약어는 글보다 회화에서 더 많이 쓰이죠. 간략해야 듣기에도, 말하기에도 편하고 쉬우니까요. 여기에서는 회화에서 쓰이는 축약어뿐만 아니라 の를 ん으로 발음하는 것과 같이 규칙적으로 변화된 형태도 알아보겠습니다. 축약어를 한번 보세요. 빨리 발음하다 보면 충분히 이렇게 발음하겠구나 싶은 부분들이 꽤 있을 거예요. 뭐든 처음이 어렵지 말문이 트이면 그 다음부터는 술술~. 모국어가 아니라 어려운 점이 많겠지만, 기본을 다지고 나서 좋아하는 일본 애니나 드라마를 흉내 내다 보면 어느새 줄임말의 달인이 되어 있을지도 몰라요!

---

090 ～では→～じゃ ~은, ~는

Ⓐ タクシーで、ここから家まで3,000円くらいで行くかな。

Ⓑ 深夜料金もかかるのに、3,000円じゃ無理だろ。
漫喫で寝てけばいいじゃん。

Ⓐ あんなところじゃ寝れないよ。

Ⓑ 最近の漫喫はそこらへんのビジネスホテルより快適だよ。

A : 택시로 여기서 집까지 3,000엔 정도면 갈까?
B : 심야요금도 드는데 3,000엔으론 무릴걸. 만화 카페에서 자면 되잖아.
A : 그런 데서는 못 자.
B : 요즘 만화 카페는 어지간한 비즈니스호텔보다 더 쾌적하거든.

091 の→ん ~의, ~의 것
のので→んで ~어서, ~니까
のだ→んだ ~거다

회화에서는 の를 ん으로 발음한다. 'この 이'는 こん으로, 'その ユ'는 そん으로, '〜した
ので ~해서'는 〜したんで로 편하게 발음하면 된다.

Ⓐ 僕、今月でバイト辞めることにしたんで、後よろしく。

Ⓑ えっー、いきなりなんだよ？？

Ⓐ ちょっとやりたいことがあってさ。

Ⓑ そっか、お前が抜けるとヤバいんだけど、しょうがないな。

A : 나, 이달로 알바 그만두기로 했으니, 뒷일을 부탁해.　B : 에구, 갑자기 왜??
A : 좀 하고 싶은 일이 있어서.　B : 글쿠나, 니가 빠지면 곤란한데 어쩔 수 없네.

092 ない→ねー、ねぇ 없다, 않다

부정을 나타내는 ない를 회화에서는 ねー로 말한다. 주로 남자가 쓴다.

Ⓐ ねぇねぇ、そっちに私のケータイない？

Ⓑ こっちにはねーぞ。

Ⓐ おかしいな、どこに置いたんだっけ？

Ⓑ かけてみたらわかるんじゃねー？

A : 있지, 거기 내 휴대폰 없어?　B : 여기에는 없어.
A : 이상하네. 어디다 뒀더라.　B : 걸어보면 알 수 있지 않아?

093 ない→ん (부정)

Ⓐ お父さん、今日の新聞知らない？

Ⓑ 知らん。

Ⓐ さっき読んでなかった？

Ⓑ わしゃ知らんぞ。

• わしゃ＝わしは 나는

A : 아빠, 오늘 신문 봤어요?
B : 모르겠는데.
A : 아까 읽고 있었잖아요?
B : 난 모르겠다고.

094 らない、れない→んない ~지 않다

Ⓐ この問題分かる？

Ⓑ 分かんない。

Ⓐ どうしよう、次の授業であたるのに。答えらんないよ〜。

A : 이 문제 알겠어?
B : 몰라.
A : 어쩌지, 다음 수업에 시킬 텐데. 대답 못하는데.

095 る→ん

회화에서는 발음을 빨리 할 때 る가 ん으로 발음된다.

Ⓐ ねえ、今日、テストほんとにあ<u>ん</u>の？

Ⓑ さ～、でも先生、先週言ってたし、あるんじゃない？

Ⓐ そっか～。やっぱあ<u>ん</u>のか…。勉強して来るんだった。

A : 있지, 오늘 정말 시험 <u>봐</u>?

B : 글쎄, 하지만 선생님이 저번주에 말씀하셨으니까 보지 않을까?

A : 그렇구나. 역시 <u>보는</u>구나…. 공부해 올걸.

Ⓐ ハナちゃん、何し<u>て</u><u>ん</u>の？

Ⓑ うん。ありさんのおうち作っ<u>てん</u>の！

Ⓐ あたしも作りたい。

Ⓑ じゃ、いっしょに作ろっ!!

A : 하나! 뭐 하고 <u>있어</u>?

B : 응. 개미 집 만들어 주고 <u>있어</u>!

A : 나도 만들고 싶어.

B : 그럼 같이 만들에!!

ありさんのおうち作ってんの！

2그룹 동사의 가능형은 る를 없애고 られる를 붙이는데, 요즘은 ら를 빼고 말할 때가 많다. 일명 ら抜(ぬ)き言葉(ことば)! 다만 존경이나 수동으로 쓰이는 られる의 ら는 생략할 수 없다.

> **관련표현**
>
> 食(た)べられる → 食べれる 먹을 수 있다
> 来(こ)られない → 来れない 올 수 없다

Ⓐ 香織(かおり)、来(こ)れるって？
Ⓑ 今日(きょう)は体調(たいちょう)悪(わる)いらしくて無理(むり)だって。
Ⓐ 仕方(しかた)ないね、じゃあうちらだけでご飯(はん)食(た)べに行(い)こう！

　 ホルモンなんてどう？
Ⓑ 私(わたし)、ホルモンは食(た)べれないんだ…。

• ホルモン 내장, 곱창

A : 가오리, 올 수 있대?
B : 오늘은 몸이 안 좋아서 못 온대.
A : 할 수 없지, 그럼 우리끼리 밥 먹으러 가자! 곱창은 어때?
B : 난, 곱창 못 먹는데….

ホルモンは食べれないんだ…

097 　～です → ～(っ)す　~어욥, ~어욧

젊은 사람이 쓰는 일종의 존경어다. 공적인 자리에서는 쓰지 않는 것이 좋다.

관련표현

すぐ来(く)るっす。 곧 올거예욥.

知(し)ってるっす。 알고 있어욥.

Ⓐ あ～お腹(なか)いっぱい。

Ⓑ もっと食(た)べなさいよ。

Ⓐ もうお腹いっぱい<u>っす</u>。

A : 아~ 배불러.　B : 더 먹어.　A : 이제 배불러욥.

098 　～たい → ～てー、～てぇ　~싶다

희망을 나타내는 ～たい를 회화에서는 ～て로 말한다. 주로 남자가 쓴다.

Ⓐ 今度(こんど)の夏休(なつやす)み、どっか行(い)かねー？

Ⓑ いいね。オレ海(うみ)行き<u>てぇ</u>。

Ⓐ 海？ いいね。沖縄(おきなわ)行き<u>てぇ</u>な。

Ⓑ うん。沖縄の海で泳(およ)いでみ<u>てぇ</u>な。

A : 이번 여름방학 때, 어디 안 갈래?

B : 좋다. 난 바다 가고 <u>싶다</u>.

A : 바다? 좋다. 오키나와 가고 싶네.

B : 응. 오키나와 바다에서 헤엄치고 <u>싶다</u>.

099 ～ている → ～てる (～でいる → ～でる)

~고 있다, ~어 있다

Ⓐ 香織見なかった？
図書館で勉強してるって言ってたのにいないんだよね。

Ⓑ あそこで電話してるよ。

Ⓐ ほんとだ、勉強しないで、さぼってばっかりいるんだから～。

A : 가오리 못 봤어? 도서관에서 공부하고 있겠다고 말했는데 없네.
B : 저기서 전화하고 있어.
A : 정말이네, 공부 안 하고 땡땡이만 친다니까.

100 ～ていく → ～てく (～でいく → ～でく)

~고 가다, ~어지다

Ⓐ お腹空いた～。

Ⓑ 夕飯うちで食べてく？

Ⓐ うん！食べてく！

Ⓑ じゃあ、食べたら遅くなるし、今日はうちに泊まってけば？

Ⓐ いいの？じゃあ泊まってく！

A : 배고프다.　B : 저녁, 집에서 먹고 갈래?　A : 응! 먹고 갈게!
B : 그럼, 먹고 나면 늦을 테고 오늘은 우리 집에서 자고 가면 어때?
A : 괜찮겠어? 그럼 자고 갈게!

101 　～ておく → ～とく (～でおく → ～どく)
~어 두다

置(お)いておく → 置いとく　놓아 두다
読(よ)んでおく → 読んどく　읽어 두다

Ⓐ　頼まれてた本持ってきたから、ここ置いとくね。

Ⓑ　ありがと。この小説家の新刊もうすぐ発売だよね。

Ⓐ　そうそう、いつもすぐ売り切れちゃうから本屋で予約を頼んどか

　　ないと。

Ⓑ　新刊の題名なんだっけ？ 何回聞いても忘れちゃう。

Ⓐ　じゃあここに書いとくよ。

* ありがと＝ありがとう　고마워

A : 부탁했던 책 가져왔으니까 여기에 놔 둘게.
B : 고마워. 이 소설가 신간 곧 있으면 나오지.
A : 맞아, 항상 바로 품절이 되니까 서점에 예약을 해 둬야지.
B : 신간 제목이 뭐였지? 몇 번 들어도 잊어버려.
A : 그럼 여기에 써 둘게.

じゃあ、
ここに書いとくよ

　〜てしまう→〜ちゃう、〜ちまう
（〜でしまう→〜じゃう、〜じまう）~어 버리다

〜ちまうは 〜ちゃう보다 거친 느낌을 준다.

> 관련표현

捨(す)ててしまう → 捨てちゃう、捨てちまう 버려 버리다
飲(の)んでしまう → 飲んじゃう、飲んじまう 마셔 버리다

Ⓐ 貯金しようと思ってるのに、つい無駄遣いし<u>ちゃう</u>んだよね。

Ⓑ かわいい洋服見<u>ちゃう</u>と、買っ<u>ちゃう</u>よね。

Ⓐ ダイエットもしようと思ってるのに、おいしそうなものを見ると食べ<u>ちゃう</u>し。

Ⓑ おいしそうなものが目の前に出てくると、明日からでいいやって思っ<u>ちゃう</u>よね。

● 無駄遣(むだづか)い 허비, 낭비

A : 저축하려다가도 꼭 쓸데없는 곳에 써 <u>버린</u>다니까.
B : 예쁜 옷 보게 <u>되</u>면 사 <u>버리고</u> 말아.
A : 다이어트 하려다가도 맛있는 음식 보면 먹어 <u>버리게</u> 된다구.
B : 맛있는 음식이 앞에 있으면, 내일부터 하면 된다고 생각해 <u>버려</u>.

> おまけ

食べちゃおう!! 먹어 버려야지!, 먹어 버리자!
やっちゃおう!! 해치워 버려야지!, 해치워 버리자!
자신의 생각을 권유하거나 제안하는 말투인 청유형, 의지를 나타내는 의지형 형태로도 자주 쓴다.

103　〜てしまった→〜ちゃった、〜ちまった
（〜でしまった→〜じゃった、〜じまった）~해 버렸다

〜てしまう의 과거 표현으로 〜ちまった는 남자들이 더 자주 쓴다.

> 관련표현

やってしまう → やってしまった → やっちゃった、やっちまった 저질러 버렸다

死(し)んでしまう → 死んでしまった → 死んじゃった、死んじまった 죽어 버렸다

(A) ここにあった新聞どこいった？

(B) さっき捨てちゃった！

(A) 今日の新聞なのに。

(B) 昨日の新聞かと思って。日付見間違えちゃったみたい。

• 日付(ひづけ) 날짜

• 見間違(みまちが)える 잘못 보다

A : 여기에 있던 신문 어디 갔지?

B : 아까 버려 버렸는데!

A : 오늘 신문인데.

B : 어제 신문인가 해서. 날짜를 잘못 봐 버린 것 같아.

> おまけ

来ちゃった !!　와 버렸다!!

연락도 하지 않고 마음대로 왔을 때 쓰는 말이다. 참을 수 없을 정도로 오고 싶어서 와 버렸다
고 말하고 싶을 때 쓴다.

104 〜てはいけない → 〜ちゃいけない
（〜ではいけない → 〜じゃいけない）　~서는 안 된다

관련표현

使(つか)ってはいけない → 使っちゃいけない　쓰면 안 된다
遊(あそ)んではいけない → 遊んじゃいけない　놀면 안 된다

Ⓐ ここでタバコ吸(す)っちゃいけないんだよ。
Ⓑ そうなの？ どんどん吸える場所(ばしょ)が無(な)くなるな。
Ⓐ 健康(けんこう)に悪(わる)いんだし、タバコやめなよ。吸いすぎだよ。
Ⓑ 自分(じぶん)でもこのままじゃいけないなと思(おも)いつつ、やめられないん
　だよ。

A : 여기서 담배 피우면 <u>안 되</u>지.
B : 그래? 점점 담배 피울 수 있는 데가 없어지네.
A : 건강에도 안 좋은데, 담배 끊어. 너무 많이 피우잖아.
B : 나도 이대로는 <u>안 되겠</u>다고 생각하는데, 끊을 수가 없어.

ここでタバコ吸すっちゃいけないんだよ！

105 〜てあげる → 〜たげる
〜てやる → 〜たる ~어 주다

〔관련표현〕

書(か)いてあげる → 書いたげる 써 주다
奢(おご)ってやる → 奢ったる 사 주다

Ⓐ やべぇ、課題が全然終わってない。

Ⓑ 何の課題？

Ⓐ 英語の授業の課題が難しくてさ。

Ⓑ 手伝ったげるよ。私、英語得意だから。

A : 큰일이다, 숙제를 못 끝냈어.　B : 무슨 숙제?
A : 영어 숙제가 어려워서 말야.　B : 도와줄게. 내가 영어는 자신 있으니까.

Ⓐ 給料日前でお金ないんだよね。

Ⓑ しょうがないなぁ。じゃあ今日は俺が奢ったるよ。

Ⓐ ラッキー！ありがとう！

Ⓑ 次はお前が奢れよ！

A : 월급 받기 전이라 돈이 없다.　B : 어쩔 수 없지. 그럼 오늘은 내가 살게.
A : 앗싸! 고마워!　B : 다음에는 니가 사!

106 ～なければ → ～なけりゃ、～なきゃ
~지 않으면

関連表現

行(い)かなければ → 行かなけりゃ、行かなきゃ 가지 않으면
話(はな)さなければ → 話さなけりゃ、話さなきゃ 말하지 않으면

Ⓐ あの野球選手、最近また活躍してるね。

Ⓑ 去年の怪我さえ<u>なきゃ</u>、メジャーリーグにだっていけただろうに。

Ⓐ 惜しいな。

Ⓑ 大怪我だったらしいね。きっとリハビリとか頑張ったんだろうね。

Ⓐ だろうね。そうで<u>なきゃ</u>、こんなにすぐまた活躍なんてできない
　だろ。

- 惜(お)しい 아깝다, 아쉽다
- きっと 꼭, 반드시, 틀림없이
- リハビリ 재활

A : 저 야구선수, 요즘 다시 활약하고 있지.
B : 작년 부상만 없었으면 메이저리그도 갈 수 있었을 텐데.
A : 아깝다.
B : 큰 부상이었다지. 틀림없이 재활훈련도 열심히 받았을 거야.
A : 그렇겠지. 안 그랬으면 이렇게 금방 또 활약할 수 없었을 거야.

怪我さえなきゃ～

〜ても → 〜たって (〜でも → 〜だって)
~도, ~봤자

食(た)べても → 食べたって 먹어 봤자
読(よ)んでも → 読んだって 읽어 봤자

(A) 明日テストなのに、全然勉強してない!

(B) もうあきらめて寝な。いまさら勉強したって無駄だって。

(A) そんなことないよ! 今からちょっと教えてよ!

(B) やだよ! 教えたってどうせ無駄なんだからさ。

> •だよ를 더욱
> 강조한 표현

• 無駄(むだ) 보람이 없음, 헛됨

A : 내일 시험인데 공부를 전혀 안 했어!
B : 이제 포기하고 자. 이제 와서 공부해 봤자 헛수고야.
A : 그렇지 않아! 지금부터 좀 가르쳐 줘!
B : 싫어! 알려 줘도 어차피 헛수고라니까.

いまさら勉強したって無駄だって!

108 ～と → ～って ~라고
～という(명사) → ～っていう ~라고 하는
～という → ～って ~래

관련표현

ダンビさんも行(い)くと言(い)った。 → ダンビさんも行くって言った。

단비도 간다고 말했다.

『コスモス』という本(ほん)、知(し)ってる？ → 『コスモス』っていう本、知ってる？

『코스모스』라는 책, 알아?

ダンビさんも行くと言っていた。 → ダンビさんも行くって。

단비도 간다고 했어.

Ⓐ 「いきものがかり」っていう歌手(かしゅ)知ってる？

Ⓑ 「ゲゲゲの女房(にょうぼう)」っていう朝(あさ)ドラの主題歌(しゅだいか)うたってるよね。

Ⓐ 名前(なまえ)の由来(ゆらい)、小学生(しょうがくせい)の時(とき)の「いきものがかり」だったからなんだって！

Ⓑ へぇ～、そうなんだ。

- **ゲゲゲの女房(にょうぼう)** 게게게 여보 (NHK에서 방영했던 아침드라마로 남편을 지탱해 주며 명랑하게 살아가는 여주인공과 그 가족의 이야기)
- **いきものがかり＝生(い)き物(もの)** 생물, 생명체 + **係(かかり)** 담당 (일본의 초등학교에서 식물이나 동물을 돌보는 담당)

A : '이키모노가카리'<u>라고 하는</u> 가수 알아?
B : '게게게 여보'<u>라는</u> 아침 드라마 주제가 부르는 가수지.
A : 이름의 유래가 초등학교 때 '식물이나 동물을 돌보는 담당'이었어서 <u>그렇대</u>!
B : 아~아, 그렇구나.

109 これは → こりゃ　이건, 이거
これは → そりゃ　그건, 그거
あれは → ありゃ　저건, 저거

（관련표현）

これはすごい。 → こりゃ、すごい。 이거 대단한데.
それはそうだ。 → そりゃ、そうだ。 그건 그렇지.
あれは首〈くび〉だよ。 → ありゃ、首だよ。 저거 잘리겠다.

Ⓐ 会社〈かいしゃ〉の経営〈けいえい〉がかなり厳〈きび〉しいらしくて、先月〈せんげつ〉から給料〈きゅうりょう〉もらえてないんだよ。

Ⓑ そりゃ、相当〈そうとう〉ひどいね。

Ⓐ こんなにずっと景気〈けいき〉が悪〈わる〉いなんて、お先真〈さきま〉っ暗〈くら〉だよ。

Ⓑ こりゃもう海外〈かいがい〉に移住〈いじゅう〉でもするしかないな。

A : 회사 경영이 많이 어려운지, 지난달부터 월급도 못 받고 있어.
B : 그거 꽤 심각한데.
A : 이렇게 계속 경기가 나빠서야 앞이 정말 깜깜하다.
B : 이거 이젠 외국으로 이민이라도 가는 수밖에 없겠어.

가정형 ~ば에 해당하는 축약 형태다. 발음할 때는 끝을 길게 늘여서 하고, 표기할 때도 뒤에 작은 ぁ를 붙이는 경우가 있다.

관련표현

~えば → ~やぁ：会(あ)えば→ 会やぁ 만나면

~けば → ~きゃ(~けば→~ぎゃ)：行(い)けば→ 行きゃ 가면

~せば → ~しゃ：探(さが)せば→ 探しゃ 찾으면

~てば → ~ちゃ：立(た)てば→ 立ちゃ 서면

~ねば → ~にゃ：死(し)ねば→ 死にゃ 죽으면

~べば → ~びゃ：飛(と)べば→ 飛びゃ 날면

~めば → ~みゃ：読(よ)めば→ 読みゃ 읽으면

~れば → ~りゃ：食(た)べれば→ 食べりゃ 먹으면

えば	けば	せば	てば	ねば	べば	めば	れば
eba	keba	seba	teba	neba	beba	meba	reba
↓	↓	↓	↓	↓	↓	↓	↓
やぁ	きゃ	しゃ	ちゃ	にゃ	びゃ	みゃ	りゃ
yaa	kya	sya	tya	nya	bya	mya	rya

おまけ

しなければならない！→ しなきゃ！
しなくてはならない！→ しなくちゃ！、しないと！

'하지 않으면 안 된다'를 줄인 표현에서도 축약형태를 찾아볼 수 있다.

(A) 今日元カノから電話きたんだよな。

(B) まじで？ なんだって？

(A) 今度久々に会おうって…。今さら何の用だってんだよ…。

(B) とかって、まだ未練あんだろ。一度会やあいいじゃん。

A : 오늘, 전 여친한테 전화 왔었어.

B : 진짜? 뭐래?

A : 조만간에 한번 보자던데. 이제 와서 무슨 볼일이 있다고….

B : 무슨 일이긴, 아직 미련이 남은 거겠지. 한번 <u>만나 보면</u> 좋잖아.

(A) せっかく作ったんだから、もっと食べてよ。

(B) お腹いっぱいだよ。

(A) じゃあもう捨てる…。

(B) わかったよ！ <u>食べりゃ</u>いいんだろ！ <u>食べりゃ</u>！

A : 모처럼 만들었으니까 더 먹어.

B : 배불러.

A : 그럼 이제 버릴 거야….

B : 알았어! <u>먹으면</u> 되잖아, <u>먹으면</u>!

食べりゃいいんだろ！
食べりゃ！

～ればどう？ → ～れば？
～たらどう？ → ～たら？
（～だらどう？ → ～だら？）
~면(어때)?

의견을 묻거나 제안을 할 때 쓰는 どう를 생략한 표현이다.

관련표현

こうすればどう？ → こうすれば？ 이렇게 하면 어때?
使(つか)ったらどう？ → 使ったら？ 쓰면 어때?
飲(の)んだらどう？ → 飲んだら？ 마시면 어때?

Ⓐ ねえ、熱もあるんだし、今日会社休んだら？
Ⓑ ダメだよ。今、大事な時なんだから…。
Ⓐ じゃ、上司に話して在宅ワークにすればどう？
Ⓑ 無理だよ。僕が行かなきゃダメなんだよ。

A : 있지, 열도 있고, 오늘 회사 쉬면 어때?
B : 안 돼. 지금 중요한 때라서….
A : 그럼, 상사에게 말해서 재택근무하면 어때?
B : 힘들어. 내가 안 가면 안 되거든.

休んだら？

〜ているの？ → 〜てんの？ ～하는 거야?
〜ているんだ？ → 〜てんだ？ ～하는 거야?

회화에서는 ~ている의 い가 생략되고, る가 탈락되는 경우가 있다.

관련표현

何言(なにい)っているの？ → 何言ってんの？ 무슨 말 하는 거야?

何言っているんだ？ → 何言てんだ？ 무슨 말 하는 거?

Ⓐ あんた、何(なに)してんの？

Ⓑ あ、勉強(べんきょう)だよ。

Ⓐ 隠(かく)したってダメよ。またゲームしてたでしょ？

Ⓑ 違(ちが)うよ。ちゃんと勉強してたよ。

A : 너 뭐해? B : 아, 공부해.

A : 숨겨도 다 알아. 또 게임했지? B : 아니야. 진짜 공부하고 있었어.

- -

Ⓐ お前(まえ)、何(なに)してんだよ？ こんなとこで。

Ⓑ えっ？ おー、お前か…。

Ⓐ ひとり？ なにか用事(ようじ)か？

Ⓑ うん、ちょっと野暮用(やぼよう)でね。

A : 너 뭐해? 이런 데서. B : 어? 아, 너구나….

A : 혼자야? 뭐 일 보러 왔어? B : 응. 좀 일이 있어서.

situation nihongo

1 의견을 말하는 장면

2 화를 내는 장면

3 반성, 사과, 후회하는 장면

4 소문, 연예계에 관한 대화 장면

5 의외라는 표정을 짓는 장면

6 약속하는 장면

7 연애에 관한 대화 장면

8 스타일에 관한 대화 장면

9 성격에 관한 대화 장면

10 말, 행동에 관한 대화 장면

11 불평, 불만을 하는 장면

12 기분, 마음 상태를 나타내는 대화 장면

13 가정에 대한 대화 장면

14 가족 간의 대화 장면

15 아줌마들의 대화 장면

16 학생들의 대화 장면

17 시험에 관한 대화 장면

18 직장에 관한 대화 장면

19 일에 관한 대화 장면

20 고민, 상담하는 장면

21 난처한 장면

22 술자리, 술에 관한 대화 장면

23 사건, 사고, 추궁에 관한 대화 장면

24 음식, 다이어트에 관한 대화 장면

25 일상적인 수다 장면

일본 애니 & 드라마 속
생생하게 살아 있는
상황별 일본어

やっと会えたね！

의견을 말하는 장면

마주 보고 이야기를 주고받다 보면 자연스레 내 생각이 다른 이에게 전해지기도 하고, 또 다른 이의 생각을 내가 읽을 수 있기도 하죠. 우리가 힘들게 일본어를 배우는 이유도 바로 여기에 있는 게 아닐까요. 언어가 다소 서툴더라도 내 생각이나 의견을 진심으로 알리는 것! 멋진 일이 아닐 수 없는데요, 먼저 일본 애니나 드라마를 통해 상황에 맞는 어휘를 익힌 다음, 똑부러진 화법인지 우회적인 화법인지 캐릭터 연구도 좀 해 보고, 어떻게 활용하면 좋을지 고민해 보기로 해요.

全速力で行くってば！！

---

113 とりあえず 먼저, 우선

'다른 것은 나중으로 미루고 이것 먼저'라는 뜻이다. とりあえずビール도 술자리의 관용 표현이다. 먼저 맥주부터 한 잔 주문한다는 뜻으로, 줄여서 とりビー라고도 한다.

Ⓐ 何飲む？
　なに の

Ⓑ <u>とりあえず</u>ビールで！

Ⓐ おつまみは？

Ⓑ <u>とりあえず</u>枝豆があればいいよ！
　　　　　　えだまめ

● 枝豆(えだまめ) 풋콩을 꼬투리째 삶은 것

A : 뭐 마실래？　B : <u>우선</u> 맥주！
A : 안주는？　B : <u>우선</u> 풋콩만 있으면 돼！

순서적으로 '처음'이라는 뜻으로 쓴다. とりあえず는 '아직 부족하지만 다른 것은 일단 제쳐두고 이것부터'라는 뉘앙스로 쓴다.

(A) 地震が起きたらどうすればいいですか？

(B) まず、火を消してください。

(A) 火を使っていない場合は？

(B) 机の下とか自分の身を守れるところで、地震が収まるまで待ってください。

A : 지진이 발생하면 어떻게 하면 좋을까요?
B : 먼저 불을 꺼 주세요.   A : 불을 쓰지 않은 경우는요?
B : 책상 밑이나 자신의 몸을 보호해 줄 곳에서 지진이 잠잠해질 때까지 기다려 주세요.

'충분하지만 않지만 대강'이라는 뜻이다.

(A) 災害時の防災グッズは準備していますか？

(B) はい、一応。

(A) どこに置いていますか？

(B) すぐ持ち出せるようリュックに詰めて玄関に置いてます。

A : 재해시의 필수품세트는 준비했습니까?
B : 네, 일단.
A : 어디에 뒀습니까?
B : 바로 꺼낼 수 있게 배낭에 넣어 현관에 뒀습니다.

116 実(じつ)は 실은

'사실을 말하면', '진실은'이라는 뜻으로 비밀 같은 것을 털어 놓을 때 쓴다.

Ⓐ なに？
Ⓑ 実は…、私…。
Ⓐ 言いたい事あるならさっさと言えよ。
Ⓑ 好きです。私と付き合ってください。

付き合ってください！

A : 무슨 일로?
B : 실은… 나….
A : 하고 싶은 말 있으면 빨리 말해.
B : 좋아해요. 나와 사귀어요.

117 ぶっちゃけ 솔직히 말해서, 까놓고 말하면

'ぶちあける 털어놓다, 고백하다'가 변해서 ぶっちゃける가 된 말이다. ぶっちゃけ는
2003년 드라마 「GOOD LUCK!!」에서 주인공이 자주 써서 일반인들에게 퍼지게 되었다.

Ⓐ ねえ、あんたたちの関係って、ぶっちゃけ、何なの？
Ⓑ ただの幼なじみだよ。
Ⓐ ほんとにそれだけ？ それでいいの？
Ⓑ これがいいの。このままで十分なんだよ。

A : 있지, 니네들 관계, 까놓고 말해서 뭐냐?
B : 그냥 친구야.
A : 진짜 그것 뿐이야? 그걸로 된 거?
B : 이게 좋아. 이대로 충분해.

言(い)っとくけど 말해 두겠지만, 말해 두지만

言っておくけど를 줄인 말로 상대에게 새로운 정보를 전달하는 표현으로 '혹시나 해서 말해 둔다'는 느낌으로 쓴다.

Ⓐ <u>言っとくけど</u>、これが最後(さいご)のチャンスだよ。

Ⓑ うん、わかってる。

Ⓐ 今度(こんど)の試験(しけん)、失敗(しっぱい)したら、次(つぎ)はもうないのよ。

Ⓑ わかってるってば、大丈夫(だいじょうぶ)。

A : <u>말해 두겠지만</u> 이것이 마지막 기회야.
B : 응. 알아.
A : 이번 시험 실패하면 다음은 이제 없어.
B : 알겠다니깐, 괜찮아.

そもそも 원래, 애초에

한자로는 抑抑로 '첫째', '시작', '발단'이라는 뜻이다.

Ⓐ 最近不景気(さいきんふけいき)で、給料(きゅうりょう)がカットされそうなんだよな。

Ⓑ あー、うちの会社(かいしゃ)もボーナスカットされるかもな。

Ⓐ ボーナスかぁ。うちは、<u>そもそも</u>ボーナスがないからなぁ…。

A : 요즘 불경기라서 월급이 삭감될 것 같아.
B : 어휴, 우리 회사도 보너스 안 나올지도 몰라.
A : 보너스라. 우리 <u>원래</u> 보너스가 없으니까….

'문제가 있지만 그 문제점들은 일단 좀 제쳐두고'라는 뜻으로 자세한 분석 없이 받아들이는 느낌으로 쓴다.

(A) 地震の時、大事なことは何ですか？

(B) とにかく落ち着くことです。

(A) そうですね。でも、それがなかなか厳しいんです。

(B) だから、日頃からの訓練が大事なんです。

A : 지진이 났을 때 중요한 것은 뭔가요?
B : 어쨌든 침착해야 합니다.
A : 그렇죠. 하지만 그게 좀처럼 안 됩니다.
B : 그래서 평소의 훈련이 중요합니다.

'でも 그렇지만, 하지만, 그런데'의 구어적 표현으로 상대의 말을 그대로 받아들이지 않고 반론하는 경우에 쓴다. 뒤에는 그 이유나 사정 설명이 따른다.

(A) なんでこんなにいっぱいお菓子買ってきたの！

(B) だって安かったから。

(A) だからって、こんなに食べれないでしょ。

(B) 全部私が食べるよ！

A : 왜 이렇게 과자를 많이 사왔어? B : 왜냐면 싸게 팔았으니까.
A : 그렇다고 이렇게나 많이 먹을 순 없잖아. B : 몽땅 다 내가 먹을게!

122 ～って、～ってば ~라니까, ~다니까

자신의 화난 기분이나 답답한 마음을 상대에게 알아 달라고 호소하는 표현이다. ～って를 강조하면 ～ってば가 된다.

Ⓐ あの二人付き合ってるらしいよ！

Ⓑ え～、うそでしょ～。

Ⓐ 本当だって！昨日もデートしてるとこ見たんだってば！

Ⓑ え～、信じられない！

A : 저 두 사람 사귀는 것 같아!

B : 어? 말도 안 돼~.

A : 정말이라고! 어제도 데이트하는 걸 딱 봤다니까.

B : 정말~ 믿어지지 않아!

123 いっそ 도리어, 차라리

어떤 문제가 되는 상황을 해결하기 위해서는 다른 큰 전환이 필요하다는 뜻으로 쓰는 말이다. 의지, 요구, 판단, 권유 등을 나타내는 말과 함께 쓰인다. いっそのこと와 같은 뜻이다.

Ⓐ タバコの値段がまた上がったね。

Ⓑ 上げたほうがいいよ！人迷惑だしさ！

Ⓐ 健康にもよくないしね。

Ⓑ いっそ一箱1、000円位にしちゃえばいいのに。

A : 담배 가격이 또 올랐네.　B : 올리는 것이 좋아! 다른 사람에게 피해만 주고!

A : 건강에도 나쁘고 말이야.　B : 차라리 한 갑에 1,000엔 정도 해 버리면 좋을 텐데.

〜などとの 구어적 표현으로 비교적 친한 사이에서 쓴다. 어떤 형태와 결합하느냐에 따라 약간 뉘앙스의 차이가 있다. 이를테면, 명사 뒤에 なんて를 쓰면 '~따위 하찮은 일이다', '시시하다', '바보스러운 짓이다' 등의 부정적인 표현이 된다. 또, 보통형 뒤에 なんて를 붙이게 되면 '심하다', '부럽다', '거짓이다', '놀라다'와 같은 평가를 나타내는 말이 뒤따르며, '의외다', '놀랍다', '하찮다'와 같은 기분을 뜻하는 표현이 된다. 끝으로 감동사처럼 써서 '어쩜', '어쩐'이라는 뜻으로도 쓴다.

- **(A)** 本当にあの人と結婚するの？
- **(B)** うん！もちろん！
- **(A)** あの人、言っては悪いけど貧乏じゃん…。
- **(B)** お金なんて関係ないよ！

A : 정말 그 사람과 결혼할 거야？ B : 응! 물론!
A : 그 사람, 말하긴 그렇지만 가난하잖아…. B : 돈 같은 거 무슨 상관이야!

- **(A)** あの子、大学受験、全部落ちちゃったんだって。
- **(B)** 本当に？ 学年1位の成績だったのに！
- **(A)** プレッシャーに弱いみたいだね。
- **(B)** だからって全部落ちちゃうなんて…。

- プレッシャー 프레셔(pressure), 정신적 압박
- プレッシャーを感(かん)じる 정신적 압박을 느끼다

A : 저 애, 대학 시험 친 거 다 떨어졌대. B : 정말? 전교 1등이었는데!
A : 정신적 압박이 심했었나 봐. B : 그렇다고 전부 떨어지다니….

Ⓐ 香織から聞いたけど、英語ペラペラなんだって？

Ⓑ ペラペラ<u>なんて</u>嘘ですよ。

Ⓐ でもちょっとはしゃべれるんでしょ？

Ⓑ 旅行で困らない程度ですよ。

• ペラペラ 술술 (외국어가 유창한 모양)

A : 가오리한테 들었는데 영어를 유창하게 잘한다며？ B : 유창<u>하다니</u> 말도 안 돼요.
A : 그래도 어느 정도는 할 거 아냐？ B : 여행 가서 곤란하지 않을 정도예요.

---

125 どうせ 어차피

경과가 어떻든 간에 결과는 뻔하다는 것을 인정하는 말이다. '結局(けっきょく)は 결국에
는'과 같은 표현이다.

Ⓐ 来週同窓会があること、直樹君知ってるかな。

Ⓑ たぶん知らないと思うよ。

Ⓐ じゃあ教えてあげなきゃ。

Ⓑ 教えてあげたって、あいつ付き合い悪いから、<u>どうせ</u>来ないよ。

A : 다음 주 동창회 있는 거 나오키가 알고 있는지 모르겠네.
B : 아마 모를 거야.
A : 그럼 가르쳐 줘야지.
B : 가르쳐 줘도 그 녀석 사람 만나는 거 안 좋아하니까
　 <u>어차피</u> 안 올 거야.

문제 삼을 정도로 가치가 있는 건 아니라는 뜻으로 쓰는 말이다. 'たかが～されど 고작 ~
이긴 하지만', 'たかが～ごときで 고작 ~같은 것으로', 'たかが～ごときに 고작 ~같은
것에'라는 형태로도 쓰인다. 여기서 されど는 '그렇지는 하지만'
이란 뜻이다.

관련표현

たかが庶民(しょみん)の分際(ぶんざい)で 고작 서민 주제에

たかがお前(まえ)ごときに 고작 너 같은 거에게

たかが十円(じゅうえん)、されど十円 고작 10엔, 그렇지만 10엔 (10엔을 업신여기면 10엔에 운다)

Ⓐ なんで彼(かれ)とけんかしたの？

Ⓑ だって、彼ってば、いつもメールの返信(へんしん)が遅(おそ)くて、むかつくんだ
もん。

Ⓐ たかがメールの返信ごときで、けんかしたの？

Ⓑ たかがじゃないよ！ 毎回(まいかい)返信を何時間(なんじかん)も待(ま)たされる、こっちの
身(み)にもなってよ。

• ～ってば ~는 말야(문장 끝에서 몹시 안타까운 심정을 강조)

• こっちの身(み)になる 이쪽 입장이 되다

A : 왜 남자친구하고 싸웠어?

B : 글쎄, 남자친구가 항상 문자 답장을 늦게 하니까 화나잖아.

A : 고작 문자 답장 같은 걸로 싸운 거야?

B : 고작이라니! 매번 답장을 몇 시간이고 기다리는 내 입장이 돼 보라고.

목적을 위해 어떠한 노력을 했지만, 그 노력이 헛수고가 되어 유감스럽게 생각한다는 뜻
이 담겨 있다.

- Ⓐ 雨で花火大会中止だって。
- Ⓑ そんな! せっかく新しい浴衣買ったのに!
- Ⓐ 残念だね。私も花火を見ながら食べようと思ってお弁当作った
  のに…。
- Ⓑ せっかくだから、家の中で浴衣着てお弁当食べようか。

A : 비가 와서 불꽃대회 취소됐다.　　B : 이런! 모처럼 유카타도 새로 샀는데!
A : 아까워서 어쩌니. 나도 불꽃놀이 보면서 먹으려고 도시락 싸 왔는데….
B : 모처럼이니까 집에서 유카타 입고 도시락 먹을까?

지금 단계에서의 상황을 표현하는 말이지만 앞으로는 어떤 변화가 생길지 모르겠다는 뜻
이 담겨 있다.

- Ⓐ 結婚してから、お姑さんとうまくやってる?
- Ⓑ いまのところ、うまくやってるよ。
- Ⓐ いびられたりとかしないの?
- Ⓑ いまのところね。また子供が生まれたりすると、考え方の違いと
  かで、何か言われたりするかもしれないけどね。

• いびる 들볶다, 괴롭히다, 구박하다
A : 결혼하고 나서 시어머니하고는 잘 지내니?　　B : 아직까지는 잘 지내.
A : 구박하시진 않니?　　B : 아직은 괜찮아. 뭐, 아이가 태어나거나 하면 사고방식의 차이
가 있으니까 잔소리 같은 걸 하실지도 모르지만 말야.

129 **なんだかんだ** 이러니저러니, 이러쿵저러쿵

Ⓐ ダンビ、勉強する気にならないって言いながら、けっこういい成績とったね。

Ⓑ あの子、なんだかんだ言っても、もともと真面目な性格だから、ちゃんと勉強したんだろうね。

Ⓐ 一時は、学校も行きたくないなんて言い出して、どうなるかと思ったけど。

Ⓑ なんだかんだあったけど、落ち着いてきたみたいだね。

A : 단비가 공부할 마음이 없다면서도 성적이 꽤 잘 나왔어.
B : 쟤가 <u>이러니저러니</u> 해도 본래 성격이 성실하니까 꼼꼼히 공부했을 거야.
A : 한때는 학교도 다니기 싫다고 해서 어찌 될까 걱정했는데 말이야.
B : <u>이런저런</u> 일이 있긴 했지만 이제 안정된 것 같네.

130 **どうでもいいし** 아무래도 상관없어, 신경 안 써

'아무래도 상관없다', '어떻게 되든 신경 안 쓴다'라는 뜻으로 쓰는 말이다.

Ⓐ 明日試験なのに勉強しないの？

Ⓑ どうせ今からしたって、意味ないし。

Ⓐ 少しでもしたら？赤点とったら、また先生に叱られるよ。

Ⓑ そんなの、どうでもいいし。

A : 내일 시험인데 공부 안 해？ B : 어차피 지금부터 해 봤자 의미도 없고.
A : 조금이라도 하는 게 어때? 낙제점 받으면 선생님한테 또 혼날 텐데.
B : 그런 거 <u>신경 안 써</u>.

131 どうにかなるよ　어떻게든 되겠지

'어떻게든'이란 뜻의 どうにか와 '되다'의 なる가 합해진 말이다.

- Ⓐ 一人で海外旅行に行くんだって？
- Ⓑ そう、夏休みにアメリカに行こうと思って。
- Ⓐ 英語もしゃべれないのに大丈夫？
- Ⓑ どうにかなるよ。

A : 혼자서 해외여행 간다며？
B : 응, 여름방학에 미국에 가려고 해.
A : 영어도 못하면서 괜찮겠어？
B : 어떻게든 되겠지.

132 しょうがないじゃん　어쩔 수 없잖아

'仕様(しょう)がない 어쩔 도리가 없다'에서 온 말로 좋은 방법이 없다라는 뜻이다.

- Ⓐ なんで毎回数学が赤点ばっかなの？
- Ⓑ しょうがないじゃん、数学苦手なんだもん。
- Ⓐ しょうがないじゃなくて、もっとちゃんと勉強しなさい。
- Ⓑ だって、数字見るだけで頭が痛くなるんだもん。

A : 왜 매번 수학 점수가 온통 낙제점이래？
B : 어쩔 수 없잖아요, 수학 싫어한단 말예요.
A : 어쩔 수 없는 게 아니라, 좀 더 똑바로 공부를 해 봐.
B : 그치만, 숫자를 보는 것만으로도 머리가 아픈 걸 어떡해요.

화를 내는 장면

흔히들 일본인은 속내를 잘 드러내지 않는다고 해요. 예의 바르고 조용하며, 화를 잘 내지 않는다는 인상이 강하죠. 그런데 일본 애니나 드라마를 자주 보다 보면 꼭 그렇지만도 않은 것 같아요. 우리처럼 직설적이고 격한 표현을 쓰기도 하고, 표정은 담담하지만 쓰는 어휘에서 벌써 화가 나 있기도 하죠. 기본적으로는 일본인이 직접 화를 드러내지 않고 에둘러서 표현하는 경향이 있긴 하지만, 다음의 말들이 들려온다면 화가 나 있다는 뜻이니 조심하시길!

133 　くそっ 　에이, 젠장

남을 욕하거나 불끈 화를 낼 때 쓰는 말이다. 말투에 따라 くそっ, クソ〜ッ, クッソ〜, くっそ〜 등 다양하게 표기한다. 'クソ暑(あつ)い 아주 덥다'와 같이 '엄청', '아주'라는 뜻으로도 쓴다.

Ⓐ くっそ〜 後(あと)1点(てん)で勝(か)てたのに…。
Ⓑ ホント、惜(お)しかったね。デュースにまでもちこんだのにね。
Ⓐ だろ？ あのミスさえなきゃ…。
Ⓑ 次(つぎ)がんばろ!!

くっそ〜

* 持(も)ち込(こ)む 가지고 오다

A : 에잇, 1점만 더 있으면 이길 수 있었는데….
B : 정말, 아깝다. 듀스까진 끌고 왔는데 말야.
A : 그치? 그 미스만 없었어도….
B : 다음에 잘하자!!

화를 내거나 나무라기 전에 상대를 크게 부를 때 쓰는 말이다. 어른이 아이를 혼내는 장면에 자주 쓰이는데, 이와 비슷한 말로 'おいこら 이봐, 너희들', 'こらこら 야야'라는 표현을 쓸 때도 있다.

Ⓐ こら！ こんな所に落書きしちゃだめだろ！

Ⓑ ごめんなさい。

Ⓐ ちゃんときれいに消しなさい！

Ⓑ ええぇ、消さないとだめですか？ せっかくうまく描けたのに。

A : 얘! 이런 곳에 낙서를 하면 안 되지! B : 죄송합니다.
A : 확실히 깨끗하게 지워!
B : 네~? 꼭 지워야 하나요? 모처럼 만족스러운 작품이 나왔는데요.

Ⓐ おい、聞いたか？
　山田のやつ吉田に告ったらしいぜ。

Ⓑ チキショー。先越されたか！！

Ⓐ お前も吉田のこと好きだったのかよ？

Ⓑ そうだよ。悪いかよ！？

• 先越(さきこ)す 추월하다, 앞지르다

A : 야, 들었냐? 야마다 그 자식, 요시다한테 고백했다는데.
B : 제기랄. 한발 늦었잖아!!
A : 너도 요시다 좋아했던 거야?
B : 그래. 난 뭐 그럼 안 되냐!?

136 ふざけんな 까불지 마

'ふざける 까불다, 장난치다 + な(금지)=ふざけるな 까불지 마'에서 온 말로, 회화에서는 る를 ん으로 발음하기도 한다. 말도 안 되는 어이없는 상황에서 쓰는 말이다.

Ⓐ ごめん。オレ今日(きょう)で辞(や)めるわ。

Ⓑ なんでだよ？ 突然(とつぜん)。

Ⓐ ずっと迷(まよ)ってたんだけど、もう限界(げんかい)なんだ。

Ⓑ ふざけんなよ。何(なに)言(い)ってんだよ。
今(いま)まで一緒(いっしょ)に頑張(がんば)ってきたじゃねーかよ。

A : 미안. 나 오늘 부로 그만 둘 거야.　B : 이유가 뭔데? 갑자기.

A : 계속 고민했는데 이제 한계야.

B : 잡소리 하지 마. 그게 무슨 말이야. 지금까지 함께 열심히 해왔잖아.

137 いい加減(かげん) 적당히, 어지간히, 작작, 이제 슬슬

진절머리가 난다거나 참을성이 한계치에 도달했을 때 쓰는 말이다. 너무 지나치지 않게 적당히 하라고 남이 하는 짓을 말릴 때 쓴다.

(UFOキャッチャーしながら)

Ⓐ もういい加減(かげんあきら)諦めたら？

Ⓑ まだだよ。もうちょいで取(と)れるとこなんだよ。(落(お)ちる)

Ⓐ ほら、またダメだったじゃん。

Ⓑ くやしー、惜(お)しかったのに、あともう一回(いっかい)だけ。

(인형뽑기 하면서)

A : 이제 그만 포기하지 그래?

B : 아직이야. 조금만 더하면 잡을 수 있을 것 같단 말이야. (떨어진다)

A : 거봐, 또 실패했잖아.　B : 분해, 아슬아슬했는데. 한 판만 더.

138 舐(な)めんなよ、ナメるなよ
우습게 보지 마, 깔보지 마, 얕보지 마

'舐める, 舐める 앞보다, 깔보다 + る(ん) + な(금지) + よ(주장) =なめるなよ'로 실제보다 낮추어 깔보는 것을 말한다.

(ビンのフタが開かなくて)

Ⓐ うわ、これかたい。全然開かない。

Ⓑ ちょっとかしてみ。

Ⓐ 大丈夫?

Ⓑ オレの腕力をなめんなよ。(パカッ) ほら、開いた。

(병뚜껑이 안 열려서)

A : 와, 이거 . 전혀 안 열려. B : 좀 줘 봐.

A : 괜찮겠어? B : 내 팔심을 <u>얕보지 마.</u> (팍) 봐, 열렸다.

---

139 あなた、何様(なにさま)のつもり?
니가 무슨 대단한 사람이라도 되는 줄 알아?

何様의 様(さま)는 '신분이 높은 분'이라는 뜻으로, 'あなた、何様のつもり?'라는 표현은 '니가 무슨 대단한 사람이라도 되는 줄 알아?'와 같은 뉘앙스로 해석하면 된다.

Ⓐ ちょっと、お茶淹れてくれる?

Ⓑ え? どうして私がそんな仕事しないといけないんですか?

Ⓐ は? あなた、何様のつもり?
新入社員なら当たり前の仕事でしょ。

A : 여기 차 좀 갖다 줄래? B : 네? 제가 왜 그런 일을 해야 하나요?

A : 뭐라고? <u>너, 말버릇이 뭐 그래?</u> 신입사원이라면 당연한 일이잖아.

'니가 무슨 일을 하든 신경 쓰지 않아.', '내가 무슨 일을 하든 신경 꺼 줘.'와 같은 뜻으로, 어감에서도 알 수 있듯이 차가운 느낌을 주는 표현이다. 반대로 자신과는 상관없이 상대를 위한다고 말하고 싶을 때는, '私には関係ないことだけど、あなたのために〜 나랑은 상관없지만 널 위해서~'라는 표현을 쓰면 된다.

(관련표현)

あなたには関係ないでしょ! 너하곤 상관없지 않니?
関係ないじゃん。 상관없잖아.

Ⓐ もうすぐ三十路（みそじ）なのに、まだ結婚（けっこん）しないの？
Ⓑ 縁（えん）がなくて…。
Ⓐ 理想（りそう）が高（たか）いんじゃないの？
Ⓑ そんなこともないけど。
Ⓐ 結婚（けっこん）できないまま、40とかになっちゃったらどーすんの？
Ⓑ ……。あなたには関係ないでしょ！

• 三十路（みそじ） 삼십, 서른

A : 이제 곧 서른인데 결혼 안 해?
B : 인연이 있어야지….
A : 눈이 너무 높은 거 아냐?
B : 그렇지도 않은데.
A : 결혼도 못하고 마흔 살 돼 버리면 어떡해?
B : ……. 너하곤 상관없잖아!

関係ないじゃん！

目(め)くじらをたてる 트집을 잡다, 화를 내다

눈초리를 치켜세우고 남의 흠을 잡거나 사소한 일에 화를 낼 때 쓰는 표현이다.

Ⓐ 新しい職場はどう？

Ⓑ お局様が怖くて大変。

Ⓐ やっぱどこにでもいるんだね。

Ⓑ 服装が派手だとか、些細なことで<u>目くじらたてる</u>し、ストレス溜ま
   るよ。

- **お局様(つぼねさま)** OL 사이에서의 여자 보스, 즉 계급이 높은 여자 상사를 주로 뒤에서 부를 때
  쓰는 말
- **些細(ささい)な** 사소한

A : 새 직장은 어때?
B : 고참이 무서워서 힘들어.
A : 역시 어디에나 있더라.
B : 옷이 화려하다느니 하면서 사소한 일에 <u>트집을 잡고</u> 말이야.
　　정말 스트레스 받아.

142 **ムキになる** 정색을 하다, 화를 내다

별일 아닌 사소한 일에도 정색을 하거나 화를 낼 때 쓴다.

Ⓐ 弟とこのゲームやると、必ず負けるんだよ。

Ⓑ 弟って、まだ小学生でしょ？

Ⓐ うん、練習しまくって、次は絶対勝ってやる！

Ⓑ 小学生相手にムキになっちゃって…。

• 동사의 ます형 + まくる 마구 ~해대다, 계속 ~해대다 ⑳ 逃(に)げまくる 계속 도망 다니다

A : 남동생하고 이 게임을 하면 꼭 진다니까.

B : 남동생, 아직 초등학생이지?

A : 어, 연습 많이 해서 다음엔 꼭 이길 거야!

B : 초등학생 상대로 무슨 열을 올리고 그래.

---

143 **逆(ぎゃく)ギレ** 방귀 뀐 놈이 성냄, 적반하장

'逆 역'과 'キレル 화를 내다'가 합해진 말로, 잘못한 사람이 도리어 화를 내는 것을 말한다. '피해자는 난데, 왜 가해자인 니가 더 화를 내고 있느냐'라는 뜻으로 쓰는 말이다.

Ⓐ 前に貸した本、早く返してよ。

Ⓑ わかってるよ。

Ⓐ いつもそう言って返してくれないじゃん。

Ⓑ 返すって言ってんだろ、うるせーな。

Ⓐ そっちが悪いくせに、逆ギレしないでよ。

A : 전에 빌려간 책 빨리 돌려줘. B : 알았어. A : 항상 그렇게 말하고선 안 돌려주잖아.

B : 돌려주겠다잖아, 귀찮게 왜 그래. A : 니가 잘못한 주제에 적반하장도 유분수지!

144 　思(おも)わずぼやく 툭~ 터트리다, 확 폭발하다

'思わず 무의식중'에 'ぼやく 불평하다'로 화가 나서 자신도 모르게 무의식중에 폭발하는 것을 말한다.

Ⓐ 接客業の仕事って大変でしょ？

Ⓑ うん、わがままなお客が多いからね。

Ⓐ 思わずぼやきたくなることとかないの？

Ⓑ あるよ、あまりにわがままなこと言われると、思わず、めんどくさいなーってぼやきたくもなるし。

A : 손님 대하는 일이 힘들지?　　B : 응, 아무래도 막무가내인 손님들이 많으니까.

A : 확 폭발해 버릴 것만 같은 땐 없어?

B : 왜 없겠어, 진짜 진상 손님한테는 나도 모르게 '아, 정말 성가시게 구시네~' 하고 불평하고 싶다니까.

145 　根(ね)に持(も)つ 꽁하다, 뒤끝 있다

根라는 말에는 '뿌리, 마음속에 맺힌 응어리'라는 뜻이 있어서, 언제까지나 마음에 품는 것을 표현할 때 쓴다.

Ⓐ このプリン、私のだから、絶対食べちゃだめだよ！

Ⓑ そんなこと言われなくても食べねーよ。

Ⓐ 前に、私のプリン食べちゃったことあったじゃん。

Ⓑ 何年も前の話じゃん。ほんと、根に持つよな。

A : 이 푸딩 내 거니까 절대로 먹으면 안 돼!　　B : 그렇게 말 안 해도 안 먹는다고.

A : 전에 내 푸딩 먹은 적 있잖아.　　B : 몇 년도 더 된 얘기잖아. 정말 뒤끝작렬이네.

146 でしゃばる 주제넘게 나서다

자신과는 상관없는 일에도 쓸데없는 참견이나 행동을 하는 것, 즉 오지랖이 넓다라는 뜻이다.

관련표현

関係(かんけい)ないことにでしゃばるな。관계없는 일에 나서지 마라.
でしゃばりは嫌(きら)われるよ。주제넘게 나서면 다들 싫어해.

Ⓐ 今年(ことし)の忘年会(ぼうねんかい)の会場(かいじょう)、決(き)まった？

Ⓑ まだ。先輩(せんぱい)たちと相談(そうだん)してるんだけど、みんなの意見(いけん)がバラバラで、なかなか決まらなくて。

Ⓐ 早(はや)く予約(よやく)しないと、いいとこなくなっちゃうよ。

Ⓑ 私(わたし)もそう思(おも)うんだけど、後輩(こうはい)の私がでしゃばって、勝手(かって)にお店(みせ)決めちゃうわけにもいかないしねぇ。

A : 올해 송년회 장소 결정됐어?
B : 아직이야. 선배들하고 의논했는데 다들 의견이 달라서 좀체 정할 수가 없네.
A : 얼른 예약 안 하면 좋은 데 못 해.
B : 나도 그렇게 생각하는데, 후배인 주제에 내가 나서서 맘대로 장소를 정할 수도 없고 말이야.

147 **ツケが回(まわ)ってくる** 대가를 치르다

'付(つ)け 청구서'가 '回ってくる 돌아온다'라는 뜻으로, 나쁜 일이나 무리를 하면 나중에 꼭 대가를 치러야 한다는 말이다.

관련표현

お前(まえ)、そんなに毎日(まいにち)飲(の)んでいると、付けが回ってきて、体(からだ)をこわすよ。 너, 그렇게 매일 술을 마시면 그 대가로 몸이 남아나질 않을 거라고.

勉強(べんきょう)しなかったから、今頃(いまごろ)付けが回ってきて、成績(せいせき)が落(お)ちたんだな。 공부를 안 했으니 요즘 그 대가를 치르느라 성적이 이 모양이구나.

Ⓐ やべぇ、今度(こんど)の試験(しけん)でも赤点(あかてん)とったら、進級(しんきゅう)できないって先生(せんせい)に言(い)われた。

Ⓑ 今(いま)までさんざん遊(あそ)んで勉強(べんきょう)しなかったツケが回ってきたね。

Ⓐ さすがに落第(らくだい)はしたくないな。

Ⓑ 今日(きょう)から死(し)ぬ気(き)で勉強(べんきょう)するしかないね。

A : 큰일이네, 이번 시험도 통과 못하면 유급이라고 선생님이 그러셨거든.
B : 여태 실컷 놀고 공부 안 한 대가를 치르는 거로군.
A : 정말이지 유급당하고 싶진 않아.
B : 오늘부터 죽을 각오로 공부하는 수밖에 없지.

おまけ

これ、つけといて！ 이거 달아 뒤!
값을 나중에 치르기로 하고 외상 먹을 때 쓰는 표현이다. つけといて는 つけておいて의 회화체 표현이다.

148 ざまを見(み)ろ、ざまぁ見ろ 꼴좋다, 쌤통이다

'様(ざま) 꼴, 꼬락서니'를 '見ろ 봐라'라는 뜻으로, 남을 비웃거나 욕할 때 쓰는 말이다. 평소 꼴불견이던 상대의 실패한 모습을 보고 통쾌하다고 느낄 때도 쓸 수 있는 표현이다.

관련표현

ざまぁみやがれ！꼴 좀 봐라!
いいざまだ！꼴좋다!
いい気味(きみ)だ！고소하다!

Ⓐ あいつ、社長と飲みに行ったときに、社長に失礼なこと言って怒らせたらしいよ。

Ⓑ ざまぁみろ。あいつ、いっつも一言多いんだよ。

Ⓐ わかるわかる、余計な一言を言うんだよな。

Ⓑ 怒られて当然だよ。

• 一言(ひとこと)多(おお)い 말이 많다, 쓸데없는 말을 하다

A : 저 녀석, 사장님이랑 회식했을 때 말실수해서 사장님이 화내셨다더라고.
B : 쌤통이다. 녀석 항상 말이 넘친단 말야.
A : 맞아 맞아, 쓸데없이 입방정을 떨지.
B : 혼나는 것도 당연해.

ざまぁ見ろ！

149 — 毒(どく)を吐(は)く 독설을 퍼붓다, 심하게 말하다

'毒 독'을 '吐く 토하다, 말하다'라는 뜻으로, 상대를 배려하지 않고 말로 상처를 입힌다는 말이다. 같은 말로 毒舌(どくぜつ)を吐く 가 있다. 비슷하게는 '毒づく 심하게 욕하다'라는 표현이 있는데, 이 말은 毒を吐く 보다 공격의 정도가 더 심하게 들린다.

관련표현

かわいい顔(かお)して毒を吐く。 귀여운 얼굴을 하고는 독설을 퍼붓다.
毒ばかり吐く人(ひと)っているよね。 독설만 퍼붓는 사람 있지.

Ⓐ あの子、彼女(かのじょ)ができたんだって。

Ⓑ ああ、こないだ一緒(いっしょ)にいるの見(み)たけど、あの子って、ほんとブス専(せん)だよね。

Ⓐ あんた、さらっと毒吐くね。

Ⓑ 毒を吐くっていうか、本当(ほんとう)のこと言(い)っただけじゃん。

• ブス専(せん)=ブス 못생긴 여자 + 専門(せんもん) 전문
(못생긴 여자를 전문적으로 좋아하는 남자)

A : 쟤, 여자친구 생겼대.
B : 아하, 지난번 함께 있는 걸 봤는데, 저 녀석 진짜 여자 얼굴 안 보더라.
A : 너, 살짝 <u>심하게 말하는데</u>.
B : <u>심하게 말한다</u>기보다 사실을 말한 것뿐이잖아.

毒を吐く

許してくれ！

반성, 사과, 후회하는 장면

일본인의 타인에 대한 배려는 정말 각별해요. 일본인이 가장 중요하게 생각하는 예절이 바로, '人(ひと)に迷惑(めいわく)をかけてはいけない 타인에게 폐를 끼쳐서는 안 된다'라고 하니까요. 가벼운 실례쯤은 너그럽게 눈감아 줄 수 있다고 생각하는 우리 눈엔 좀 지나치다 싶을 만큼 배려, 또 배려하는 걸로 보이지만 솔직히 부러울 때도 있다는 사실 인정!! 자, 앞에서 화를 잔뜩 내며 씩씩거렸으니 이번엔 부드러운 사과의 말로 관계를 회복해야겠죠.

150 ごめん 미안해, 잘못했어

'ごめんなさい 미안해요', 'ごめんごめん 미안 미안', 'ごめんね 미안해', 'ごめんな 미안하다' 등등. 잘못을 사과하거나 용서를 구할 때 쓰는 말이다. 어린아이들이 많이 쓰는 말로 귀여운 느낌을 준다. 보통 여자는 ごめんね, 남자는 ごめんな라고 한다.

(A) ごめん、明日(あした)も仕事(しごと)が遅(おそ)くなりそうで会(あ)えそうにないや。

(B) そっか、仕事(しごと)なら仕方(しかた)ないね。

(A) ほんとごめんな。いつも寂(さび)しい思(おも)いさせちゃって。

(B) ううん、こっちこそ、なんか気使(きつか)わせちゃってごめんね。

A : 미안, 내일도 일이 늦게 끝날 것 같아 못 만나겠어.
B : 그래, 일 때문이라는데 어쩔 수 없지.
A : 정말 <u>미안해</u>. 항상 외롭게 해서.
B : 아니야, 내가 오히려 신경 쓰게 한 것 같아서 <u>미안해</u>.

151　　**すまんかった**　미안해

すまない의 과거형으로 すみませんでした의 회화체 표현이다. すまん, わるい, すまなかった 등은 보통 남자들이 많이 쓰는 말이며, 일반적으로는 すみません을 쓴다.

Ⓐ 俺が誤解してたみたいで、すまんかった。

Ⓑ 大丈夫です、誤解だって分かって良かったです。

Ⓐ 悪かった…。

Ⓑ 大丈夫ですって。もう気にしないでください。

A : 내가 오해를 한 것 같아, 미안해.
B : 괜찮아요, 오해라는 걸 알게 돼 다행이에요.
A : 미안해….
B : 괜찮다니까요. 이제 신경 쓰지 마세요.

152　　**許(ゆる)してくれ**　용서해 줘

용서를 바랄 때 남자가 쓰는 말로, 보통 바람피우다 들키는 장면에서 단골로 나오는 말이다. 여자라면 許してくれる?라고 하면 된다.

Ⓐ 私に嘘ついて、昨日他の女と会ってたでしょ?

Ⓑ ただの同級生だよ。

Ⓐ 昨日電話した時、男友達と飲んでるって言ってたじゃない!

Ⓑ ごめん、変に疑われるかと思って…。許してくれ!

A : 나한테 거짓말하고 어제 다른 여자 만났지?
B : 그냥 동창생이야.
A : 어제 전화했을 때 남자끼리 마시고 있다고 말했잖아!
B : 미안, 이상하게 생각할까 봐 그랬지. 용서해 줘!

153 悔(く)やんでも悔やみきれない

한없이 후회되다, 끝없이 후회되다

'悔やむ 후회하다'와 'きれない 끊어지지 않다'가 합해진 말로, 아무리 후회해도 모자란다, 깊이 후회하고 있다라는 뜻이다.

Ⓐ あと一勝すれば、甲子園だったのに、惜しかったね。

Ⓑ 俺が大事な場面でエラーしちゃったから。

Ⓐ そんなに自分を責めないで。

Ⓑ あそこでちゃんとボールをとってれば勝てたかもしれないのに。
悔やんでも悔やみきれないよ。

A : 앞으로 1승만 하면 고시엔 갈 수 있었는데 아깝지.

B : 내가 중요한 순간에 실수를 해서 그래.   A : 그렇게 자신을 탓하지 마.

B : 그 순간에 제대로 볼을 잡았다면 이겼을 텐데. <u>미치도록 후회돼</u>.

154 詫(わ)びを入(い)れる   사과하다

'詫び 사과'를 '入れる 넣다'라는 뜻으로, 이른바 주먹 세계에서나 쓰는 말이다. 일반적으로는 'あやまる 사과하다'를 많이 쓴다.

Ⓐ 直樹と喧嘩したんだって？

Ⓑ うん、でも俺が誤解してて、直樹は悪くなかったことが分かったんだ。

Ⓐ だったら早く謝りなよ。

Ⓑ うん、あとで詫び入れに家まで行ってくるよ。

A : 나오키랑 싸웠다며?

B : 어. 근데 내가 오해한 거고 나오키는 아무 잘못 없었다는 걸 알았어.

A : 그럼 빨리 사과해 봐.   B : 그래. 이따가 <u>용서를 빌러</u> 나오키 집까지 갔다 올 거야.

155 水(みず)に流(なが)す 깨끗하게 잊어버리다

'水 물'에 '流す 흘리다'라는 뜻으로, 지나간 다툼에서 생긴 미움이나 응어리 같은 감정들을 흐르는 물에 흘려보내고 깨끗하게 잊어버리자는 말이다.

(A) こないだはごめんね、私が誤解して、ひどいこと言っちゃって。

(B) ううん、誤解だって分かってくれてよかったよ。

(A) 本当にごめんね。

(B) もういいって。こないだのことは水に流して、また仲良くやろう。

A : 지난번엔 미안했어. 내가 오해해서 너무 심한 말 했지.

B : 아냐, 오해라는 걸 알았으니 다행이다.

A : 정말 미안해.

B : 그만 됐다니까. 지난번 일은 깨끗하게 잊어버리고 다시 사이좋게 지내자.

156 なかったことにする 없었던 일로 하다

지금까지의 과정 중에 검토한 일이나 결정을 모두 취소하고 백지화하는 것을 말한다.

(A) お給料2倍差し上げるので、ぜひうちの会社に来てください。

(B) せっかくのお話なんですが…。

(A) そんなこと仰らずに…。

(B) 申し訳ありません。このお話はなかったことにしてください。

A : 월급 2배로 올려줄 테니 꼭 우리 회사로 오세요.

B : 좋은 제안을 주셨지만….

A : 그런 말씀하지 마시고….

B : 죄송합니다. 이 이야기는 없었던 일로 해 주세요.

157 胸(むね)に手(て)をあてて考(かんが)える
가슴에 손을 얹고 생각하다

'胸に 가슴에', '手をあてて 손을 대고', '考える 생각하다'로, 거짓말을 하거나 누군가를
속이려고 할 때, 자신에게 잘못이 있는 건 아닌지 생각해 보라는 말이다.

- Ⓐ なんで怒ってるの？
- Ⓑ 分からないの？ 胸に手を当てて考えてみなよ。
- Ⓐ 心当たりないんだけど。
- Ⓑ 昨日、私に嘘ついて、違う女の子と会ってたじゃない。

A : 왜 화를 내는 거야?　B : 몰라서 물어? 가슴에 손을 얹고 생각해 봐.
A : 짐작 가는 게 없는데.　B : 어제 나한테 거짓말하고 딴 여자애 만났잖아.

158 合(あ)わせる顔(かお)がない 대할 낯이 없다, 면목이 없다

'合わせる 맞추다', '顔がない 얼굴이 없다'라는 뜻으로, 기대를 저버리게 되어 매우 미안
하다라는 말이다.

- Ⓐ 不景気だから就職活動も大変でしょ？
- Ⓑ そうなんだよ。どこの会社からも落とされまくってて、どうしようか
　 と思ってるよ。
- Ⓐ あまり焦らないほうがいいよ。
- Ⓑ でも、せっかく高いお金払って東京の大学に進学させてもらった
　 のに、就職できないんじゃ、親に合わせる顔がないよ。

A : 경기가 안 좋아 직장 구하는 것도 힘들지?
B : 그래. 어느 회사고 자꾸 미끄러지기만 해서 어떡할까 생각 중이야.
A : 너무 조급하게 생각하지 않는 게 좋아.
B : 그치만 애써 비싼 학비 들여 도쿄로 대학까지 보내 주셨는데, 취직을 못하면 부모님 뵐
　　면목이 없잖아.

159 **後(あと)の祭(まつ)り** 소 잃고 외양간 고친다

'後 뒤'의 '祭り 축제'라는 뜻으로, 교토의 기온마쓰리(祇園祭)에서 나온 말이다. 7월 17
일에 시작되어 24일에 끝나는 교토의 기온마쓰리는 첫날 17일 호화로운 수레 십여 대가
행렬하는 것을 선축제(前の祭り), 마지막 날 24일의 행렬을 후축제(後の祭り)라고 부른
다. 대개 후축제는 선축제에 비해 훨씬 소박하게 진행되므로 재미가 없다는 인식이 널리
퍼져 있는 것에서, 어느 사이엔가 그 시기를 놓쳤다라는 뜻으로 쓰는 말이다.

Ⓐ こんなに不景気になるなら、去年のうちに転職しておけばよかっ
たな。

Ⓑ 今更悔やんでも後の祭りでしょ。

Ⓐ そうだよな。しばらくは景気回復しないみたいだし、今の会社で
がんばるしかないな。

A : 이렇게 경기가 안 좋을 줄 알았다면 작년에 직장을 옮겨 두는 건데.

B : 이제 와서 후회해 봤자 소 잃고 외양간 고치기잖아.

A : 그건 그래. 한동안 경기 회복도 어려울 것 같고, 그냥 지금 회사에서 열심히 일하는 수
밖에 없겠군.

Only one!

소문, 연예계에 관한 대화 장면

썩 추천할 만한 대화는 아니지만, 연예인이나 유명인의 가십만큼 흥미진진한 소재는 또 없을 거예요. 할리우드, 우리나라, 일본 할 것 없이 스타나 유명인에 대한 관심이 지대한 건 어쩔 수 없는 사실이죠. 일본인의 대화 속에 스타들의 옷차림, 화장법, 사생활 등이 심심찮게 등장하는데, 어떤 흥미진진한 이야기들을 나누는지 알아볼까요? 여기 나오는 어휘만 잘 소화해도 '일본어 좀 하는 친구'라는 소리를 들으실 거예요.

160 さばをよむ 나이를 속이다

'さば 고등어'의 수를 'よむ 읽다, 세다'라는 뜻으로, 시장에서 고등어를 셀 때 급히 서두르는 체하면서 고등어의 수를 속이는 것을 さばをよむ라고 한다. 이 말이 변하여 적당히 이익을 얻기 위해 본래 나이를 속인다는 뜻으로, 특히 연예인의 나이 얘기가 나오면 자주 등장하는 말이다.

Ⓐ あの芸能人、年を3つさばよんでたらしいよ。

Ⓑ 芸能人ってさばよむ人多いよね。

Ⓐ 若い方がいいっていう、世の中の風潮がよくないんだよ。

A : 저 연예인 나이를 세 살이나 속였다나 봐.
B : 연예인은 나이를 속이는 사람들 많잖아.
A : 무조건 젊은 게 좋다는 세상 풍조가 나쁜 거야.

161 **再(さい)ブレイク** 재인기, 다시 뜸

'再 재차, 다시 한 번'에 'ブレーク(break) 인기'가 합해진 말로, 이미 유행했던 것이 다시 돌아온다라는 뜻이다.

(A) あの芸人、一発屋だと思ったけど、最近またテレビにでるように なったよね。

(B) 再ブレイクしてるよね。

(A) 一度落ち目を見た人のほうが、力がついて、さらにおもしろくな るのかもね。

A : 저 연예인 반짝스타인 줄 알았는데 요즘 또 TV에 나오더라.

B : 다시 뜨고 있네.

A : 한 번 바닥까지 내려가 본 사람이 힘을 받아 더 재미있어지나 봐.

162 **デマ** 유언비어

デマ는 대중을 선동하기 위한 정치적 허위 선전이나 인신공격을 뜻한다.
독일어 'Demagogie 선동주의, 역선전'에서 따온 말이다.

(A) あのアイドルグループ、解散するらしいよ。

(B) 前もそんな噂あったじゃん、どうせまたデマでしょ。

(A) 今度は本当らしいって新聞に載ってたよ。

(B) ガセネタだって。いちいち信じて騒がないでよ。

A : 저 아이돌 그룹 해체할 건가 봐.

B : 전에도 그런 소문 있었잖아. 어차피 또 헛소문일 거야.

A : 이번에는 진짜인 것 같다고 신문에 기사가 났는데.

B : 엉터리 정보라니까. 일일이 믿고 소란 떨 것 없어.

シャッターチャンス 셔터 찬스, 절호의 찬스

シャッターチャンス(shutter chance)는 사진을 찍을 때의 절호의 찬스를 말한다. 움직이는 대상을 찍을 때 셔터를 누르기 가장 좋은 순간을 말한다.

  Ⓐ あの車にキムタクが乗ってるんだって！

  Ⓑ マジで？ 写真とらなきゃ！！

  Ⓐ あ！ 出てきた！ しかもこっち見たよ！

  Ⓑ あー、せっかくの<u>シャッターチャンス</u>だったのに、撮れなかった～。

- **キムタク** 기무타쿠 (일본의 배우이자 남성 아이돌 그룹 SMAP의 멤버인 기무라 타쿠야를 줄여 부르는 애칭)

A : 저 차에 기무타쿠가 타고 있대! B : 정말? 사진 찍어야지!!
A : 앗! 나왔다! 게다가 이쪽 봤어! B : 아! 모처럼 <u>셔터 찬스</u>였는데 못 찍었잖아~.

目(め)ヂカラ 눈매

눈을 강조한다는 뜻으로, 마스카라나 아이라인 등으로 눈매를 또렷하고 커 보이게 한다는 말이다.

  Ⓐ マスカラ、塗りすぎじゃない？

  Ⓑ マスカラをたくさん塗れば、<u>目ヂカラ</u>アップするかと思って。

A : 마스카라 너무 진하지 않아?
B : 마스카라를 짙게 바르면 <u>눈이 커</u> 보일까 해서 말이야.

- -

  Ⓐ あの芸能人、すごく顔小さいよね。

  Ⓑ だよね。しかも<u>目ヂカラ</u>が強くて印象的だよね。

A : 저 연예인 얼굴 정말 작지. B : 그래. 게다가 강한 <u>눈매</u>가 인상적이더라.

165 ジェネレーションギャップ 세대 차, 세대 차이

ジェネレーションギャップ(generation gap)라는 말은 세대 차이를 뜻하는 영어 표현 그대로다. 가치관이 달라서 생기는 세대 간의 차이를 말한다.

Ⓐ 先輩は学生の時、アイドルって誰が好きだったんですか？

Ⓑ 私はやっぱ光ゲンジかな。

Ⓐ そ、そうですか…。

Ⓑ もしかして知らない？？

Ⓐ いや、名前は知ってますけど…。

Ⓑ うぁぁ、ジェネレーションギャップ！

じゃあ、アイドルは誰が好きなの？

Ⓐ 私はHey! Say! JUMPですね！

Ⓑ Hey、Say、JUMP？？ ますますジェネレーションギャップだなぁ。

- 光(ひかる)ゲンジ＝光 GENJI 히카루 겐지 (1980년대 후반부터 1990년대 전반에 활동했던 그룹으로 롤러스케이트를 타고 노래를 부르며 춤을 춘 남성 아이돌 그룹. 쟈니즈 사무소 소속)
- Hey!Say!JUMP 헤이세이점프 (일본 10인조 남성 아이돌 그룹. 쟈니즈 사무소 소속)

A : 선배는 학교 다닐 때 아이돌 중 누구를 좋아했나요?
B : 난, 역시 히카루 겐지.
A : 그, 그러세요….
B : 혹시 모르는 거야?
A : 아니, 이름은 알지만….
B : 우와, 이게 바로 세대 차이! 그럼 아이돌 누구 좋아해?
A : 저는 헤이세이점프죠!
B : 헤이, 세이, 점프?? 점점 더 세대 차가 느껴지네.

'ネタ 재료, 증거, 자료, 기삿거리'라는 속어에 'ばれる 들통나다, 발각되다'가 합해진 말로, 영화, 소설, 애니메이션의 줄거리 등을 예비 독자나 관객, 특히 네티즌에게 미리 밝히는 행위나 그런 행위를 하는 사람들을 가리키는 말이다.

Ⓐ この映画おもしろいらしいよ。

Ⓑ 私もネットの掲示板でおもしろいって見た。

Ⓐ 一緒に見に行く？

Ⓑ それがさ、その掲示板に感想と内容までが書いてあって、結末分かっちゃったんだよね。
文章の初めに、ネタばれ注意って書いてほしいよ。

A : 이 영화 재미있다던데. B : 나도 인터넷 게시판에서 재미있다는 평 봤어.

A : 함께 보러 갈까? B : 그게 말야, 그 게시판 글에 감상이랑 내용까지 다 나와 있어서 결말을 알아 버렸거든. 게시판 글 첫머리에는 '스포일러 주의'라고 써 줬으면 싶어.

'이가 가렵다'라는 뜻으로, 일이 뜻대로 되지 않아 조바심이 나는 것을 말한다.

Ⓐ 昨日のドラマ見た？

Ⓑ 見た見た！ 主人公の二人、なかなかうまくいかないよね！

Ⓐ ほんと！ お互い好きなのに〜。歯がゆいよね！

Ⓑ ね！ 毎週やきもきしながら見ちゃうよ〜。

• やきもき 안절부절못함, 안달복달함

A : 어제 드라마 봤어？ B : 봤어 봤어! 주인공 둘이 되게 잘 안 되더라.

A : 정말 그래! 서로 좋아하면서. 답답하지! B : 맞아! 매주 안달하면서 보게 된다니까.

168 こじれる　복잡해지다, 뒤틀리다

일이 꼬여 진행이 순조롭지 못할 때 쓰는 말이다.

Ⓐ あの芸能人夫婦、離婚するみたいだね。

Ⓑ 子供の親権をどっちが持つかとか、色々問題が多いらしいよ。

Ⓐ 話し合いがこじれちゃうと、離婚するのも時間かかるらしいね。

Ⓑ 結婚するより、離婚するのが大変だとも言うしね。

A : 저 연예인 부부 이혼할 건가 봐.

B : 아이 친권을 어느 쪽이 가질 건지 하는 걸로 여러 가지 문제가 많은 것 같아.

A : 합의가 잘 안 되면, 이혼하는 것도 시간이 걸리는 모양이야.

B : 결혼하는 것보다 이혼하는 게 더 힘들다는 말도 있잖아.

169 ベタ　뻔함, 흔함

아주 흔해 빠진 일이나 이야기를 말한다. 이를테면, 재벌가의 남자 주인공과 평범한 집안의 여자 주인공의 눈물겨운 사랑이야기 따위를 다룬 드라마를 'ベタなドラマ 뻔한 드라마'라고 한다.

Ⓐ 誕生日に、年と同じ数のバラをプレゼントしてくれたんだ。

Ⓑ ベタだけど、でも嬉しいね。

Ⓐ そうそう。ベタなドラマみたいだけど、嬉しかったよ。

Ⓑ 案外、そういうベタなことしてくれる人ってあんまりいないしね。

A : 생일에 나이 수만큼 장미꽃 선물 받았어.　B : 흔하긴 해도 좋았겠다.

A : 정말 그래. 뻔한 드라마 같았지만 기분은 좋았어.

B : 의외로 그렇게 흔한 선물 해 주는 사람이 별로 없잖아.

170 売(う)れっ子(こ) 잘나가는 사람

売れる라는 말에는 '물건이 팔리다'라는 뜻 말고도 '널리 알려지다, 인기가 있다'라는 뜻도 있다. 子는 뒤에 붙어 '~한 사람', '~한 아이'라는 뜻을 나타낸다.

관련표현

ぶりっ子 귀여운 척, 여성스러운 척하는 애

いい子 착한 애

いたずらっ子 장난꾸러기

Ⓐ 最近、あのアイドルよくテレビに出てるね。

Ⓑ うん、すっかり売れっ子になったよね。

Ⓐ 昔はなんかダサかったのに、売れてから随分垢抜けたね。

- ダサい 촌스럽다
- 垢抜(あかぬ)ける 세련되다

A : 요즘 저 아이돌 텔레비전에 자주 나오지.
B : 어, 완전 잘나가더라.
A : 옛날엔 좀 촌티가 나더니 잘나가면서부터는 꽤 세련되고 멋있어졌잖아.

'口 입'과 'コミ ＝ コミュニケーション 커뮤니케이션'이 합해진 말로 소문이 퍼지는 것을 말한다. 꼭 입에서 입으로 퍼지는 것뿐만 아니라 인터넷 상에서 퍼지는 것도 포함된다.

Ⓐ あそこのレストラン、いつもお客さんでいっぱいだよね。

Ⓑ 予約しないと入れないくらいだよね。

Ⓐ テレビとか雑誌で紹介されたのかな。

Ⓑ いや、口コミでおいしいって噂になったらしいよ。

Ⓐ 口コミで広まるって、本当においしいんだよね。

A : 저 레스토랑은 항상 손님이 꽉 차 있어.
B : 예약 안 하면 못 들어갈 정도야.
A : TV나 잡지에 나왔나 보지?
B : 아니, 맛있다고 입소문이 난 모양이야.
A : 입소문으로 퍼지다니, 정말 맛있나 봐.

situation
nihongo
5

의외라는 표정을 짓는 장면

반전의 묘미! 전혀 예상치 못한 구석에서 뒤집히는 짜릿한 감정에 푹 빠져 보실래요. 이런 상황에서는 어떤 표현들을 쓰면 좋을까요? 잔잔한 호숫가의 물결 같은 작은 일렁임부터 토네이도처럼 사정없이 몰아닥치는 거센 바람을 닮은 표현까지 잘 익혀서 적재적소에 활용해 보세요. 참, 이 표현들은 표정과 제스처를 곁들이면 더욱 효과적이라는 거 알고 계시죠?

うそ〜！！

---

172 うそ! 헉!

말 그대로 '거짓말'이라는 뜻과 함께, 상대의 말이 도무지 믿어지지 않을 때 '말도 안 돼!', '그럴 리 없어!', '정말?'이라는 뉘앙스가 담겨져 있는 말이다.

Ⓐ 今年、うちの会社ボーナスないらしいよ。

Ⓑ うそ! ボーナス払いでテレビ買っちゃったのに!

Ⓐ あ〜あ、こんな不景気のときなんだから、もっと慎重に買わないと。

Ⓑ ローン組んじゃったのに、どうしよう〜。

• ローン組(く)む 대출을 받다, 할부로 하다

A : 올해 우리 회사 보너스 없다.　　B : 헉! 보너스 받으면 내려고 TV 사 버렸는데!
A : 앗, 이렇게 불경기일 땐 좀 더 신중하게 샀어야지.　　B : 할부로 해 버렸는데 어떡하지.

173 まじ？ 정말?

真面目(まじめ)의 약자로 '진심, 진정, 진지함'이란 뜻이다. 만화에서는 本気라는 한자를 써서 マジ라고 읽는 경우도 있다. 가볍게 놀랄 때 'まじ？ 정말?', 'まじで？ 정말로?' 등으로 쓴다.

- Ⓐ 私、彼氏ができたんだ。
- Ⓑ まじ？いつの間に？
- Ⓐ 元彼とやり直すことにしたの。
- Ⓑ 元サヤか〜。どうせまた別れるんじゃないの？

- 元(もと)サヤ＝仲直(なかなお)り 헤어진 연인이나 부부가 다시 합치는 것 (직역하면 원래의 칼집. 이 말에는 제 칼집으로 들어간다, 원상 복귀한다라는 뜻이 있어, 헤어진 연인이나 부부가 다시 화해하고 합치는 것을 의미하게 됨)

A : 나, 남자친구 생겼어.
B : 정말? 언제?
A : 예전 남친이랑 다시 만나기로 했어.
B : 전 남친 다시 만나기라~ 어차피 또 헤어지는 거 아냐?

- -

- Ⓐ あの二人って不倫してるらしいよ。
- Ⓑ まじで！？
- Ⓐ 二人でデートしてると見たって人、社内に多いよ。
- Ⓑ うわ〜、まじで？信じられない。

A : 저 두 사람 불륜인 것 같아.
B : 정말로!?
A : 둘이 데이트하는 걸 봤다는 회사 사람들이 많아.
B : 우와~, 정말로? 안 믿긴다.

174 ありえない 있을 수 없다, 말도 안 된다

'そんなのありえない！ そんな 건 있을 수 없어!'와 같이 일어날 가능성이 없는 것에 대해
단호하게 말할 때 쓰는 표현이다.

Ⓐ 私の彼氏、私以外に彼女がいるんだって。

Ⓑ は？ こんなかわいい彼女がいるのに浮気してたの？
　　ありえない！

Ⓐ しかも、一人だけじゃなくて、何人もいるみたいなの。

Ⓑ え〜〜、まじでありえない!!
　　あんな誠実そうな顔して、そんな奴だったなんて！

A : 내 남자친구, 나 말고도 여자친구가 있대.
B : 뭐? 이렇게 예쁜 여자친구를 두고 바람을 피운다고? 말도 안 돼!
A : 게다가 하나가 아니라 여러 명 있는 모양이야.
B : 어머, 진짜 말도 안 돼! 저런 양 같은 얼굴을 하고선 순전 늑대였잖아!

175 びっくり仰天（ぎょうてん） 기절초풍

Ⓐ 昨日、焼き肉20人前食べちゃった。

Ⓑ うそ！ そんな細い体で、いったいどこに入っていくの？

Ⓐ まえに病院で検査したら、背中のほうまで胃があるらしいんだ。

Ⓑ そ、そんなことってあるの？ びっくり仰天だわ〜〜。

A : 어제 고기를 20인분 먹어 치웠어.
B : 헉! 그런 아리아리한 몸에, 대체 어디로 들어가는 거야?
A : 전에 병원에서 검사했더니 등 쪽까지 위가 있대.
B : 그, 그런 일이 어떻게? 기절초풍할 노릇이다!

칭찬을 받거나 했을 때 '천만에요'라는 겸손의 뜻으로 쓴다. 또 생각지도 못한 것, 생각할 수도 없는 것을 말할 때도 쓴다.

관련표현

自分(じぶん)が落第(らくだい)なんてありえない。なんて思(おも)って油断(ゆだん)してると後(あと)でとんでもない目(め)にあうぞ。

'내 사전에 낙제 따윈 없어!' 하고 방심하다가 나중에 어처구니없는 일을 당할 거다.

Ⓐ おい、彼女(かのじょ)と結婚(けっこん)するつもりなのか？

Ⓑ とんでもない！ 結婚(けっこん)なんて考(かんが)えたこともないよ。 とんでもない！

A : 야, 여자친구랑은 결혼할 거냐?

B : 무슨 소리! 결혼 같은 건 생각해 본 적 없어.

Ⓐ 入社面接(にゅうしゃめんせつ)で、母親(ははおや)が付(つ)き添(そ)いで来(き)た奴(やつ)がいるらしいよ。

Ⓑ まじで？ とんでもない親子(おやこ)だな。

Ⓐ 最近(さいきん)は学校(がっこう)にクレームを言(い)いまくるモンスターペアレンツが多(おお)いって言(い)うし、まったく、とんでもない世(よ)の中(なか)になったもんだよな。

• モンスターペアレンツ＝モンスターペアレント(monster＋parent) 몬스터 페어런츠, 괴물 학부모 (학교나 교육위원회에 불합리한 요구를 반복하는 극성 학부모를 말함)

• 付(つ)き添(そ)い 곁에 따름

A : 입사 면접 보는데 엄마가 따라온 녀석이 있대.

B : 정말? 그 부모나 자식이나 세트로 어처구니없네.

A : 요즘엔 학교에 허구한 날 항의 전화를 해대는 극성 학부모들도 많다던데, 정말이지 요지경 같은 세상이 돼 버렸어.

177 どういう風(かぜ)の吹(ふ)き回(まわ)し？
무슨 바람이 들었어?

말 그대로 '어떤 바람이 부는 상태'라는 뜻으로, 상대방이 뜻밖의 행동을 보이는 경우 어떤 이유에서인지 물어볼 때 쓰는 말이다.

Ⓐ お母(かあ)さん、今日(きょう)は私(わたし)がご飯(はん)作(つく)ってあげる。

Ⓑ ええ？ どうしたの、急(きゅう)に。どういう風の吹き回し？

Ⓐ たまには親孝行(おやこうこう)しようと思(おも)っただけだよ。

Ⓑ そう？ じゃあ、お言葉(ことば)に甘(あま)えて、お願(ねが)いするわ。

• お言葉(ことば)に甘(あま)えて 염치없이, 말씀하신 뜻에 따라 (상대방의 호의나 친절을 사양하지 않고 받아들임)

A : 엄마, 오늘은 내가 밥할게.　B : 어머? 갑자기 웬일이니? 무슨 바람이 불었어?

A : 간만에 효도 좀 해야겠다고 맘먹은 것뿐이야.　B : 그래? 그럼 사양 않고 부탁하마.

178 ひょんなことから　우연한 일로, 엉뚱한 일로

Ⓐ 旦那(だんな)さんとは、どこで知(し)り合(あ)ったんですか？

Ⓑ もともとは、小学校(しょうがっこう)の同級生(どうきゅうせい)だったんです。

Ⓐ じゃあ幼馴染(おさななじみ)だったんですね。

Ⓑ はい。でも、卒業(そつぎょう)以来(いらい)会(あ)ってなかったんですけど、ひょんなことから再会(さいかい)しまして…。

A : 남편하고는 어디서 만났습니까?

B : 원래는 초등학교 동창이었습니다.

A : 그럼 소꿉친구였네요.

B : 네. 그치만 졸업하고는 만난 적이 없는데, 우연한 일로 다시 만나게 됐네요….

179 目(め)から鱗(うろこ)が落(お)ちる 눈이 번쩍 뜨이다

'目から 눈에서', '鱗が落ちる 비늘이 떨어지다'라는 뜻으로, 갑자기 어떤 일을 계기로 일의 흐름을 잘 파악하게 되고, 이해하게 되었을 때 쓰는 표현이다.

Ⓐ この本、超いいよ! おすすめ! 絶対読んだほうがいい!

Ⓑ へー、そんなにいいの?

Ⓐ うん、私、目から鱗が落ちる感じだったよ!

Ⓑ そんなに? じゃあ、早速今日から読んでみる。

A : 이 책 굉장히 좋아! 강추할게! 꼭 읽어 보는 게 좋을 거야!
B : 그래? 그렇게 좋아?
A : 어. 나, 눈이 다 번쩍 뜨이는 느낌이었어!
B : 그렇게나? 그럼 당장 오늘부터 읽어 봐야겠다.

180 腑(ふ)に落(お)ちない 납득이 안 되다, 이해가 안 되다

腑는 '내장', 落ちない는 '납득이 가지 않는다'라는 뜻이다. 자신의 내장으로 소화시켜 영양분을 전신에 전달하기에는 도저히 불가능하다는 것으로, 다른 사람의 의견이나 생각이 도저히 이해가 안 될 때 쓰는 말이다.

Ⓐ 今年のミスコン、あんまり可愛くないよね。

Ⓑ そうそう。ダンビの方が断然可愛いのに。

Ⓐ なんであの子が選ばれたんだろうね。

Ⓑ ねー! 裏工作でもあるのかな。腑に落ちないよね。

• 裏工作(うらこうさく) 공작, 뒤에서 짬

A : 올해 미스캠퍼스는 별로 안 예쁘지? B : 그래. 단비가 훨씬 예쁜데.
A : 왜 저런 애가 뽑혔을까? B : 내 말이! 뒤로 짜기라도 했나? 이해할 수가 없다니까.

situation nihongo 6

약속하는 장면

約束

평소 약속들 많이 하시죠? 실제로 일본어를 익히면 가장 활발하게 써 볼 수 있는 표현이기도 해요, 이 약속 표현은요. 연인끼리의 애잔한 약속, 친구끼리의 믿음직한 약속, 부모 자식 사이의 굳건한 약속 등등. 묵직한 약속부터 생활 속 가벼운 약속까지 일본어에서는 어떻게 표현하는지 알아보기로 해요. 또, 일본 애니나 드라마 속 장면을 통해 약속을 하거나 깨고, 취소하는 상황을 충분히 연습해 보세요.

181　先約(せんやく) 선약

(관련표현)

先約がある 선약이 있다

Ⓐ 今週末、一緒に遊びに行かない？

Ⓑ ごめん、先約あるんだ。

Ⓐ そっか、残念。

Ⓑ ごめんね、またこっちから誘うから。

• そっか＝そうか 글쿠나, 그렇구나

A : 이번 주말에 함께 놀러 안 갈래?　B : 미안. 선약이 있어.
A : 그렇구나, 아쉽다.　B : 미안해. 다음에 내가 먼저 연락할게.

182　すっぽかす　어기다, 펑크 내다, 바람맞히다

약속이나 일 따위를 제대로 하지 않고 제쳐 놓는 것을 말한다. 약속이나 일을 내가 깨면
'すっぽかす 바람맞히다', 상대가 깨면 'すっぽかされる 바람맞다'라고 표현한다.

(A) ライブのチケットもらったんだけど、一緒に行かない？

(B) 行きたいけど、その日友達と約束しちゃったんだよね。

(A) そんなのすっぽかしちゃえ！

(B) こないだも約束すっぽかしたから、今度はすっぽかせないよ。

A : 라이브 티켓이 생겼는데 함께 안 갈래？　B : 가고 싶지만 그 날 친구하고 약속이 있어.
A : 그깟 약속, 펑크 내 버려！　B : 요전에도 약속 펑크 내서 이번엔 바람맞힐 수가 없어.

183　ドタキャン　약속을 직전에 취소하는 일

'土壇場(どたんば) 마지막 순간, 직전, 막바지'와 'キャンセル 취소, 해약, 파기'가 합해진
말로, 약속 시간 직전에 약속을 깨는 것을 말한다.

(A) あれ？今日デートだって言ってなかったっけ？

(B) それがさ、急用ができたからとかって、ドタキャンされてさ。

(A) まじで？デートをドタキャンなんてありえないね。

(B) でしょー。急用なら仕方ないと思いつつもさ、楽しみにしてたか
　　ら、へこむわー。

• へこむ 김빠지다, 김새다, 낙심하다

A : 어? 오늘 데이트한다고 안 했어?
B : 그게 말야, 급한 일이 생겼다면서 갑자기 캔슬했어.
A : 정말? 데이트를 그렇게 갑자기 캔슬하는 게 어딨어.
B : 그치? 급한 일이라니까 이해는 하지만, 워낙 기대했던 터라 맥이 탁 풀리네.

184 **抜(ぬ)き差(さ)しならない事情(じじょう)** 불가피한 사정

'抜き差しならない 빼도 박도 못하다, 꼼짝달싹 못하다'와 '事情 사정'이 합해진 말로,
일이 난처해져서 이러지도 저러지도 못하는 사정, 불가피한 사정을 말한다.

   Ⓐ なんで遅刻したの？

   Ⓑ ちょっと… 抜き差しならない事情があって…。

   Ⓐ どんな事情だよ。どうせ、たいした理由でもないくせに。

  ● たいした (뒤에 부정이 따라) 별, 이렇다 할, 큰

  A : 왜 지각한 거야？ B : 좀… <u>불가피한 사정</u>이 있어서….
  A : 어떤 사정인데? 어차피 별 이유도 없으면서 말이야.

185 **爆睡(ばくすい)する** 정신없이 자다, 세상모르게 자다

폭발 폭(爆), 졸음 수(睡)를 써서 잠이 폭발한다, 즉 너무 피곤해서 정신없이 자는 상태를
말한다. 이와 비슷한 '熟睡(じゅくすい) 숙면'은 말 그대로 푹 자는 것, 단잠을 뜻하는 말이
다.

   Ⓐ さっき電話したのに、なんで出なかったの？

   Ⓑ ごめん、爆睡しちゃっててさ。

   Ⓐ 何回も電話したのに。

   Ⓑ 最近忙しくて疲れてたからか、ちょっと休憩するつもりが、爆睡し

      ちゃってたんだよね。

  A : 좀 전에 전화했는데 왜 안 받았어?
  B : 미안. <u>정신없이 자고</u> 있었어.
  A : 몇 번이나 전화했는데.
  B : 요즘 일이 바빠 피곤해서 좀 쉰다는 게 <u>세상모르게 자</u> 버렸어.

186 了解(りょうかい) 오케이

'알았어', '오케이'와 같은 뜻으로, 어떠한 상황이나 사정을 이해하고 받아들이는 것을 말한다.

Ⓐ あ、もしもし、今どこ？

Ⓑ 今ちょうど駅に着いたところだけど。

Ⓐ そしたら駅前のスーパーで卵と玉ねぎ買ってきて。

Ⓑ 玉ねぎ何個くらい？

Ⓐ 3個くらいでいいから。

Ⓑ 了解～。

• 駅(えき)に着(つ)いたとこだけど＝駅に着いたところだけど 역에 도착한 참인데

A : 아, 여보세요? 지금 어디?
B : 지금 막 역에 도착했어.
A : 그럼 역 앞 슈퍼에서 계란이랑 양파 사올래?
B : 양파 몇 개 정도?
A : 3개 정도면 돼.
B : 알았어~.

187 **ギリギリ** 빠듯함, 아슬아슬함

ギリギリセーフ 아슬아슬하게 성공, 아슬아슬하게 넘어감

ギリギリ는 '시간 등이 빠듯함, 아슬아슬함'을 뜻하고, セーフ는 '안전한, 안심할 수 있는'을 뜻하는 영어의 '세이프(safe)'에서 온 말이다. 시간이 빠듯한 상황이라면 ギリギリ, 그런 상황에서 제시간에 도착한다면 ギリギリセーフ라고 표현한다. 예를 들어, 전철 문이 막 닫히려고 할 때 간신히 탄다거나 학교 등교 시간이 7시 50분인데 49분에 아슬아슬하게 뛰어 들어가는 장면을 떠올려 보면 된다.

(A) 今日は遅刻しなかった？

(B) ギリギリセーフで間に合ったよ！

(A) 少し早く起きて、余裕を持って行かなきゃだめじゃん。
いつもギリギリまで寝てるんだから。

(B) 朝はギリギリまで寝ていたいんだよね。

A : 오늘은 지각 안 했어?

B : 아슬아슬하게 안 늦었어요!

A : 조금 일찍 일어나서 여유 있게 가면 좋잖아. 항상 시간이 빠듯할 때까지 자니까 그렇지.

B : 아침에는 조금이라도 더 (빠듯할 때까지) 자고 싶단 말이에요.

おまけ

ぎりぎり = ぎり 빠듯함

요즘은 ぎりぎり를 줄여 ぎり 만으로도 쓴다.

ぎりぎり間(ま)に合(あ)った。 = ギリ間に合った。 빠듯하게 맞췄다.

口実(こうじつ) 구실, 핑계

내키지 않는 상황을 피하거나 사실을 감추려고 둘러대는 변명, 명분, 트집 따위를 말한다.

Ⓐ あれ？ 直樹（なおき）は？

Ⓑ ダンビを誘（さそ）ってコンビニに行（い）ったよ。
のどが渇（かわ）いたからジュース買（か）いたいっとかって。

Ⓐ のどが渇（かわ）いたなんて口実でしょ。
ただ単（たん）にダンビと二人（ふたり）っきりになりたかったんだよ。

Ⓑ え？ 直樹（なおき）ってダンビのこと好きだったの？ 知（し）らなかったな。

A : 어머? 나오키는?
B : 단비 데리고 편의점에 갔어. 갈증 난다고 주스 사러 간대나 뭐래나.
A : 갈증 난다는 건 핑계일 거야. 그냥 단비랑 둘만 있고 싶었던 거고.
B : 뭐? 나오키가 단비 좋아했어? 몰랐네.

おまけ

口実を作（つく）る 구실을 만들다

ダンビに会（あ）うための口実を作る。 단비를 만나기 위한 구실을 만들다.
口実を作って会（あ）いに行（い）く。 구실을 만들어 만나러 가다.

ドッキ〜〜ン

situation
nihongo
7

연애에 관한 대화 장면

애니든 드라마든 로맨틱한 거 좋아하시죠? 게다가 코미디까지 더해진 로코물은 최고의 인기가 아닐까요. 로맨스의 묘미는 또 멀까요? 잘생김, 예쁨이 뚝뚝 묻어나는 남녀 주인공, 얄궂은 운명을 부채질하는 스토리, 그리고 뭐니 뭐니 해도 삼각관계, 바로 요걸 빼놓을 수 없겠죠. 일본에서는 한 남자와 두 여자가 삼각관계를 이루는 경우가 많은데요, 우린 이와 반대죠. 한 여자와 두 남자의 얽히고설킨 이야기가 주를 이뤄요. 바로 이 포인트가 한류 열풍을 불게 한 건 아닌지 모르겠군요.

---

189 **惚(ほ)れる** 반하다

관련표현

一目(ひとめ)ぼれ 첫눈에 반함 / 一目ぼれする 첫눈에 반하다

Ⓐ 風邪ひいたときに、あの子がお見舞いに来てくれてさ。

Ⓑ そうなんだ、優しい子だね。

Ⓐ そうなんだよ、しかもお粥まで作ってくれて、**惚れ**そうになっちゃったよ。

Ⓑ そこまでしてくれるってことは、あの子、お前に**惚れ**てるんじゃん？

A : 감기 걸렸을 때 그 아이가 문병을 왔더라고.

B : 그랬구나. 착한 친구네.

A : 맞아, 게다가 죽까지 끓여 주는데, 반할 뻔했다니까.

B : 그렇게까지 한 걸 보면 걔도 너한테 반한 거 아냐?

상대의 존재에 대해 신경 쓰고 특별하게 느끼는 것을 말한다. 주로 연애할 때나 서로 라이벌 의식이 있는 사람들 사이에 쓰는 말이다.

Ⓐ 彼に告白されたって本当？

Ⓑ うん、でも断った。今まで友達としてしか見たことなかったから、そんな風に考えられなくて。

Ⓐ 今までは友達でも、告白されると、意識しちゃうよね。

Ⓑ そうなんだよね。正直、なんか意識しちゃうね。

A : 그 사람한테 고백받았다는 게 사실이야?
B : 어. 하지만 거절했어. 지금껏 친구로만 봐 왔으니까, 그 이상의 감정은 안 되겠더라구.
A : 지금까진 친구였지만, 고백받으면 아무래도 <u>의식하게</u> 되긴 하지.
B : 그렇다니까. 솔직한 말로 좀 <u>의식하게</u> 돼.

なんか意識しちゃう・・・

脈(みゃく)あり 마음이 있음, 아직 희망이 있음
脈(みゃく)なし 마음이 없음, 이제 희망이 없음

脈あり는 말 그대로 맥박이 끊어지지 않고 있는, 아직 생명이 있다라는 뜻이다. 변하여 아직 희망이 남아 있음을 뜻한다. 한편, 脈なし는 말처럼 희망이 사라지고 없음을 나타낼 때 쓰는 말이다.

Ⓐ あの子を映画に誘ったら、来てくれるって言うんだけど、これって脈ありってことかな？

Ⓑ 1回映画に行くくらいじゃ、まだ分からなくない？

Ⓐ でも、嫌いな人と映画なんて見に行かないじゃん？

Ⓑ まぁ、全然脈なしってことではないんだろうけど。

A : 그 애한테 영화 보자고 했더니 그러겠다는데, 이게 마음이 있단 뜻일까?
B : 영화 한 번 보는 걸로는 아직 모르는 거 아냐?
A : 그렇지만 싫어하는 사람하고 영화 같은 걸 보러 가진 않잖아?
B : 글쎄. 전혀 마음이 없다는 뜻은 아닌 거 같긴 해.

脈アリ？

おまけ

脈(みゃく) 맥, 맥박

あっ! 人が倒(たお)れてる。脈がある！まだ生(い)きてる!!

앗! 사람이 쓰러져 있어. 맥박이 있다! 아직 살아 있어!!

192 かまをかける 떠보다

말 그대로 'かま 낫'을 'かける 걸다, 치다'라는 뜻으로, 거짓말을 해서라도 상대가 속내를
털어놓을 수 있도록 은근히 유도하는 것을 말한다.

Ⓐ あの子、恋人がいるっぽいんだけど、話してくれないんだよね。

Ⓑ ああ、あの子、恋人いるよ。でも、その人妻子もちなんだって。

Ⓐ だから話してくれなかったんだ。どうやってそんなこと知ったの？

Ⓑ 本人にかまかけて聞いてみたんだ。

A : 쟤는 애인이 있는 것 같은데 털어놓질 않아.
B : 아, 걔. 애인 있어. 하지만 그 사람 유부남이래.
A : 그래서 얘길 안 했구나. 어떻게 그런 걸 알았어?
B : 본인한테 슬쩍 떠보면서 물어봤지.

193 圏外(けんがい) 권외, 범위 밖

본래 전파가 닿지 않는 곳을 뜻하지만, 요즘 젊은 사람들 사이에서 자기 취향이 아닌 사람
을 말할 때 쓰기도 한다.

Ⓐ あの人、彼氏にどう？

Ⓑ えー！ あり得ない！ 圏外だよ！ 圏外！

Ⓐ なんでよ、いい人なのに。

Ⓑ いい人なのかもしれないけど、はげてる人は圏外だよー！

• 禿(は)げる 머리가 벗겨지다

A : 저 사람, 남자친구로 어때?　B : 어머! 말도 안 돼! 권외야! 내 취향이 아니라구!
A : 왜 어때서? 좋은 사람인데.　B : 좋은 사람일지는 몰라도 대머리는 내 취향이 아니야!

194 抜(ぬ)けがけ 선수 침, 선수 치기

다른 사람을 속이거나 모르게 앞질러 자신이 먼저 행동하는 것을 말한다.

Ⓐ クリスマスは今年も女の子だけでパーティーしようね！

Ⓑ いいね！抜けがけしないでよ〜。

Ⓐ そういうあんたが一番抜けがけしそうだけどね〜。

Ⓑ 抜けがけできるもんならしたいけどね。

A : 올해 크리스마스에도 여자들만 파티하자!
B : 좋아! 먼저 선수 치기 없기다!
A : 그런 말 하는 니가 제일 선수 칠 것 같은데~.
B : 선수 칠 수만 있다면야 그러고 싶다.

195 遠距離恋愛(えんきょりれんあい) 장거리 연애

말 그대로 사는 곳이 멀리 떨어져 있는 상대와 연애하는 것을 말한다. 줄여서 遠距離(えんきょり)라고 한다.

Ⓐ 彼が転勤になって、大阪に行くことになっちゃったんだ。

Ⓑ じゃあ、遠距離になっちゃうね。

Ⓐ うん。私、遠距離ってしたことないから、不安なんだよね。

Ⓑ 初めは寂しいかもしれないけど、慣れれば大丈夫だよ。

● 寂(さみ)しい＝寂(さび)しい 외롭다, 쓸쓸하다

A : 남자친구가 오사카로 전근을 가게 됐어.
B : 그럼 장거리 연애 해야겠네.
A : 어. 나 말지, 장거리는 안 해 봐서 불안해.
B : 처음엔 외롭겠지만 익숙해지면 괜찮을 거야.

かまって 신경 써 줘, 관심을 가져 줘

構(かま)うという 말은 '자기 일이든 남의 일이든 마음을 쓰는 것'을 뜻한다. 이성 친구가 'もっと構ってほしい'라고 했다면, '같이 시간을 더 많이 보내 달라', '내게 관심을 좀 더 가져 달라'와 같은 뜻으로 해석하면 된다. 構うは 부정의 형태 '構わない 신경 쓰지 않는다'로 많이 쓰인다.

> (관련표현)
>
> タバコを吸(す)っても構いませんか。 담배를 피워도 괜찮으시겠어요?

(A) 週末(しゅうまつ)なのに、彼(かれ)とデートしないの？

(B) 仕事(しごと)が忙(いそが)しいって、<u>かまってくれない</u>んだ。

(A) へー、寂(さみ)しいね。

(B) うん、でも、忙しいのにかまってかまってってうるさくしても嫌(きら)われちゃうだろうし、我慢(がまん)するしかないや。

• へー 저런, 허, 그랬었나, 몰랐었지 (감동, 놀람, 의심, 어이없음의 감정을 나타내는 말)

A : 주말인데 남자친구하고 데이트 안 해?
B : 일이 바쁘다면서 <u>관심</u>도 없어.
A : 저런, 외롭겠다.
B : 어, 그렇지만 바쁜데 <u>신경 써 줘</u>, <u>신경 써 줘</u> 하고 귀찮게 하면 싫어할 테고 참아야지 어쩌겠어.

> **おまけ**
>
> **かまってちゃん** 관종
> 주목받기를 원하는 사람을 가리키는 말이다. 남에게 칭찬받고 싶다든가 뭔가를 해주기를 바래서 주위 사람의 관심을 끌 만한 언동을 하는 사람을 말한다. 남녀 모두에게 쓴다.

倦怠期(けんたいき) 권태기

어떤 일이나 상태에 싫증이 나는 시기로 부부나 이성 친구 사이에서도 쓴다.

Ⓐ 最近、彼とどう？ うまくやってる？

Ⓑ う～ん。喧嘩したりするわけでもないんだけど、前ほどラブラブ じゃないな。

Ⓐ 付き合って長いんでしょ？ 倦怠期ってやつだろうね。

Ⓑ 付き合いが長くなると、どうしても倦怠期ってあるもんだよね。

A : 요즘 남자친구하고 어때? 잘 만나고 있지?
B : 응. 싸우거나 하는 건 아닌데 전만큼 러브러브하진 않아.
A : 교제 기간이 길지? 권태기가 온 모양이네.
B : 교제 기간이 길어지면 아무래도 권태기를 피할 순 없겠지.

惣気話(のろけばなし) 자랑질

惣気(のろけ)는 '애인 자랑'이란 뜻으로, 자기 애인(아내나 남편) 자랑을 남에게 주책없이 늘어놓는 것, 또는 그 이야기를 말한다. 이런 惣気話를 듣고는 ご馳走様(ちそうさま)라고 답하곤 한다. '이제 그런 얘기는 배부를 정도로 들었으니 제발 그만 해라'라는 속내가 담겨 있다.

Ⓐ 私の彼氏、昨日も家まで送ってくれて、本当に優しいんだ。

Ⓑ また惣気話？ もういいよ。

Ⓐ そんなこと言わないで、もうちょっと聞いてよ。

Ⓑ 他人の惣気話なんて聞いても、一個もおもしろくないよ。

A : 어제도 남자친구가 집까지 바래다줬다니까, 정말 자상한 사람이지.
B : 또 자랑질? 이젠 지겹다, 지겨워.　A : 그러지 말고 내 말 좀 더 들어 봐.
B : 남의 애인 자랑 들어서 뭐 하게? 하나도 재미없거든!

199 おそろい、おそろ 맞춤, 커플, 세트

そろいの公孫한 말로, 둘 이상이 뭔가를 함께 한다거나 똑같은 것으로 맞춘 것을 말한다. 예를 들면, '커플룩'처럼 옷이나 그 무늬가 같을 때 쓴다.

(A) そのネックレス、かわいいね。
(B) 昨日、友達とおそろいで買ったんだ。
(A) 仲がいいんだね。おそろいで買うなんて。
(B) 趣味が似てるから、よくおそろいで買うんだ。

A : 그 목걸이 예쁘다!
B : 어제 친구랑 세트로 샀어.
A : 사이가 좋은가 봐. 세트로 사는 걸 보면.
B : 취향이 비슷해서 자주 세트로 사.

200 歯(は)が浮(う)く 속이 들여다보이다, 낯간지럽다

직역하면 '이가 뜨다, 흔들리다'라는 말로, 비위에 거슬리는 말을 듣거나, 빤히 보이는 아부성 발언을 할 때 아니꼽다, 역겹다, 속 보인다라는 뜻으로 쓴다.

(A) 昨日、彼にプロポーズされちゃった。
(B) へー！ よかったね。プロポーズの言葉はどんなのだったの？
(A) 「君と僕は、結婚する運命なんだ」だって。
(B) うわぁ、本当にそんな歯が浮くようなセリフを言う人もいるんだね。

A : 어제 남자친구한테 프러포즈 받았어.
B : 왜! 잘됐다. 프러포즈 멘트가 뭐였어?
A : '너하고 나는 결혼할 운명이야'래.
B : 우와, 정말로 그런 속 보이는 대사를 읊어 대는 사람도 있구나.

영어의 'mood'에서 온 말로 기분, 분위기를 뜻한다. 雰囲気(ふんいき)와 같은 말이다.

관련표현

ムードがある 무드가 있다
ムードに弱(よわ)い 무드에 약하다

ⓐ ついにプロポーズされたんだって？ やったじゃん！

ⓑ うん、まぁね。

ⓐ なんかあんまり嬉(うれ)しそうじゃないね。

ⓑ だって、プロポーズ、私の部屋(へや)でご飯(はんた)食べながら、テレビ見(み)てる
　　ときに言(い)われたんだもん。

ⓐ それのどこがだめなの？

ⓑ 高級(こうきゅう)レストランだとか、夜景(やけい)が見えるとことか、<u>ムード</u>があるとこ
　　ろでプロポーズされるのが夢(ゆめ)だったのに、がっかりだよ。

A : 드디어 프러포즈 받았다며? 잘됐다!
B : 어. 그렇지 뭐.
A : 왜 별로 안 기쁜가 보다?
B : 그게 말이야, 프러포즈를 내 방에서 밥 먹으면서 텔레비전 볼 때 받았거든.
A : 그게 뭐 어때서?
B : 고급 레스토랑이나 야경이 근사한 곳이나 뭐 그런 <u>무드</u> 있는 데서 프러포즈 받는 게
　　내 꿈이었단 말이야. 정말 실망했어.

～三昧(ざんまい) ～삼매경

잡념을 버리고 오직 하나에만 집중하는 것을 뜻하는 불교 용어다.
명사 뒤에 오면서 さんまい가 ざんまい로 변한 것이다.

관련표현

読書三昧(どくしょざんまい) 독서 삼매경
勉強三昧(べんきょうざんまい) 공부 삼매경
温泉三昧(おんせんざんまい) 온천 삼매경

Ⓐ あの子の結婚相手、ものすごいお金持ちらしいよ。
Ⓑ そうらしいね。家も豪邸らしいし、お手伝いさんもいるんだって。
Ⓐ いいなあ、贅沢三昧な暮らしなんだろうね。
Ⓑ 1日でいいから、そんな暮らしを味わってみたいよね。

• 豪邸(ごうてい) 호화 저택
• 贅沢三昧(ぜいたくざんまい) 마음껏 사치를 부림

A : 쟤 결혼 상대가 글쎄, 엄청난 부자래.
B : 그렇다나 봐. 집도 호화저택에다가 집안일 해 주는 사람도 있다며.
A : 좋겠다! 온갖 사치를 다 누리고 살겠구나.
B : 하루라도 좋으니 그렇게 한 번 살아 봤으면 소원이 없겠어.

贅沢三昧な暮らし

노리는 것을 말한다. 目的(もくてき), ねらい와 같은 말이다.

Ⓐ どうして、あんな年上(としうえ)の、かっこよくもない人(ひと)と結婚(けっこん)するんだろう。

Ⓑ どうせお金(かね)目当てでしょ。

Ⓐ いくらお金(かね)目当てにしても、自分(じぶん)の親(おや)より年上だろうに。

• ~だろうに ~(으)련만, ~ㄹ 텐데

A : 왜 저런 연상에다 멋없는 사람하고 결혼하는 걸까.
B : 어차피 돈이 목적 아니겠어.
A : 아무리 돈이 목적이라고 해도 자기 부모보다 연상일 텐데 말이야.

Ⓐ なんで、あんなイケてないおじさんと結婚するんだろう。

Ⓑ あのおじさん、相当金持(そうとうかねも)ちらしいよ。

Ⓐ なるほどねー。金目当てってわけか。

• 相当(そうとう) 상당

A : 왜 저런 별 볼 일 없는 아저씨랑 결혼하는 거지.
B : 저 아저씨, 상당한 부자래.
A : 그렇구나. 돈이 목적이었던 거군.

204 人並(ひとな)み 보통, 중간, 평범함

남들만큼, 여느 사람과 같은, 뛰어나지도 모자라지도 않은 중간 정도를 뜻하는 말이다.

Ⓐ どんな女(おんな)の子(こ)をお嫁(よめ)さんにもらいたい？

Ⓑ 顔(かお)は人並(ひとな)みでいいから、料理(りょうり)が上手(じょうず)な子(こ)がいいな。

Ⓐ やっぱり家庭的(かていてき)な子(こ)がいいんだね。

Ⓑ うん、男(おとこ)を捕(つか)まえるには、胃袋(いぶくろ)からって言(い)うだろ。

• 胃袋(いぶくろ) 위, 밥통

A : 어떤 여자랑 결혼하고 싶어? B : 얼굴은 평범해도 되니까 요리 잘하는 여자였으면 좋겠다.

A : 역시 가정적인 여자 좋아하는구나.

B : 그럼. 얼굴 예쁘면 3개월, 성격 좋은 건 3년, 요리 잘하면 평생이라잖아. ('남자의 마음을 사로잡으려면 그의 배부터 채워 줘라'라는 말이 있잖냐.)

205 ビビる 벌벌 떨다

겁을 먹고 무서워하는 것을 말한다.

Ⓐ あいつのこと好(す)きなら、もたもたしてないで、早(はや)く告(こく)れよ！

Ⓑ でも、断(ことわ)られたらどうしよう。

Ⓐ ビビッてんじゃねーよ、男(おとこ)なら、自分(じぶん)からいけよ！

• もたもたする 꾸물거리다, 우물쭈물하다

• 告(こく)る＝告白(こくはく)する 고백하다

A : 저 녀석을 좋아한다면 꾸물거리지 말고 빨리 고백해!

B : 그렇지만 거절당하면 어떡해.

A : 뭘 겁먹고 그래, 남자라면 먼저 용기를 내!

갑자기 아무 예고 없이 어려운 일을 무리하게 요구하거나 대답하기 곤란한 질문을 던지는 것을 말한다.

Ⓐ こいつ、俺の友達。すげーおもしろい奴なんだよ！
ほら、自己紹介しろよ！

Ⓑ そんな風に紹介されたら、すっごいおもしろいこと言わなきゃならないじゃんか。

Ⓐ 誰かのモノマネしながら自己紹介するのが得意じゃんかよ～！

Ⓑ <u>無茶振りすんなよ～</u>。

A : 얘는 내 친구. 엄청 웃긴 애야! 야, 자기소개 해 봐!
B : 그런 식으로 소개받으면 엄청 웃긴 말을 해야 할 것 같잖아.
A : 누구 흉내 내면서 자기소개 하는 게 니 특기잖아!
B : 갑자기 이러는 게 어딨어, <u>무리, 무리!!</u>

미리 보고 확인해 두는 것을 말한다.

관련표현

下見する 사전 답사하다
下見で 사전 답사차

Ⓐ 明日、彼女と初デートなんでしょ？ どこ行くの？

Ⓑ 映画みて、夕飯はイタリアン食べに行こうと思って。

Ⓐ 初デートなんだし、素敵なお店に行かないとね。

Ⓑ そう思って、ちゃんとレストランの下見もしてきたんだ。

A : 내일 여자친구랑 첫 데이트라며? 어디 갈 거야?
B : 영화 보고, 저녁은 이탈리아요리 먹으러 갈 생각이야.
A : 첫 데이트니까 근사한 레스토랑이 좋겠지.
B : 그럴 줄 알고 확실히 레스토랑 사전 답사까지 했지.

208 ネタ切(ぎ)れ 밑천이 떨어짐

'ネタ 재료, 자료, 증거, 기삿거리'와 '切(き)れる 떨어지다'가 합해진 말로, 'ネタ切(ぎ)れ 자료가 떨어짐', 즉 내용이 될 만한 거리가 다 떨어짐을 뜻한다.

Ⓐ 彼女の誕生日、何あげようかな。

Ⓑ アクセサリーとか、身につけるものがいいんじゃない？

Ⓐ そういうのは、今までに全部あげちゃって、思いつくものがない
んだよね。もうネタ切れだよ。

Ⓑ まぁ、そうやって、悩んだ気持ちが嬉しいものだよ。

A : 여자친구 생일에 뭘 선물하면 좋을까?
B : 액세서리라든가 몸에 지닐 만한 게 좋지 않아?
A : 그런 건 여태까지 전부 선물했으니 마땅히 생각나는 게 없어.
　　이젠 밑천이 다 떨어졌다고.
B : 뭐, 그렇게 고민하는 마음이야말로 행복한 거지.

209 **けりをつける** 결말을 짓다

'けり 결말, 끝장'에 'つける 붙이다, 끝을 내다'라는 말이 붙어 어떤 일의 결말을 뜻한다. 일본 고유의 시, 단가(短歌)나 하이쿠(俳句)에 보면 なりけり와 같이 조동사 けり로 끝나는 경우가 많은 데에서 유래되었다고 한다.

Ⓐ 彼から、もうずっと連絡がないんだ。

Ⓑ 香織からも連絡してないの？

Ⓐ うん、連絡したら、別れ話をされそうで、怖くてできないでいたんだけど、このまま自然消滅しちゃうみたい。

Ⓑ だったら、連絡して、ちゃんと<u>けりをつけた</u>ほうが、すっきりするんじゃない？

• 自然消滅(しぜんしょうめつ) 헤어지자는 말도 없이 연애 관계를 끝내는 것

A : 남자친구한테 줄곧 연락이 없어.

B : 가오리 너도 연락 안 해 봤니?

A : 어. 연락하면 헤어지자고 할까 봐 겁이 나서 못 하겠어.
　　아, 이대로 이별 통보도 없이 끝나 버릴 것 같아.

B : 그럼, 연락해서 확실하게 <u>결말을 짓는</u> 편이 깔끔하지 않겠어?

ちゃんとけりをつける

스타일에 관한 대화 장면

일본 애니나 드라마를 보면 각양각색 인물들의 총집합이에요. 그들이 빚어 가는 풍성한 스토리에선 인물의 성격이나 스타일이 자연스레 묻어 나오게 마련이죠. 여기에서 바로 소개할 부분이기도 하고요. 스타일에 관한 어휘를 차곡차곡 챙기다 보면 한 단어만으로도 어떤 인물인지 단박에 알아차릴 수 있답니다. 주변의 친한 이들에게 적당한 말을 골라 활용해 보는 것도 어휘 실력 향상에 부쩍 도움이 될 거예요.

きれ~

---

210 さまになる 모양이 나다, 그럴듯해지다

'様(さま) 모양, 모습, 물건'에 'になる 이 되다'가 합해진 말로, 그럴듯하게 잘 어울리게 된다는 뜻이다.

Ⓐ スーツがさまになってるじゃん！
Ⓑ 就職(しゅうしょく)して、もう丸一年(まるいちねん)経(た)つからね。
Ⓐ 就職したての頃(ころ)は、七五三(しちごさん)みたいだったのに。
　 いつのまにかスーツがさまになる年(とし)になったんだな。

• 七五三(しちごさん)みたい 어린아이에게 어른 옷 입힌 것 같다 (시치고상은 3살, 5살, 7살 때 아이가 건강하게 자라기를 기원하면서 신사에 참배하러 가는 행사를 말한다. 그때 남자는 주로 정장 차림을 하는데 어른이 되어도 아직 정장이 어울리지 않는 것을 놀리면서 七五三みたい라고 함)

A : 수트발 좀 받는데! 　 B : 취직한 지가 벌써 1년이나 됐으니까.
A : 처음 취직해서는 애한테 어른 옷 입혀 놓은 것 같았는데 말야. 언제 이렇게 수트가 <u>어울리는</u> 나이가 된 거야.

211 癒(いや)し系(けい) 훈남, 훈녀 스타일

'癒し 마음을 편안하게 해 주는 것'과 '系 ~계'가 합해진 말로, 편안함, 안정감, 따뜻함이 느껴지는 분위기를 말한다. 사람, 동물, 공간 등에 두루 쓸 수 있는 말이다.

Ⓐ 新入社員の子、見た？ 顔も可愛いし、感じも良かったよ。
Ⓑ 俺も挨拶したけど、にこにこしてて、癒し系だよな。

A : 신입사원 봤어? 얼굴도 귀엽고 분위기도 괜찮던데.
B : 나도 인사했는데, 생글생글 '훈녀 스타일'이더라구.

Ⓐ あのアイドルの男の子、笑顔が可愛いよね〜。
Ⓑ ほんと〜。癒される！
Ⓐ いまどきは、癒し系の可愛い男の子が人気だよね。

• 今時(いまどき) 요즘, 요즘 세상

A : 저 아이돌 남자애 웃는 얼굴이 귀엽지.
B : 정말~. 보는 것만으로도 행복해!
A : 요즘은 훈남에 귀여운 남자가 대세네.

癒し系の可愛い男の子

212 エロかわ　에로틱하면서 귀여움

'エロい 에로틱하다'와 'かわいい 귀엽다'가 합해진 말로 에로틱하면서 귀여움을 뜻한다. 에로틱하면서 멋지면 エロかっこいい라고 한다.

(A) あの<ruby>芸能人<rt>げいのうじん</rt></ruby>って、わりとぽっちゃりしてるよねー。

(B) まぁね。でも、その<ruby>方<rt>ほう</rt></ruby>がセクシーだし、<ruby>男<rt>おとこ</rt></ruby>の<ruby>子<rt>こ</rt></ruby>にも<ruby>人気<rt>にんき</rt></ruby>あるよね。

(A) <ruby>流行<rt>はやり</rt></ruby>の、<u>エロかわ</u>ってやつ？

- わりと 비교적, 상당히
- ぽっちゃり 통통하고 귀여운 모양

A : 저 연예인 의외로 통통하네.
B : 그렇긴 해. 하지만 통통한 게 섹시해 보이고 남자들한테도 인기 있잖아.
A : 그 유행한다는 <u>에로틱한 귀여움</u> 말이지?

213 色気(いろけ)　성적 매력

성숙하고 여성스러운 분위기를 말한다.

(A) お<ruby>前<rt>まえ</rt></ruby>、あの<ruby>子<rt>こ</rt></ruby>のこと<ruby>好<rt>す</rt></ruby>きなんじゃないの？

(B) <ruby>誰<rt>だれ</rt></ruby>が！ あんな色気のない<ruby>奴<rt>やつ</rt></ruby>！

(A) でも、すげー<ruby>仲良<rt>なかい</rt></ruby>いじゃん。

(B) ただの<ruby>友達<rt>ともだち</rt></ruby>だよ。<ruby>俺<rt>おれ</rt></ruby>はもっと、お色気ムンムンの<ruby>大人<rt>おとな</rt></ruby>の<ruby>女<rt>おんな</rt></ruby>がタイプなんだよ。

- ムンムン 열기나 냄새 등이 가득한 모양

A : 너, 걔 좋아하는 거 아냐?　B : 누가! 그런 매력 없는 계집애를!
A : 그렇지만 굉장히 친하잖아.
B : 그냥 친구야. 난 이상형이 말야, <u>섹시함</u> 넘치는 어른 여자라고.

214 男受(おとこう)け 남자들이 좋아하는 것
女受(おんなう)け 여자들이 좋아하는 것

'受(う)ける 받아들이다, 인정하다'라는 말이 붙어 남자(여자)들이 좋아하는 스타일로 꾸미는 것을 말한다. 즉, 옷차림이나 화장 등이 남자(여자)에게 인기 있다라는 뜻으로, 사물, 사람 다 쓸 수 있다.

Ⓐ そのワンピースかわいいね。
Ⓑ でしょ～。裾がひらひらしてて、女らしいでしょ。
Ⓐ うん、**男受け**しそうだね。

A : 그 원피스 예쁘다! B : 그치? 치마 끝이 하늘하늘거려서 여성스럽지?
A : 어. 남자들이 좋아할 것 같은 스타일이야.

Ⓐ 髪をばっさり切ろうか迷ってるんだよね。
Ⓑ 短い髪も似合いそうだよ。
Ⓐ でも、**男受けが悪く**なりそうかなっと思って。

A : 머리 짧게 자를까 고민 중이야. B : 짧은 머리도 잘 어울릴 것 같아.
A : 근데 남자들이 안 좋아할 것 같아서.

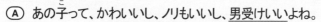

Ⓐ あの子って、かわいいし、ノリもいいし、**男受けいい**よね。
Ⓑ でも、ぶりっ子って感じだよね。
Ⓐ 確かに。だから**女受けは悪い**んだろうね。

A : 쟤는 귀엽고 분위기도 잘 맞추고 남자들이 좋아할 만해.
B : 근데 좀 귀여운 척하는 것 같아.
A : 맞아. 그래서 여자들한테는 인기가 없나 봐.

215　ちょいワル　레옹족

ちょいワル는 중년 남성 중에서 와일드한 패션과 젊은 시절의 라이프스타일을 추구하는 스타일리시한 사람이나 그들의 패션을 말한다. 즉 '경제력 있고 중후한 멋쟁이 아저씨와 그들의 패션'을 가리킨다. 'ちょいワルおやじ 불량한 아저씨'라고도 하며, 이들의 패션 경향을 주도하는 남성 잡지 『LEON』에서 처음 쓴 말이다. ちょい不良おやじ라고 표기하고 不良(ふりょう)를 ワル로 읽기도 한다.

(A)　なんか、最近部長のファッション、変わったよね。
(B)　こないだ、昼休みに『LEON』読んでるの見かけたよ。
(A)　ちょいワルおやじを目指してんのかねぇ。
(B)　どうせ、なれっこないのにね。

A : 어쩐지 요즘 부장님 패션이 변한 것 같지?
B : 지난번 점심시간에 얼핏 「LEON」지를 읽고 계시는 걸 봤어.
A : 레옹족을 목표로 잡으셨나 보다.　B : 어차피 될 리가 없는데 말이야.

216　ダサい　촌스럽다, 멋없다

시대에 뒤떨어지거나 촌스러운 것을 말한다.

(A)　あ! あそこの人、かっこよくない?
(B)　うーん、顔は整ってるけど、服装ダサくない?
(A)　顔がよければいいじゃん。
(B)　いや、センスも大事だって。

• 整(ととの)う 고르게 되다, 조화를 이루다

A : 어머! 저 사람 멋있지 않니?　B : 음. 얼굴은 준수한데 옷이 좀 촌스럽지 않아?
A : 얼굴 멋있으면 되지.　B : 아니야, 센스도 중요하다니까.

부드러움, 나약함, 어설픔 등을 뜻하는 말로 한자는 '柔 부드러울 유'를 쓰고, 보통 히라가나, 가타카나로 나타낸다.

관련표현

やわだな。 약골이네.

(A) 夕立に降られちゃってびしょびしょだ。
(B) 早くお風呂に入らないと、風邪引いちゃうよ。
(A) 雨に濡れたからって風邪引くほどヤワじゃないよ。
(B) そんなこと言ってないで、お風呂沸いてるから、早く入って。

- 夕立(ゆうだち) 소나기
- びしょびしょ 흠뻑(흠뻑 젖은 모양)

A : 소나기 만나서 흠뻑 젖었어.
B : 얼른 목욕해야지 감기 걸리겠다.
A : 비 좀 맞았다고 감기 걸릴 만큼 약골은 아냐.
B : 그런 소리 말고 목욕물 데워 놓으니까 빨리 들어가.

218 ── **母性本能(ぼせいほんのう)をくすぐる**
모성본능을 자극하다

말 그대로 '母性本能 모성보능'을 'くすぐる 간질이다, 자극하다'라는 뜻으로, '엄마 마음'으로 누군가를 보호해 주고 싶은 마음 상태를 말한다.

Ⓐ あの男の子、かわいいよね。

Ⓑ ほんと。肌も白くて、髪もさらさらで、美少年だよね。

Ⓐ しかも、性格も人なつっこいしね。

Ⓑ あんな子になつかれると、母性本能くすぐられるよね。

- 人(ひと)なつっこい 붙임성 있다
- なつかれる 친하게 굴다

A : 저 남자애 귀엽지.
B : 정말! 하얀 피부에 찰랑이는 머릿결, 꽃미남이 따로 없네.
A : 거기에다 성격까지 붙임성 있고 좋아.
B : 저런 친구가 친근하게 굴면 모성본능을 자극하지.

219 ── **猫背(ねこぜ) 새우등**

등이 구부러져 있는 사람을 비유적으로 이르는 말이다.

Ⓐ 猫背って、見た目も良くないし、健康にも悪いよね。

Ⓑ そうそう。猫背だと肩もこるし。

Ⓐ 直したいんだけど、なかなか直せないんだよね。

Ⓑ 難しいけど、少しずつでも直したほうがいいよ。

A : 새우등이 보기에도 안 좋고 건강에도 나쁘지. B : 그래. 새우등이면 어깨도 결리고.
A : 고치고는 싶은데 그게 잘 안 되네. B : 힘들더라도 천천히 교정하는 게 좋을 거야.

220 第一印象(だいいちいんしょう) 첫인상

일이나 사람을 처음 대할 때 느껴지는 인상을 말한다.

- Ⓐ なんか、香織(かおり)って、黙(だま)ってると怖(こわ)いよね。
- Ⓑ よく言(い)われる。だから第一印象悪(わる)いみたいなんだよね。
- Ⓐ 確(たし)かに、私(わたし)も香織の第一印象悪かった。
- Ⓑ これからは、常(つね)ににこにこしてようかなぁ。

A : 어쩐지 가오리는 말을 안 하고 있으면 무서워.
B : 그런 말 많이 들어. 그래서 <u>첫인상</u>이 안 좋은가 봐.
A : 그러고 보니 나도 가오리 <u>첫인상</u>이 별로였어.
B : 지금부터는 항상 웃고 다녀야 할까 봐.

221 近寄(ちかよ)りがたい 까다롭다

'近寄(ちかよ)る 가까이 가다, 다가가다'라는 동사의 ます형에 'がたい ~하기 힘들다'가
합해진 말로, 가까이 다가가기 힘든 느낌을 말한다.

- Ⓐ 私(わたし)の第一印象(だいいちいんしょう)ってどんなだった？
- Ⓑ 実(じつ)は、けっこう<u>近寄(ちかよ)りがたい</u>イメージだったな。
- Ⓐ 本当(ほんとう)？ なんで？
- Ⓑ 無口(むくち)そうに見(み)えたし、顔(かお)がきれいだから、
  すましてる感(かん)じがして、話(はな)しかけづらかったよ。

近寄りがたい

- **すます** 시치미 떼다, 새침 떨다
- **話(はな)しかけづらい** 말 걸기 힘들다

A : 내 첫인상이 어땠어?　B : 실은 꽤 <u>까다로운</u> 이미지였지.　A : 정말? 왜?
B : 말도 없어 보였고, 예쁜 얼굴이 새침해 보여 말 걸기가 어려웠거든.

222 童顔(どうがん) 동안

나이보다 젊어 보이는 얼굴을 말한다.

Ⓐ おいくつなんですか？

Ⓑ 今年で30です。

Ⓐ え～、全然そういう風に見えないですね。
20代前半くらいかと思いました。

Ⓑ 私、童顔なんですよね。

A : 몇 살이세요?
B : 올해 서른이에요.
A : 어머~ 전혀 그렇게 안 보여요. 이십 대 초반쯤일 거라고 생각했어요.
B : 제가 동안이거든요.

223 猫(ねこ)をかぶる 내숭을 떨다

'猫 고양이'를 'かぶる 쓰다'라는 말로, '무서운 본성을 숨기고 마치 온순한 고양이처럼 행동하는 것'을 말한다. 즉 본성을 숨기는 'ブリッコ 내숭쟁이, 내숭떠는 사람'을 가리킨다. 고양이가 원래 사자나 호랑이처럼 사나운 육식동물인데도 인간 앞에서는 그 사나운 성질을 조금도 드러내지 않는 데서 나온 말이라는 설도 있다.

Ⓐ 香織って、第一印象と違うんだけど。

Ⓑ どんな風に？

Ⓐ もっと女の子らしくて、おとなしいのかと思ったら、全然違うし。

Ⓑ 猫かぶってただけでしょ。本性が出てきたんだよ。

A : 가오리 첫인상하고 다른데. B : 어떤 면에서?
A : 좀 더 여성스럽고 얌전한 줄 알았는데 전혀 다르네.
B : 내숭떤 것뿐이라고. 이제 본성이 드러난 거지.

224 ギャップ 갭, 의외의 면

영어의 ギャップ(gap)에서 온 말로 위치, 시기, 생각이 표준이나 기준에 크게 벗어나 잘 맞지 않는 것을 말한다. 보기와는 다른 것이나 의외인 면이 있는 것을 말할 때도 쓴다.

Ⓐ ギャップがある女の子ってもてるよね！

Ⓑ そうそう。ボーイッシュな子が料理したりすると、男はコロっといくって言うもんね。

Ⓐ 男の人も、普段ふざけてばっかりの人が、真面目に仕事してたりすると、急にかっこよく見えたりするもんね。

• コロっといく 싹 넘어가다, 픽 넘어가다

A : 의외의 면이 있는 여자가 인기 많지!

B : 맞아. 보이시한 여자가 요리를 한다든지 하면 남자들 그냥 넘어가 버린다잖아.

A : 남자도 그래, 평소엔 실없이 장난만 치던 사람이 성실하게 일하거나 하면 갑자기 멋있 어 보이잖아.

---

225 カラ元気(げんき) 강한 척, 괜찮은 척

'から 거짓, 헛됨'이라는 말과 '元気 기운, 건강함, 활발함'이 합해진 말로 실의에 빠져 있으면서도 무리해서 밝게 행동하는 모양을 말한다. 마찬가지로 남의 비위를 맞추기 위해 겉으로만 입에 발린 소리를 하는 것은 から世辞(せじ)라고 한다.

Ⓐ 香織、彼氏に振られたって聞いたけど、すごい元気で安心した。

Ⓑ いやぁ、あれはカラ元気でしょ。

Ⓐ そっかぁ、やっぱり落ち込んでるんだね。

Ⓑ みんなに心配かけないように、わざとああしてるんでしょ。

A : 가오리가 남자친구한테 차였다던데 꽤 씩씩해 보여서 마음이 놓였어.

B : 아니야. 그건 괜찮은 척하는 거야. A : 그랬구나. 역시 안 좋구나.

B : 모두에게 걱정 끼치지 않으려고 일부러 저러는 걸 거야.

226 妄想癖(もうそうへき) 망상증, 망상하는 버릇

'妄想 망상'에 '癖 벽, 버릇, 습관'이 합해진 말로 '망상하는 버릇'이 있는 것을 말한다.

Ⓐ なんで私、彼氏ができないんだろー。

Ⓑ 理想が高すぎるんじゃない？

Ⓐ そんなことないよー。っていうか、出会いがないんだよね。

Ⓑ 合コンでも行けば？

Ⓐ なんか、そういうの嫌なんだよね。こう、街角でぶつかっちゃって、謝りながら顔をあげたら、超タイプの人で、お互い一目で恋に落ちちゃうみたいな！

Ⓑ うーん、その妄想癖から治したほうがいいね。

A : 나는 왜 남자친구가 없을까? B : 눈이 너무 높은 거 아냐?
A : 그렇지 않아. 그보단 만남이 없어서야. B : 미팅이라도 해 보는 건 어때?
A : 왠지 그런 건 내키지 않아. 이런 거 있지, 어느 길모퉁이에서 부딪쳤는데 사과하면서 고개를 들었더니 완전 내 타입인 사람이 서 있는 거야. 그래서 서로 첫눈에 반하는, 뭐 이런 거!
B : 음…, 어서 그 과대망상 증상부터 치료하는 게 좋을 것 같구나.

227 力(ちから)もち 장사

Ⓐ そんな大きい箱もてるなんて、力もちだね。

Ⓑ 力しか取り柄ないから。

Ⓐ どうやったら、そんな力もちになれるの？

Ⓑ 昔からずっと、運動してたから。

A : 그렇게 커다란 상자를 들다니, 힘이 장사잖아. B : 힘밖에 내세울 게 없어서 말이야.
A : 어떻게 하면 그렇게 힘이 센 사람이 될 수 있어? B : 예전부터 줄곧 운동을 했거든.

強(つよ)がる 허세를 부리다, 강한 체하다

'強い 강하다'와 'がる ~인 양하다, ~인 체하다'가 합해진 말로 강하게 보이려고 하는 것을 말한다.

Ⓐ ホラー映画見に行こうよ。

Ⓑ え…うん、いいよ。

Ⓐ もしかして怖いの？ 男のくせに。

Ⓑ こ、怖くないよ。

Ⓐ 強がらなくっていいって。正直に怖いなら怖いって言いなさいよ。

A : 호러영화 보러 가자.　B : 어…어, 그래.
A : 혹시 무서워서 그래? 에이, 남자면서.　B : 무, 무섭긴 누가 무섭다고 그래.
A : 강한 척 안 해도 돼. 솔직하게 무서우면 무섭다고 말하라니까.

---

229 **尻軽女(しりがるおんな)** 헤픈 여자

직역하면 엉덩이가 가벼운 여자로 '몸가짐이 헤픈 여자'를 뜻한다.

Ⓐ あの子可愛くない？

Ⓑ 顔は可愛いけど、いろんな男をとっかえひっかえしてるぜ。

Ⓐ でも、すげー可愛い。

Ⓑ やめとけよ、あんな尻軽女。

• とっかえひっかえ 이것저것 차례로 바꾸어, 번갈아

A : 쟤 예쁘지?
B : 예쁜데, 만나는 남자가 한둘이 아니야.
A : 그렇지만 진짜 예쁘다.
B : 그만 신경 끄시지. 저런 헤픈 여자한테는.

situation nihongo 9

성격에 관한 대화 장면

앞서 스타일에 관한 어휘를 잘 챙겨 두면 어휘 실력 향상에 큰 도움이 될 거라고 말씀드렸어요. 스타일이 곧 외적인 표현에 관한 거라면, 성격은 내적인 표현일 텐데요. 여기에서는 일본 애니나 드라마에 등장하는 인물의 성격을 콕 집어 표현할 수 있는 어휘를 다뤄 보겠습니다. 우리말과 비슷한 표현도 있고, 일본에서 유행하기 시작해 우리말에까지 영향을 준 말들도 있네요. 생활 속 생생한 표현이니 놓치시면 안 되겠죠!

にくしょくけいじょし

---

230 面食(めんく)い 외모를 따지는 사람

'面 얼굴'과 '食い 먹음'이 합해진 말로 잘생긴 남자, 예쁜 여자를 밝히는 사람을 두고 하는 말이다. 같은 말로 器量(きりょう)好(この)み가 있다.

Ⓐ どんな人(ひと)がタイプ？

Ⓑ 芸能人(げいのうじん)でいったら、キムタクかな。

Ⓐ 面食いだね。

Ⓑ だって、やっぱ彼氏(かれし)にするなら、顔(かお)がかっこいい人がいいもん。

A : 어떤 사람이 타입이야?
B : 연예인으로 치면 기무타쿠 정도.
A : 외모 따지는구나.
B : 아니, 이왕이면 남자친구가 얼굴 잘생긴 게 좋잖아.

草食系男子(そうしょくけいだんし) 소극남
肉食系女子(にくしょくけいじょし) 적극녀

'草食系男子 초식계 남자', 줄여서 '草食男 초식남'은 초식동물처럼 온순하고 점잖은 남
자들을 뜻하는 신조어로, 연애보다는 자신을 위해 시간과 돈을 투자하는, 연애에 무관심
한 남자를 말한다. 반대로 마음에 드는 남자가 있으면 프러포즈도 마다하지 않는, 연애에
적극적인 여자를 '肉食系女子, 肉食女 육식계 여자, 육식녀'라고 부른다.

Ⓐ 最近の男の子って、見た目もヒョロヒョロしてるけど、中身も弱々
しい子ばっかだよね。

Ⓑ そうそう、デートの誘いとかも自分からできない子ばっかりだし。

Ⓐ 付き合うときも、女が告白してくるのを待ってるって子ばっかだしね。

Ⓑ まったく、草食系男子が多すぎるよね。

- ヒョロヒョロする 비실비실거리다
- 弱弱(よわよわ)しい 연약하다, 가냘프다

A : 요즘 남자애들은 겉보기에도 비실비실거리지만, 속도 약해 빠진 애들뿐이야.
B : 그래, 자기가 직접 데이트 신청 하나 못하는 애들이 널렸지.
A : 사귈 때도 여자가 먼저 고백하길 기다리는 남자애들이 수두룩해.
B : 아휴, 소극남들이 넘쳐난다니까.

草食

232 　夜型(よるがた)　야행성
朝型(あさがた)　아침형
夜行性人間(やこうせいにんげん)　야행성 인간

말 그대로 주로 심야 시간대에 활동하는 것을 '夜型 야행성'이라고 한다. 반대로 아침에
일찍 일어나 하루 생활을 시작하는 것은 '朝型 아침형'이다.

Ⓐ こないだ『成功(せいこう)する人(ひと)の条件(じょうけん)』っていう本(ほん)を読(よ)んだんだけどさ。

Ⓑ へー、どんな条件があるわけ？

Ⓐ それがさ、第一(だいいち)の条件が、朝型人間であることなんだって。

Ⓑ それじゃあ、お前(まえ)は無理(むり)だなー。
完全(かんぜん)な夜行性人間だもんなー。

Ⓐ そうなんだよ。この夜型の生活(せいかつ)は直(なお)せないんだよなー。

A : 저번에 『성공하는 사람의 조건』이란 책을 읽었는데 말이야.

B : 아 그래, 어떤 조건이 있었어?

A : 그게 말야, 첫 번째 조건이 <u>아침형 인간</u>이 되는 거래.

B : 그렇다면 넌 안 되겠네. 완전 <u>야행성 인간</u>이잖아.

A : 그러게 말야. 이 <u>야행성</u> 생활이 안 고쳐진다~.

夜行性人間

233 おてんば 말괄량이

남자아이처럼 씩씩하고 활달한 여자아이를 말한다.

(A) 可愛らしいお嬢さんですね。

(B) でも、おてんばで困ってるんですよ。

(A) 元気な証拠じゃないですか。

(B) もう少し、女の子らしくなってくれればいいんですけど。

A : 귀여운 아가씨네요.

B : 그렇지만 <u>말괄량이</u>라 힘들어요.

A : 건강하다는 증거잖아요.

B : 조금만 더 여자아이답게 굴었으면 좋겠어요.

234 シャイ 샤이 (보이)

수줍음 많은, 부끄럼을 잘 타는 사람을 말한다. 보통 남자아이에게 쓰는 말이다.

(A) 佐々木君って、かっこいいよね！

(B) そうそう。でも、女の子とは、あんまり話さないよね。

(A) 女の子と話すと、顔が真っ赤になっちゃうんだって。

(B) シャイなんだね。でも、そこがまたいいね。

A : 사사키 멋있지!

B : 그래. 그치만 여자애들하고는 별로 얘기를 안 하더라구.

A : 여자애하고 얘기하면 얼굴이 새빨개진대.

B : <u>샤이 보이</u>네. 근데 그게 또 은근 매력적이다~.

235　マメ　착실함, 꼼꼼함, 성실함

忠実(まめ)는 착실하고 꼼꼼하고 부지런한 것을 말한다.

（A）彼から、また電話？

（B）うん、一日に3回は電話くれるから。

（A）マメな彼氏だね。

（B）そう？普通じゃない？

A : 남자친구한테 또 전화 온 거야?
B : 어. 하루에 3번은 전화하니까.
A : 성실한 남자친구네.
B : 그래? 보통 안 그런가?

236　お高(たか)くとまる　도도하게 굴다, 거드름을 피우다

'お高(たか)い 자존심이 강하다, 도도하다'와 'とまる 멈추다, 인상에 남다'가 합해진 말로 '도도한 인상을 주는 것'을 뜻한다. 즉, 다른 사람을 낮게 보면서 거만하게 구는 태도를 말한다.

（A）あの女優、すごいきれいだよね。

（B）きれいだけど、なんかお高くとまってるって感じがして、あんまり好きじゃないな。

（A）確かにそういう雰囲気はあるよね。

（B）もっと親近感が湧くような女優さんの方が好きだな。

A : 저 여배우 굉장히 예쁘지.　B : 예쁘긴 한데 어쩐지 도도하게 구는 것 같아서 난 별로야.
A : 확실히 그런 분위기는 좀 있지.　B : 좀 더 친근감이 드는 여배우가 좋더라.

237 大人(おとな)びた 점잖은, 어른스러운
子供(こども)じみた 아이 같은, 유치한

大人びた는 어른처럼 행동하는 것, 체격이나 생각 등이 어른스러운 것을 말한다. 반대는 子供じみた라고 한다.

(A) 子供って急に<u>大人びた</u>こというからびっくりするよね。
(B) 普段、周りの大人が言う言葉をよく聞いてるんだろうね。
(A) 子供の前で、あまり変なこと言っちゃまずいね。
(B) そうそう、子供ってこっちが思ってるより、色々分かってるからね。

A : 아이들이 갑자기 어른스러운 말을 해서 깜짝 놀라게 돼.
B : 평소 주위 어른이 하는 말을 유심히 듣는 걸 거야.
A : 아이들 앞에서 너무 이상한 말하면 큰일 나겠다.
B : 그래, 맞아. 아이들은 우리가 생각하는 것보다 훨씬 많은 걸 알고 있단 말야.

(A) 職場に困った先輩がいてさ。
(B) どんな人なの？
(A) 周りの人が私に優しくしてくれるから、ひがんでるみたいで、挨拶してても無視したり、<u>子供じみた</u>嫌がらせをしてくるんだよね。
(B) そんな<u>子供じみた</u>人、気にしないことが一番だよ。

• ひがんでる 비뚤어지게 받아들이다, 꼬이다
• 嫌(いや)がらせ 짓궂게 남을 괴롭히거나, 일부러 상대가 싫어하는 언행을 함

A : 직장에 힘들게 하는 선배가 있는데 말이야.
B : 어떤 사람인데?
A : 주위 사람들이 나한테 잘해 주니까 꼬였는지, 인사도 무시하고 <u>아이처럼</u> 짓궂게 굴잖아.
B : 그런 <u>유치한</u> 인간, 신경 안 쓰는 게 제일이야.

238　我(が)が強(つよ)い　고집이 세다

'我 아집, 자기 본위의 생각'이 '強い 강하다'라는 뜻으로, 자신의 의견만을 강하게 내세워 버릇없어 보이거나 고집불통으로 여겨지는 것을 말한다.

Ⓐ 昨日(きのう)の会議(かいぎ)で、マネージャーが自分(じぶん)の意見(いけん)を一人(ひとり)曲(ま)げないから、会議(かいぎ)が長引(なが び)いちゃってさ。

Ⓑ マネージャーって、我(が)が強(つよ)いところあるからね。

Ⓐ 自分(じぶん)の考(かんが)えをしっかり持(も)ってて、良(い)いところでもあるんだけどねぇ。

Ⓑ あまりにもその考(かんが)えに固執(こ しつ)されるのも困(こま)るよね。

A : 어제 회의에서 매니저가 자기 의견을 혼자 고집하는 바람에 회의가 길어져서 말이야.
B : 매니저가 고집스런 면이 있긴 해.
A : 자기 주관이 뚜렷해서 좋은 면도 있긴 한데 말이야.
B : 너무 융통성이 없는 것도 안 좋아.

239　影(かげ)が薄(うす)い　존재감이 없다

말 그대로 '影 그림자, 모습, 형체'와 '薄い 얇다, 연하다, 약하다'라는 뜻으로, 눈에 잘 띄지 않는 것을 말한다.

Ⓐ あれ？ いたの？

Ⓑ さっきからずっといたけど。

Ⓐ ほんと？ 全然(ぜんぜん)気(き)づかなかった。

Ⓑ 私(わたし)って、そんなに影(かげ)が薄(うす)いのか…。

影(かげ)が薄(うす)い

A : 어머? 있었어？　B : 아까부터 계속 있었는데.
A : 정말? 전혀 몰랐어.　B : 내가 그렇게 존재감이 없구나….

240 そりが合(あ)わない 서로 맞지 않다

'そり 칼의 휜 정도나 모양'이 '合わない 맞지 않는다', 즉 칼의 휜 부분이 칼집과 맞지 않는다라는 뜻이다. 서로 생각이나 성격이 달라서 잘 맞지 않거나 잘 지내지 못하는 것을 말한다.

(A) 同じ部活の子と、あんまり親しくないの？

(B) 初めは仲良くしてたんだけど、なんだかそりが合わなくて。

(A) 確かに、あの子たち、おとなしそうだもんね。

(B) 仲が悪いわけではないんだけどね。

A : 같은 동아리 애들하고 별로 안 친한가 봐?
B : 처음에는 친하게 지냈는데 왠지 서로 맞질 않아서 말이야.
A : 확실히 그 애들이 얌전해 보이긴 하더라. B : 사이가 안 좋은 건 아닌데 말이야.

241 ガラじゃない 성격이 아니다

'がら 분수, 주제, 격, 성격'에 'じゃない ~가 아니다'가 합해진 말로 '그런 타입의 사람이 아니다'라는 뜻이다. 'キャラクターが違う 캐릭터가 다르다'와 비슷한 의미다.

(A) 女性が営業職をやるのは大変だと思うけど。

(B) でもやってみたいんだ。

(A) オフィス内で、事務職とかをやった方がいいんじゃない？

(B) 私、事務職っていうガラじゃないし、外を回る仕事がしたいんだ。

• 外(そと)を回(まわ)る 밖을 돌다(외근은 外回り라고 함)

A : 영업직을 여자가 하는 건 힘들 텐데. B : 그치만 해 보고 싶어.
A : 사무실에서 내근하는 편이 낫지 않겠어?
B : 나, 사무직이 정말 안 맞거든. 그냥 밖에 돌아다니는 일을 하고 싶어.

242 気(き)まぐれ 변덕

마음이 잘 변하는 것, 즉 그때그때의 생각이나 기분에 따라 행동하는 것을 말한다.

관련표현

気まぐれな人(ひと) 변덕스러운 사람
気まぐれ(な)一人旅(ひとりたび) 마음 내키는 대로 가는 나홀로 여행
ただの気まぐれだよ。그냥 변덕부리는 거야.

Ⓐ 今日の飲み会、やっぱり行こうかな。

Ⓑ え～、さっきまで行かないって言ってたじゃん。
　　もう席の予約入れちゃったのに。

Ⓐ 気分が変わったんだよ。

Ⓑ もう～、気まぐれなんだから。

A : 오늘 회식, 역시 가야겠어.
B : 어머, 좀 전까지 안 가겠다고 했잖아. 벌써 자리 예약했는데.
A : 마음이 바뀌었어.
B : 정말~ 변덕은 알아줘야 한다니까.

気まぐれな人

243 内弁慶(うちべんけい) 집에서만 활달한 사람

벤케이는 가마쿠라 시대의 승려 출신 병사로, 강한 사람을 비유하는 대표적 인물이다. '内 안', '弁慶 벤케이'라는 뜻으로, 집에서는 벤케이처럼 강한 척, 잘난 척하지만 밖에 나가면 약한 모습을 보이는 사람을 말한다.

<관련표현>

内弁慶な性格(せいかく) 집안에서만 활달한 성격
内弁慶な子供(こども) 집안에서만 활달한 아이

Ⓐ うちの子、<u>内弁慶</u>だから、これから学校に入学するのが心配な
んですよ。

Ⓑ よく挨拶もしてくれるし、そんな風に見えないですけどね。

Ⓐ いえいえ、家では、本当に元気いっぱいなんですけど、一歩外に
出ると、急におとなしくなって、しゃべらなくなっちゃうんですよ。

Ⓑ 大きくなるにつれ、少しずつよくなりますよ。

A : 우리 애가 집에서만 활달한 애라서 곧 학교 들어가는데 걱정이에요.
B : 인사도 잘하고 그렇게 안 보이던데요.
A : 아녜요. 집에서는 정말 활발하고 힘이 넘치는데, 집 밖으로 한 걸음만 나갔다 하면 갑자기 얌전해져서는 입을 다물어 버린다니까요.
B : 커가면서 조금씩 나아질 거예요.

おまけ

弁慶の泣(な)**き所**(どころ) 정강이
벤케이 같은 호걸도 맞으면 아픈 곳이라는 것에서, 유일하게 약한 부분을 가리킨다.
むこうずね도 같은 의미다.

器(うつわ)が大(おお)きい　그릇이 크다
器(うつわ)が小(ちい)さい　그릇이 작다

말 그대로 器が大きい는 '器 그릇'이 '大きい 크다'라는 뜻으로, 사물과 이치를 보는 마음이 깊으면서 넓은 것을 말한다. 그 반대는 器が小さい라고 표현한다.

(관련표현)

器の大きい人(ひと)　그릇이 큰 사람
器の小さい人　그릇이 작은 사람

Ⓐ　理想のタイプってどんな人？

Ⓑ　器が大きい人がいいな。
　　私が我がままを言っても、笑って受け止めてくれるような人。

Ⓐ　なかなかいないよね。

Ⓑ　そうなの。ちょっと我がままを言うと、怒り出すような、器の小さい男ばっかりでさ。

A : 어떤 사람이 이상형이야?
B : 그릇이 큰 사람이 좋아. 내가 내맘대로 해도 웃으며 받아 줄 수 있는 사람 말이야.
A : 그런 사람은 정말 드물어.
B : 그러게. 내가 조금만 내맘대로 하면 화낼 것 같은 그릇 작은 남자들만 바글바글하다니까.

おまけ

キャパオーバー　과부하, 한도 초과, 벅참

色々(いろいろ)ありすぎてキャパオーバーだ。너무 많은 일이 있어서 과부하 상태야.
頭(あたま)がキャパオーバー！머리가 한도 초과야!
もう仕事(しごと)がキャパオーバー！정말 일이 너무 벅차!

주로 '体(からだ)がだるい 몸이 나른하다'라고 표현하지만, '귀찮다, 지겹다'와 같은 의미
로 사람에게 쓰기도 한다.

Ⓐ バイト先の店長って、すごい気分屋でさ。

Ⓑ へー、そりゃいやだね。

Ⓐ こないだも、彼女と喧嘩したのか、超不機嫌で、こっちにまであ
たりちらしてきてさ。

Ⓑ うわー、そういう人、マジだるいよね。

• あたりちらかす (애먼 주위 사람에게) 마구 화풀이하다

A : 아르바이트 가게 점장님 말이야, 굉장히 기분파다.
B : 에~, 그건 좀 그렇다.
A : 저번에도 여자친구랑 싸웠는지 엄청 기분이 안 좋아서는 우리한테까지 막 화풀이를
하는 거야.
B : 와, 그런 인간은 정말 왕짜증이야.

Ⓐ 明日テストがあるんだ。

Ⓑ じゃあ勉強しなきゃじゃん。

Ⓐ そうなんだけどねー、勉強する気になんなくて。

Ⓑ まぁ、気持ちはわかるけど。
試験とかって、ほんとだるいよね。

A : 내일 시험이 있어.   B : 그럼 공부해야지.
A : 그렇긴 한데, 공부할 기분이 안 나.
B : 뭐, 그 기분이야 잘 알지. 시험이란 게 정말 지겹잖아.

246 〜を気取(きど)る ~인 체하다, ~인 척하다

'〜を気取る'의 형태로 나타내며, 마치 자신이 그렇게 된 양 행동하는 것을 말한다.

Ⓐ 最近、ちょっと気になってる子がいるんだけど、緊張しちゃって、なかなか話しかけられないのよね。

Ⓑ 30代にもなって、なに中学生みたいなこと言ってるの。

Ⓐ 30代になったって、恋する心は同じなのよ。

Ⓑ まぁね、普段は大人の女を気取ってても、中身はまだまだ少女だったりするのよね。

A : 요즘 관심 가는 친구가 있긴 한데, 긴장돼서 말을 못 걸겠는 거 있지.
B : 서른 넘어 무슨 중학생 같은 소릴 하고 있어.
A : 서른이 넘었어도 사랑하는 마음은 똑같은 거야.
B : 하긴, 평소엔 어른 여자인 척해도 우리 안에는 아직 소녀감성이 살아있잖아.

おまけ

気取る 젠체하다, 거드름 피우다

気取った男は嫌(きら)いだ。 젠체하는 남자는 싫어.

気取らない人がいい。 젠체하지 않는 사람이 좋아.

명사 + 気取り ~인 체함, ~인 척함

女優(じょゆう)気取り 여배우인 체함

モデル気取り 모델인 체함

夫婦(ふうふ)気取り 부부인 척함

～フェチ ~페치, ~페티시즘(fetishism), ~성애자

특정한 종류의 물건이나 사람의 신체 부위에 비정상적인 집착이나 편애를 보이는 것을 말한다.

관련표현

足(あし)フェチ 발페치
手(て)フェチ 손페치
靴(くつ)フェチ 구두페치
化粧品(けしょうひん)フェチ 화장품페치
かばんフェチ 가방페치

Ⓐ 初めて男の人に会ったとき、まずどこ見る？
Ⓑ 私は手だなぁ。
Ⓐ けっこう、そういう人いるよね。
Ⓑ 手フェチってわりと多いからね。
　 血管が浮き出てるゴツイ手が素敵なんだよね。

• ゴツイ 거칠고 억세다, 세련되지 않다

A : 남자 처음 만나면 어디부터 보니?
B : 난 손이야.
A : 그런 사람들 꽤 있더라.
B : 손페치가 의외로 많다니까.
　　혈관이 툭 튀어나온 거친 손이 멋있잖아.

situation nihongo 10

え-と

말, 행동에 관한 대화 장면

일본어를 발음할 때에는 평소 우리말을 발음할 때보다 한 톤 높여야 훨씬 일본어답게 들립니다. 한국 여성이 일본어를 발음한다면 우리말에 비해 좀 더 여성스럽고 상냥한 말투로 들린다는 장점이 있죠. 어떤 면에서 보면 여성스러움과 살풋한 봄바람 분위기가 일본어에서 느껴지기도 해요. 그래서일까요? 저 역시 일본어를 발음할 때는 평소보다 한결 조신한 말투가 되곤 한답니다. 참, 외국어 표현이나 발음은 너무 튀는 요란한 말투 말고 평범한 대사로 공부하시길 바랍니다.

え-と

248　オチ　꺾기 (기대를 배반하는 유머 기술)

우스갯소리로 끝마무리를 하는 것을 말한다. '落語(らくご) 만담' 등에서 마지막에 우스갯소리로 이야기를 끝맺는 것에서 비롯되었다.

Ⓐ あの子の話って、いっつもつまらないよね。

Ⓑ そうそう。なんであんなにおもしろくないんだろう。

Ⓐ **オチ**がないんだよ。

Ⓑ そうだね。それで？って聞きたくなるような話が多いよね。

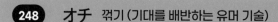

A : 쟤 이야기는 항상 재미가 없어.
B : 그래. 왜 저렇게 재미가 없을까.
A : 꺾기가 없어서 그래.
B : 맞아. 그래서, 뭐? 하고 물어봐야만 되는 이야기뿐이잖아.

249 片言(かたこと) 서툰 말씨

어린아이나 외국인이 떠듬떠듬 하는 말씨를 뜻하며, '한 마디의 말'이란 뜻도 있다.

Ⓐ アメリカ旅行（りょこう）はどうだった？

Ⓑ 楽（たの）しかったけど、道（みち）に迷（まよ）ったり、困（こま）ったりしたことも多（おお）かったよ。

Ⓐ 外国（がいこく）で道（みち）に迷（まよ）ったりしたら、本当（ほんとう）に困（こま）っちゃうね。

Ⓑ そうそう。片言（かたこと）の英語（えいご）で道（みち）を聞（き）いたりして、大変（たいへん）だったよ。

A : 미국 여행은 어땠어?

B : 즐겁긴 했는데, 길을 잃고 헤매기도 하고 곤란한 일도 많았어.

A : 외국에서 길을 잃거나 하면 정말 당황스럽잖아.

B : 그래. 서툰 영어로 길을 묻기도 하고, 얼마나 힘들었는지 몰라.

250 言葉遣(ことばづか)い 말투, 말씨

말을 하는 방법, 말하는 투를 말한다.

Ⓐ あの子（こ）、若（わか）いのに言葉遣（ことばづか）いがしっかりしてるね。

Ⓑ きっと、親御（おやご）さんがきちんと教育（きょういく）したんだろうな。

Ⓐ 私（わたし）たちも子供（こども）を育（そだ）てるときは気（き）をつけないとね。

Ⓑ そうだな。最近（さいきん）の子（こ）の言葉遣（ことばづか）いは、本当（ほんとう）にひどいからな。

• 親御（おやご）さん 남의 부모님을 높여 부르는 말

A : 쟤, 어린데도 말하는 게 똑 부러지지.

B : 분명히 부모님이 가정 교육을 잘하신 거야.

A : 우리도 아이 키울 때는 신경 써야겠다.

B : 그럼. 요즘 애들 말투는 정말 못 들어 주겠더라구.

滑舌(かつぜつ) 발음 연습, 발음

아나운서나 배우 등이 말을 빨리 할 수 있도록 하는 발음 연습을 말한다.

カミカミ カミカミ

Ⓐ あの芸人、滑舌悪いよね。

Ⓑ ほんと、何言ってるか分からない時あるし。

Ⓐ こないだテレビでコントしてるの見たけど、カミカミだったし。

Ⓑ それが面白かったりもするけどね。

- コント 콩트 (프랑스어)
- カミカミ 버벅버벅 (カミカミだ 버벅거리다, カミカミだった 버벅거렸다)

A : 저 배우, 발음이 안 좋네. B : 정말, 무슨 말 하는지도 못 알아듣겠고 말야.

A : 저번에 TV에서 콩트하는 걸 봤는데 엄청 버벅거리더라.

B : 오히려 그게 재미있을 때가 있긴 하지만.

ぎこちない 어색하다, 서투르다

익숙하지 않아 아직 서툰 모양을 나타낸다.

Ⓐ 日本語お上手ですね。

Ⓑ ありがとうございます。でも、友達に教えてもらって覚えたので、敬語がうまく使えなくて。

Ⓐ 大丈夫ですよ、そんな風に聞こえませんよ。

Ⓑ そうですか？ 友達にはいつも、敬語がぎこちないって言われるんですよ。

A : 일본어를 잘하시네요.

B : 고맙습니다. 그렇지만 친구한테 배워서 공부한 터라 존댓말이 서툴러요.

A : 괜찮아요. 나쁘지 않은데요. B : 그렇습니까? 친구는 늘 존댓말이 서툴다고 하거든요.

253 茶々(ちゃちゃ)を入(い)れる　끼어들다, 방해를 하다

'茶々 방해'와 '入れる 넣다'라는 뜻으로 이야기 도중에 방해하는 것을 말한다.

Ⓐ 今年の新入社員の子たちどうだった？

Ⓑ それがさ…みんなが自己紹介してるときに部長に茶々入れられて…。せっかくの歓迎会が台無しだったよ。

Ⓐ 本人は盛り上げようとしてたのかもしれないけど…。

そりゃ～しらけてきちゃうよね。

- 台無(だいな)し 엉망이 됨　・しらける 분위기, 흥이 깨지다

A : 올해 신입사원들 어땠어?
B : 그게 말야… 모두 자기소개를 하고 있을 때에 부장님이 훼방을 놔서….
　　모처럼의 환영회가 엉망이 돼버렸어.
A : 부장님이야 분위기 띄우려고 하셨는지 모르겠지만…. 그것 참 분위기 싸~해졌겠다.

---

254 口(くち)をすっぱくして言(い)う
같은 말을 여러 번 되풀이하다, 입에서 신물이 나게 말하다

같은 말을 몇 번이나 되풀이하게 만드는 것을 말한다.

Ⓐ うちの子、やったらやりっぱなしで、片付けようとしないんですよ。

Ⓑ うちの子もですよ。

いくら口をすっぱくして言ってもだめなんですよ。

Ⓐ どこの家庭も一緒なんですね。

A : 우리 애는 뭘 하면 벌려 놓은 채 뒤처리할 생각을 안 해요.
B : 우리 애도 마찬가지예요. 아무리 잔소리를 해도 안 되네요.
A : 어느 집이나 마찬가지네요.

255 口(くち)をそろえる　입을 모으다

둘 이상의 사람이 동시에 같은 말을 하는 것을 말한다.

Ⓐ この街は本当に住みやすいみたいですね。

Ⓑ はい、本当にいい街ですよ。

Ⓐ 住民の方がみんな口をそろえて、そう言ってますよ。

A : 이 동네는 정말로 살기 좋은 것 같습니다.
B : 네. 정말 좋은 동네지요.
A : 주민 분들이 모두 입을 모아 그렇게 말씀하십니다.

256 あげあしをとる　말꼬투리를 잡다

'揚(あ)げ足(あし) 올린 다리'를 '取(と)る 잡다'라는 뜻으로, 스모에서 상대가 기술을 쓰려고 다리를 드는 틈을 타서 역으로 공격하는 것에서 나온 말로, 남의 실언이나 말꼬투리를 잡고 늘어지는 것을 말한다.

Ⓐ こら！学校でタバコ吸っちゃだめだろ！

Ⓑ 学校で吸ったらだめなんですね、じゃあ外で吸います。

Ⓐ 人のあげあしとるようなこと言って！
　未成年がタバコ吸っていいわけないだろ！

A : 이봐! 학교에서 담배 피우면 안 되는 거 몰라!
B : 학교에서 피우면 안 된다고요. 그럼 밖에서 피우겠습니다.
A : 남의 말꼬리나 잡고 말이야! 미성년자가 담배 피워 좋을 리 없잖아!

257 空気(くうき)を読(よ)めない、KY
눈치 없다, 분위기 파악을 못하다

K는 '空気 공기, 분위기'의 앞 글자, Y는 '読めない 읽지 못하다'의 앞 글자를 딴 것으로 상황 파악을 못하는 것을 말한다.

Ⓐ あの人、いつも言っちゃいけないことばっかり言うよね。

Ⓑ ねー、ほんと空気読めないよね〜。

A : 저 사람은 항상 하면 안 될 말만 골라서 하더라.
B : 그치? 진짜 분위기 파악 못한다니까.

Ⓐ あいつ、昨日、友也と香織のデートに連いて行ったんだって。

Ⓑ ほんとに？ 空気読めてねーな。

A : 저 녀석 어제 단비하고 가오리 데이트에 따라갔대.
B : 정말이야? 눈치 없기는.

258 付(つ)き合(あ)いが良(い)い 잘 어울리다
　　　 付(つ)き合(あ)いが悪(わる)い 잘 어울리지 못하다

付き合い라는 말은 서로 사귀어 가까이 지내다라는 뜻으로, '付き合いが良い 사귐성이 좋다', '付き合いが悪い 사귐성이 부족하다'라는 말이다.

Ⓐ 二次会(に じ かい)行(い)こうぜ。

Ⓑ いや、俺(おれ)明日(あした)早(はや)いから、もう帰(かえ)るわ。

Ⓐ なんだよ、付き合い悪いな。
　　 学生(がくせい)の時(とき)はしょっちゅう朝(あさ)まで一緒(いっしょ)に飲(の)んだじゃんかよ。

Ⓑ もう学生時代(がくせいじだい)とは違(ちが)うんだから。

A : 2차 가자.　B : 안 돼. 나 내일 아침 일찍 나가야 해서 그만 가야겠다.
A : 뭐야, 어울릴 줄도 모르고. 학교 다닐 때는 늘 아침까지 함께 마셨잖아.
B : 이젠 학생 때와는 다르니까.

259 ノリが良(い)い　분위기를 잘 맞추다
　　　 ノリが悪(わる)い　분위기를 못 맞추다

ノリ가 '분위기를 타다'라는 뜻으로 쓰여, ノリがいい(よい)라고 하면 그 분위기에 잘 맞춰 호흥할 때 쓰고, 그렇지 못하면 ノリが悪い라고 한다.

Ⓐ やっぱ女(おんな)の子(こ)は、かわいい子がもてるよね。

Ⓑ でも、ノリの良(よ)さも大切(たいせつ)だよ。

Ⓐ そうかもね。ノリが悪いと、男(おとこ)の子にも人気(にんき)がないよね。

Ⓑ 場(ば)の雰囲気(ふんいき)を明(あか)るく盛(も)り上(あ)げられるような子って、もてるもんね。

A : 역시 여자애는 귀여워야 인기가 있어.　B : 그렇지만 분위기 맞추는 것도 중요해.
A : 그럴지도 모르겠다. 분위기 파악 못하면 남자들한테도 인기 없지.
B : 자리 분위기를 잘 띄울 줄 아는 여자애가 정말 인기 있는 거라구.

260 **ひく** 깬다, 멈칫하다, 움찔하다

'引(ひ)く 뒤로 물러나다, 물러서다'에서 나온 말로 상대방의 말이나 행동이 분위기에 맞지 않거나 어이없을 때 쓰는 말이다.

Ⓐ 昨日、彼女と初デート行って、昼ごはん食べたら、ライスのお替わり、5杯もしたんだよ。

Ⓑ 5杯？よく食べるのはいいけど、それにしても5杯は、ちょっと<u>ひく</u>な。

A : 어제 여자친구와 첫 데이트를 가서 점심을 먹는데 밥을 5그릇이나 더 추가해서 먹더라고.
B : 5그릇이나? 잘 먹는 거야 좋지만 5그릇은 좀 깬다.

Ⓐ あの人、毎週末メイド喫茶に行ってるらしいよ。

Ⓑ ほんとに？ うわ〜、<u>ひく</u>〜。

• メイド喫茶(きっさ) 메이드찻집 (컴퓨터 게임이나 만화 속 등장인물로
분장한 종업원들이 손님을 주인처럼 모시고 서비스하는 곳)

A : 저 사람 주말마다 메이드찻집에 간대.
B : 정말? 으으〜, 좀 깬〜다.

> **おまけ**
> | ＋ たす | − ひく | × かける | ÷ わる | ＝ は |
> |---|---|---|---|---|
> | 더하다 | 빼다 | 곱하다 | 나누다 | 는 |

261 ドン引(び)き 확 깸

どんは接頭語どをさらに強調する言葉で程度がひどく심함을나타낸다。引(ひ)くは'뒤로물러나다、물러서다'란뜻이므로、ドン引きは누군가의언동에의해그장소의분위기가나빠지거나썰렁해지는것을말한다。

Ⓐ こないだ、あの人と食事に行ったんだけどさ。

Ⓑ どうだった？ 楽しかった？

Ⓐ それがさ、安い居酒屋に連れて行かれた上に、1円単位まで割り勘だったんだよね。

Ⓑ うわぁ、1円単位までって、そりゃあドン引きだね。

A : 요전에 저 사람하고 식사하러 갔는데 말이야.　B : 어땠어? 재미있었어?
A : 그게 말이야. 싼 술집에 데려간 것도 모자라 1엔짜리까지 각자 계산했어.
B : 우와, 1엔짜리까지, 그거 확 깬다.

---

262 ういてる (나쁜 쪽으로) 튀다, 붕 뜨다

'浮(う)く 뜨다'에서 온 말로、다른 사람에 비해 특별히 눈에 띄는 상태, 즉 주위와 어울리지 못하는 것을 말한다。

Ⓐ 昨日、急に誘われて合コンに行ったんだけどさ。

Ⓑ へー、かっこいい人いた？

Ⓐ それがさ、ほかの女の子たちがみんな大学生で、30歳なんて、私一人だけで、うきまくっちゃったよ。

Ⓑ うわー、そりゃきついね。

A : 갑자기 어제 미팅이 들어와 나갔는데 말이야.　B : 어머? 괜찮은 사람 있었어?
A : 그게 딴 애들은 전부 여대생인데, 나만 서른 살이니 얼마나 튀었겠니.
B : 우와~ 말만 들어도 끔찍하다.

天然(てんねん) 타고난 바보, 어리버리함, 천연기념물급, 백치미

天然은 天然ボケ의 줄임말이다. '漫才(まんざい) 입담으로 사람들을 웃기는 행위'에서 'ボケ 보케'는 웃음을 유도하기 위해 면밀한 계산 하에 바보스러운 행동을 하는 것을 말하는데, 이런 'ボケ 멍청'한 행동을 무의식적으로 할 수 있는 사람이므로 天然ボケ라고 하면 선천적으로 가만 있어도 어리버리해서 웃음을 불러일으키는 사람을 말한다.

Ⓐ こないだ、買い物したとき、お金だけ払って、買ったもの置いてきちゃったんだよね

Ⓑ えー、ちゃんと取りに行った？

Ⓐ うん、取りに行ったんだけど、そのあと、トイレに寄ったら、そこのトイレにまた置きわすれちゃったんだ。しかもすっかりそのこと忘れちゃってて、3日後に取りに行ったら、ちゃんとあったの。

Ⓑ よかったね。ってか、ほんと天然だよね。

A : 저번에 쇼핑하면서 돈만 내고는 물건은 두고 왔지 뭐야.
B : 어쩜! 제대로 찾아왔어?
A : 어. 찾으러 가긴 했는데 글쎄, 그 다음에 거기 화장실에 또 놓고 와 버린 거야. 게다가 그걸 까맣게 몰랐다가 3일이 지나서야 찾으러 갔더니 그대로 있었어.
B : 다행이었네. 아니, 그보다 진짜 천연기념물급이다.

situation
nihongo
11

불평, 불만을 하는 장면

일본의 흔한 풍경 중 하나가 바로 '더치페이 문화'예요. 우리가 서로 번갈아 가면서 한턱내는 문화라면 일본인들은 잔돈까지 꼼꼼하게 나눠 내는게 일반적이죠. 동전지갑을 꺼내 10엔까지 헤아리는 모습, 너무도 낯익네요. 좀 쪼잔해 보일지 몰라도 요즘 같은 불경기에 꽤 합리적인 방법이란 생각도 드는군요. 우리에게도 제대로 된 더치페이 문화가 어서 정착됐으면 하는 바람도 가져 봅니다. 여기에서는 쪼잔하다라는 말이 나온김에 쩨쩨하다, 염치없다, 재수 없다 등등의 표현들을 살펴보기로 해요.

もううんざりだ~

---

264 二度手間(にどでま) 두 번 손이 감

'二度(にど) 두 번, 재차'와 '手間(てま) 시간, 수고, 노력'이 합쳐진 말로 한 번으로 끝낼 일을 거듭 손이 가게 하는 것을 말한다.

Ⓐ 今度のレポートは、メールで送るようにって言ってたよ。

Ⓑ え？ いつもあの教授、手書きで出せっていうじゃん。

Ⓐ 今回はメールに添付して送らないといけないんだって。

Ⓑ マジかよ。もう書いちゃったのに。またパソコンでうつなんて、

　　二度手間だな。

A : 이번 리포트는 메일로 보내라고 했어.
B : 뭐? 늘 그 교수님 손으로 써서 내라고 하시잖아.
A : 이번엔 메일 첨부해서 보내야 된다.
B : 이게 무슨 생고생! 벌써 다 써 놨는데 말야. 다시 컴으로 쳐야 하다니, 두 번 손이 가잖아.

265 何(なに)よ 뭐야

상대에게 반문할 때 쓰는 말이다. 자기의 생각대로 일이 진행이 되지 않아 화가 날 때 쓴다.

Ⓐ おれが今仕事すごく大変なの知ってるだろ？ わかってくれよ。

Ⓑ 何よ、自分ばっか…。私だって…。

Ⓐ 何だよ。文句あるなら言えよ。

Ⓑ もういい！ 知らない。

A : 내가 지금 일 엄청 힘든 거 알고 있잖아? 이해 좀 해줘.
B : 뭐야. 지 생각만 하고. 나도 말아….
A : 뭔데? 불만 있으면 말해.
B : 됐어! 몰라.

266 せこい 쩨쩨하다

'けち 인색함', 'ずるい 치사하다'와 비슷한 의미다. 'お前(まえ)せこいな。너 참 쩨쩨하게 군다.'와 같이 보통 행동이 옹졸하거나 금전적으로 인색하게 굴 때 쓰는 말이다.

Ⓐ この肉まん、一緒に食おうぜ。

Ⓑ じゃあ、半分にしよう。

Ⓐ はい、じゃあこっちがお前のな。

Ⓑ なんか、お前の方が大きくないか？ 変えろよ！

Ⓐ あんまり変わらないと思うけど…。ったく、せこい奴だな。

• ったく＝まったく 정말

A : 이 찐빵(고기맛) 함께 먹자. B : 그럼 반으로 나눠. A : 그래. 그럼 이쪽이 니 몫이야.
B : 뭐야, 니 꺼가 더 크잖아? 바꿔! A : 별로 다를 게 없는데…. 정말 쩨쩨한 녀석이네.

어떤 일이 지나쳐서 싫어지는 모양을 나타내며 사람이나 물건에 사용한다. 'もううんざりだ。이제 지긋지긋해.'와 같이 쓴다.

Ⓐ うちのお母さん、韓国料理にはまってて、最近、毎日夕飯がキムチチゲなんだ。

Ⓑ キムチチゲ、おいしいし、いいじゃん。

Ⓐ おいしいけど、毎日食べてるから、もううんざりだよ。

Ⓑ 確かに、毎日じゃね…。

A : 우리 엄마가 한국요리에 빠져서 요즘 매일 저녁 메뉴가 김치찌개란다.
B : 김치찌개가 어때서, 맛있잖아.
A : 맛있긴 하지만 날마다 먹었더니 이젠 질렸어.
B : 하긴, 날마다는 좀 그렇지….

Ⓐ 私の彼、毎日電話を20回くらいしてくるの。

Ⓑ 愛されてる証拠じゃない。

Ⓐ メールなんて50通くらいくるし、もううんざり！

Ⓑ それはうんざりしちゃうかもね。

A : 내 남자친구는 매일 전화를 20번쯤 해.
B : 사랑받는다는 증거잖아.
A : 메일은 말이야, 50통쯤 돼. 이젠 지겨워!
B : 그렇담 지겨울 만도 하겠네.

268 **ずるい** 치사하다, 약다, 간사하다

'교활하다, 약삭빠르다'라는 뜻과 함께 '비겁하다, 치사하다'로도 쓸 수 있는 말이다.

Ⓐ 明日の試験勉強した？

Ⓑ うん、ばっちり。

Ⓐ 授業も出てないくせに、なんでそんな余裕綽々なの？

Ⓑ 前に、同じ授業受けてた先輩から、テスト内容教えてもらったんだ。

Ⓐ えー、ずるい。私にも教えてよ。

A : 내일 보는 시험 공부했어?
B : 어, 완벽하게 했지.
A : 수업도 안 들어왔으면서 어쩜 그렇게 여유만만해?
B : 전에 똑같은 수업 들은 선배가 시험에 나올 내용을 알려 줬거든.
A : 뭐! 비겁하게! 나도 가르쳐 줘.

269 **図々(ずうずう)しい** 염치없다, 뻔뻔스럽다

다른 사람에게 폐를 끼치면서도 태평한 것을 말한다.

Ⓐ あの人、人の家の冷蔵庫勝手に開けて、お菓子とか食べちゃう
よね。

Ⓑ そうそう。こないだも、何の断りもなくケーキを全部食べちゃって
てびっくりした。

Ⓐ 図々しいにもほどがあるよね。 • 断(ことわ)りもなく 미리 양해를 구하지 않고

A : 저 사람, 남의 집 냉장고 맘대로 열고 과자 같은 걸 먹어 치우잖아.
B : 그래. 요전에도 아무런 양해도 구하지 않고 케이크를 전부 먹어 버려서 깜짝 놀랐어.
A : 뻔뻔스러운 것도 정도가 있는데 말이야.

鼻(はな)につく　지겹다, 싫어지다, 진력이 나다

특별한 이유 없이 마음에 들지 않을 때 주로 쓰는 표현이다.

Ⓐ あのアイドル可愛(かわい)いよね。

Ⓑ そう？ 俺(おれ)、あんまり好(す)きじゃない。

Ⓐ なんで？ 超(ちょう)かわいいし、すげー人気(にんき)あるじゃん。

Ⓑ なんか、あのカワイ子(こ)ぶったしゃべり方(かた)が鼻につくんだよね。

• かわい子(こ)ぶる 귀여운 척하다

A : 저 아이돌 귀엽지.　B : 그래? 난 별로야.

A : 왜? 진짜 귀엽고 인기도 엄청나잖아.

B : 왠지 저 귀여운 척하며 말하는 게 <u>눈꼴시어</u> 못 봐 주겠어.

調子(ちょうし)に乗(の)る　우쭐해지다

'調子 음조, 장단'과 '乗る 오르다'라는 말로, 일이 순조롭게 진행되는 상황이나 기분이 업되어 조심성 없이 말하고 행동하는 것을 말한다.

Ⓐ あの子(こ)、ちょっと男(おとこ)の子(こ)に人気(にんき)があるからって、調子に乗ってるよね。

Ⓑ そうそう、何(なに)してもかわいいから許(ゆる)されると思(おも)ってるし。

Ⓐ 何(なん)で、男(おとこ)ってそういうの分(わ)からないんだろう。

Ⓑ ねぇ。みんなしてちやほやするから、もっとつけあがるんじゃんね。　• つけあがる 버릇없이 굴다

A : 쟤는 남자들한테 인기 좀 있다고 <u>우쭐해선</u> 말이야.

B : 그래. 뭘 해도 예쁘면 용서된다고 생각하고.　A : 왜 남자들은 그런 걸 모를까?

B : 맞아. 다들 떠받드니까 더 기어오르는 거 아니겠어.

身(み)も蓋(ふた)もない 적나라하다, 너무 노골적이다

'身 몸, 용기 등의 몸체'와 '蓋もない 뚜껑도 없다'라는 말로 지나치게 노골적이라 인정미
가 없는 것을 말한다. 상대가 말하는 내용이 너무 사실적이라 그만했으면 할 때 쓴다.

(A) なんで私ってこんなにもてないんだろう。

(B) そりゃあ、男は顔が可愛くて、スタイル良くて、若い女が好きだ
から、お前はもてないだろうね。

(A) そんな身も蓋もないこと言わないでよ。

A : 난 왜 이렇게 인기가 없는 걸까.

B : 그건 말이야, 남자들이 얼굴 예쁘고 스타일 좋고 나이 어린
여자를 좋아하니까, 너는 인기가 없는 거 아니겠어.

A : 그런 적나라한 소리 좀 하지 마.

身も蓋もない

トラブルメーカー 트러블메이커

항상 문제나 소동을 일으키는 사람을 말한다.

(A) みんなで内緒にしてたことを、香織が先生にしゃべっちゃってさ。

(B) え～、大変なことになっちゃったでしょ。

(A) そうなの。香織ってば、言わなくてもいいことまで全部しゃべっち
ゃうんだもん。

(B) あの子って、いつもトラブルメーカーだよね。

A : 모두 비밀에 부친 일을 가오리가 선생님께 말씀드렸지 뭐야.

B : 어머~ 일이 커졌겠다.

A : 그렇다니까. 가오리는 정말 쓸데없는 말까지 몽땅 다 해 버린단 말이야.

B : 걔는 항상 트러블메이커잖아.

274 超(ちょう)ウザイ 딱 질색

'超 정말, 엄청, 열라, 짱'과 'ウザイ 불쾌하다, 기분 나쁘다'가 합해진 말로, 우리말의 '정말 재수 없다'쯤으로 해석된다. 超는 '정도가 그 이상임'을 나타내는 접두사로 '超ムカつく 짱나', '超カワイイ 짱 귀여워' 등으로 쓴다.

Ⓐ あの人、人のプライベート根掘り葉掘り聞いてきて、失礼なんだ
よね。

Ⓑ しかも、説教してこない？

Ⓐ そうそう！ まじ、ああいうタイプって、超ウザイよ。

• 根掘り(ねほり)葉掘り(はほり) 꼬치꼬치

A : 저 사람 남의 사생활을 꼬치꼬치 캐묻고 실례 아니야?
B : 게다가 설교하려고 들지 않아? A : 맞아 맞아! 정말 저런 타입은 딱 질색이라니까.

275 つれない 야속하다, 무정하다

어떤 제스처를 취해도 상대가 아무런 반응이 없을 때 쓰는 말이다.

Ⓐ 今日も一緒に飲みに行こうよ。

Ⓑ また？ 昨日も行ったし、今日はいいんじゃない？

Ⓐ そんなつれないこと言わないで。今日も付き合ってよ。

Ⓑ しょうがないなー。じゃあ、ちょっとだけ。

A : 오늘도 함께 술 마시러 가자.
B : 또? 어제도 마셨는데 오늘은 됐잖아?
A : 그런 야속한 말 말고. 오늘도 같이 가자.
B : 할 수 없군. 그럼 잠깐만이야.

276 筋合(すじあ)い 근거, 이유, 자격, 처지

확실한 이유나 근거가 있는 관계를 말한다.

Ⓐ また成績下(せいせきさ)がったんだって？もっとちゃんと勉強(べんきょう)しろよ。

Ⓑ うるさいなー、もう。

Ⓐ 遊(あそ)んでばっかいるからだよ。もっと真面目(まじめ)にやらなきゃだめじゃん。

Ⓑ 自分(じぶん)だって遊(あそ)んでばっかいるじゃん。あんたにそんなこと言(い)われる筋合(すじあ)いないよ。

A : 또 성적이 떨어졌다며? 공부 좀 열심히 해.　B : 시끄러 정말!!
A : 놀기만 하니까 그렇지. 좀 더 성실하게 해야 돼.
B : 그러는 너도 놀기만 하면서 뭘 그래. 네가 그런 말 할 <u>처지는</u> 아닌 것 같은데. (너한테 그런 말 들을 이유 없거든.)

---

277 くだらない 하찮다, 시시하다

진지하게 대할 가치가 없다라는 말이다.

Ⓐ 仮装(かそう)パーティーやるんだけど、来(こ)ない？

Ⓑ 私(わたし)はいいよ。

Ⓐ そんなこと言(い)わないで、一緒(いっしょ)にやろうよ。

Ⓑ そんなくだらないパーティーに参加(さんか)してる暇(ひま)ないよ。

Ⓐ せっかく誘(さそ)ってるのに、そんな風(ふう)に言(い)わなくてもいいじゃない。

A : 가장 파티 하는데 안 올래?　B : 난 괜찮아.
A : 그러지 말고 함께 하자.　B : 그런 시시한 파티에 갈 시간 없어.
A : 모처럼 권하는데 그런 식으로 말할 것까진 없잖아.

肩(かた)を持(も)つ 편들다, 역성들다

대립하고 있는 상황에서 한쪽 편만을 드는 것을 말한다.

（A）彼ってば、他の女の子と飲みに行ったらしくて、昨日電話でけんかしちゃった。

（B）女友達と飲みに行くことぐらいあるんじゃない？

（A）なに、彼の肩持つわけ？ 友達だったら、私の味方してよ。

A : 남자친구가 말이야, 딴 여자애하고 술 마시러 간 것 같아서 어제 전화로 싸웠어.
B : 여자친구하고 술 마시러 가는 것쯤 있을 수 있잖아?
A : 뭐야, 그 사람 편드는 거야? 친구라면 내 편을 들어야지.

279 ケチじゃなくてエコ 짠돌이가 아니라 에너지 절약

'ケチ 인색함, 구두쇠'와 'エコ 환경의, 생태의'라는 뜻으로, 드라마 <アラフォー 아라포>에서 절약 정신이 투철한 남자 주인공이 입버릇처럼 하던 말이다. エコ라는 말은 '환경, 경제적으로 좋은'이란 뜻으로 쓰인다.

（A）電気つけっぱなしだよ、つかわない電気は消してよ。

（B）もー、いちいちうるさいなぁ。

（A）エアコンの温度も、上げすぎ！
寒いなら、もう1枚服を着て、温度下げなよ。

（B）もー、ほんとケチなんだからー。

（A）ケチなんじゃなくて、エコ！

ケチじゃなくてエコ

A : 불 켜 놨잖아. 안 쓰는 불은 꺼야지. B : 정말, 일일이 성가시게 그럴 거야.
A : 에어컨 온도도 너무 올려놨어! 추우면 옷을 한 겹 더 입고 온도를 낮춰.
B : 어휴, 정말 짠돌이라니까. A : 짠돌이가 아니라 에너지 절약이야!

280 けちをつける 트집을 잡다

'けち 구두쇠, 나쁜 운수, 불길한 조짐'이라는 말에 'つける 붙이다, 조건을 달다'가 합해진 말로, 일이나 상품 등에서 결점을 잡아내는 것을 말한다.

Ⓐ 旅行に行ってきたときのお土産だよ。

Ⓑ ありがとう。でも、なんか、このお菓子、どこでも売ってるよね。

Ⓐ 何、せっかく買ってきたのに、けちつける気？

Ⓑ いや、そういうわけじゃなかったんだけど…。

A : 여행 갔다 온 선물이야.
B : 고마워. 그치만 이 과자 어디서나 팔잖아.
A : 뭐야, 모처럼 사왔더니 트집 잡는 거야?
B : 아니, 그럴 생각은 아니었는데….

281 シカト 무시

남을 외면하거나 무시하는 것을 말한다. シカ라는 말은 화투 패 중 10월에 해당하는 그림에 'シカ 사슴'이 정면이 아닌 옆을 바라보고 있는 데서 나왔다고 한다.

Ⓐ なんでメール返してくれなかったの？

Ⓑ ちょっと忙しくて。

Ⓐ いくら忙しくても、シカトしないでよ。

Ⓑ お前だって、よくシカトするじゃん。

A : 왜 메일 답장 안 했어?
B : 좀 바빴어.
A : 아무리 바빠도 무시하지 마.
B : 너도 무시할 때 많잖아.

282 **これ見(み)よがしに** 보란 듯이

여봐란듯이, 어떤 일을 거리낌없이 하는 것을 말한다.

Ⓐ うちの部長、すごい汗臭くて、困ってるんだよね。

Ⓑ これ見よがしに、鼻つまんでみれば？

Ⓐ それはちょっと直接的すぎるなぁ。

Ⓑ じゃあ、消臭グッズをおいてみるとか。

A : 우리 부장님 땀 냄새가 엄청 심해서 죽을 맛이야.

B : 보란 듯이 코를 막아 보면 어때?

A : 그건 너무 노골적이지 않을까.

B : 그럼 냄새제거제를 놔둬 보든가.

283 **白(しろ)い目(め)で見(み)る** 따가운 눈총으로 보다

말 그대로 '흰 눈으로 보다'라는 뜻으로, 차갑게 비난하는 태도로 보는 것을 말한다.

Ⓐ 最近、禁煙のところが多くなってきたよね。

Ⓑ そうなんだよ。どんどん吸える場所がなくなっちゃって。

Ⓐ 昔はどこでだって吸えたのにね。

Ⓑ 今は、もし街中で吸ったりすると、白い目で見られるよな。

A : 요즘 금연인 장소가 많아졌어.

B : 그렇다니까. 점점 담배 피울 수 있는 장소가 사라지고 있어.

A : 옛날에는 어디서든 피울 수 있었는데.

B : 만약 요즘에 길거리에서 담배 피우거나 하면 따가운 눈총을 받게 될걸.

284 棚(たな)に上(あ)げる 제쳐 두다

자신에게 불리한 일은 말 그대로 '선반에 올려놓고' 모른 체하고 문제 삼지 않는 것을 말한다.

> Ⓐ ちょっと、部屋の掃除でもしたら？
>
> Ⓑ お姉ちゃんだって、部屋汚いじゃん。
>
> Ⓐ 私は受験生で忙しいから仕方ないの。
>
> Ⓑ お姉ちゃんって、いつも自分のこと棚に上げて、人のこととやかく言うよね。

A : 방 좀 청소하는 게 어때?　B : 언니 방도 지저분하잖아.
A : 난 수험생이라서 바쁘니까 어쩔 수 없거든.
B : 언니는 항상 자기 생각은 안 하고 남의 일에 이러쿵저러쿵 간섭하더라.

285 自己(じこ)チュー 이기적, 자기중심적

'自己中心(じこちゅうしん) 자기중심'에서 나온 말로, 매사에 자기중심적으로 생각하여 다른 사람에게는 생각이 미치지 못하는 것을 말한다.

> Ⓐ 香織ってば、カラオケ行きたいってうるさくて、私は行きたくないのに無理やり一緒に付き合わされてさ。
>
> Ⓑ 私も、こないだ何時間も買い物に付き合わされたよ。
>
> Ⓐ ほんと、あの子って自己チューだよね。

A : 가오리 말이야, 가라오케 가고 싶다고 하도 졸라서 난 내키지 않았는데 억지로 함께 가 줬다니까.
B : 나도 저번에 몇 시간이나 쇼핑에 끌려 다녔는데.
A : 정말, 걘 자기밖에 몰라.

286 地雷(じらい)を踏(ふ)む　아픈 데를 건드리다

말 그대로 '地雷を踏む 지뢰를 밟다'라는 뜻으로, 상대가 기분 나빠할 말이나 꺼려하는
말을 꺼내는 것을 말한다.

Ⓐ 香織先輩、最近彼氏とはどうなんですか？

Ⓑ あ〜、実は別れたんだよね。

Ⓐ （心の中で…）私ってば、思いっきり地雷踏んでるし!!!

• 思(おも)いっきり 마음껏

~地雷を踏む~

A : 가오리 선배! 요즘 남자친구하고 어때요?

B : 아~ 실은 헤어졌어.

A : (마음속으로…) 난 몰라, 선배 아픈 상처를 딱 건드려 버렸어!!

287 ダメ出(だ)し　퇴짜, 태클

주의할 곳, 수정할 곳을 들추는 것을 말한다. ダメ出し는 본래 어떤 작품이나 서류가 그
대로 발표(통과)되지 못한다는 뜻으로, 'ダメ出しする 퇴짜를 놓다'와 같이 쓴다.

Ⓐ 私の彼氏ってファッションにうるさくてさ。

Ⓑ おしゃれな彼氏なんだね。

Ⓐ 自分だけおしゃれする分には構わないんだけど、私のファッショ
ンにまでダメ出ししてくるんだよね。

Ⓑ それはちょっと嫌だね。

A : 내 남자친구가 패션에 까다로워서 말이야.　B : 멋쟁이 남자친구인가 봐.

A : 자기만 멋쟁이로 입는 거라면 상관없는데 내 패션에까지 태클을 거는 거야.

B : 그건 좀 그렇다.

말 그대로 '他力 타력, 남의 도움'과 '本願 본래의 소원'이란 뜻으로, 남에게 의지하여 뭔가를 이루려고 하는 것을 말한다.

Ⓐ 私、ぜったい玉の輿にのりたい！

Ⓑ 何そんな夢みたいなこと言ってんの。

Ⓐ 旦那さんに、いっぱいお金稼いでもらって、家事はお手伝いさんがして、私はただ、毎日のんびり、ショッピングしたり、海外旅行したりして過ごしたいんだもん。

Ⓑ そんな他力本願なことばっか考えてないで、自分でお金稼ぎなよ。

- 玉(たま)の輿(こし)にのる 신데렐라가 되다, 부잣집에 시집가다 (玉の輿는 귀인이 타는 '아름답게 꾸민 가마'를 뜻한다. 따라서 玉の輿にのる라는 말은 여성이 결혼을 통해 고귀한 신분을 얻는다는 뜻, 즉 신분 상승을 의미함)

A : 나, 반드시 부잣집으로 시집갈래!

B : 무슨 그런 꿈같은 소리를 하는 거야.

A : 남편한테 돈 잔뜩 벌어 오라고 해서, 집안일은 일하는 사람한테 맡기고 난 그냥 맨날 한가하게 쇼핑하고 해외여행이나 하면서 살고 싶으니까 그렇지.

B : 그런 거저 먹으려는 생각만 하지 말고 스스로 돈 벌 생각이나 해.

他力本願

기분, 마음상태를 말하는 장면

매회마다 사건 사고가 터지는 바람 잘 날 없는 일본 애니나 드라마를 보다 보면 문득 끝모를 우울함이나 적막함, 풀 죽은 기분 따위는 대체 어떻게 표현할지 궁금할 때가 있답니다. 통통 튀는 로코물이 아니라면 대부분의 일본 애니나 드라마의 경우 위와 같은 부정적인 분위기가 주를 이루고 있어요. 이번 기회에 부정적인 감정을 나타내는 어휘들을 한번쯤 정리해 보는 것도 좋겠네요.

へこむわ。

---

289   しょげる   풀이 죽다

기운이 없고 풀이 죽은 것을 말한다. 몹시 실망하여 맥이 빠졌을 때도 쓴다.

Ⓐ なんで、あいつあんなにしょげてるの？

Ⓑ 会社でミスしたらしいよ。

Ⓐ それにしても、あんなにしょげるなんて珍しいな。

Ⓑ 上司に、かなりにこてんぱんに怒られたらしいから。

• こてんぱんに＝ものすごく 무참하게, 여지없이, 철저히, 지독하게

しょげる

A : 저 녀석은 왜 저렇게 풀 죽어 있는 거야?
B : 회사에서 실수를 한 모양이야.
A : 그렇다고 해도 저렇게 풀 죽어 있다니 별일인데.
B : 상사한테 꽤 처참하게 깨진 모양이야.

290 へこむ 기운 빠지다, 낙담하다

본래 뜻은 '움푹 들어가다, 꺼지다'인데, '처지다, 우울해지다, 낙담하다, 김새다'라는 뜻으로 쓰기도 한다.

Ⓐ あの子、彼氏ができたらしいよ。

Ⓑ まじで？ 俺、あの子狙ってたのに。へこむわー。

Ⓐ 他にもいい子いるから、そんなへこむなよ。

A : 쟤, 남자친구 생겼대.
B : 뭐 정말? 내가 쟤 점찍어 두고 있었는데. 기운 빠지네.
A : 쟤 말고도 괜찮은 애 많으니까, 그렇게 낙담하지 마.

291 気(き)が滅入(めい)る 우울해지다, 풀이 죽다

気는 '기분, 마음', 滅入る는 '맥이 빠지다, 기가 죽다'라는 뜻으로 기분이 우울해지는 것을 말한다.

Ⓐ 仕事忙しそうだね。

Ⓑ 寝る暇もなくって。

気が滅入る

Ⓐ もうすぐ年末だから、もっと忙しくなりそうだね。

Ⓑ そうなんだよ。年末の忙しさを考えると、今から気が滅入るよ。

A : 일이 바쁜가 봐.
B : 잠잘 시간도 없어.
A : 이제 곧 연말이라서 더 바빠질 텐데 말이야.
B : 그렇다니까. 연말에 바쁠 거 생각하면 벌써부터 우울해져.

292 **うっとうしい** 울적하다, 귀찮다

비가 많이 내리는 장마철의 찌무룩한 날씨나 귀찮게 구는 사람을 말할 때 쓴다. 이와 비슷한 말인 'うざい 귀찮다, 짜증나다, 성가시다'는 'うざったい 성가시다'라는 말에서 온 젊은이들의 속어다.

Ⓐ 今日も雨だね。

Ⓑ ほんと、梅雨ってじめじめするし、うっとうしいよね。

Ⓐ すぐカビが生えたりするしね。

A : 오늘도 비 오네.
B : 정말이지 장마는 눅눅하고 개운치가 않아.
A : 곰팡이는 또 얼마나 금방 생기는지 몰라.

Ⓐ うちのお父さん、早く帰って来いとか、ちゃんと勉強しろとか、超
うるさいんだけど。

Ⓑ うちも。派手な服着るなとかさ。
いちいちうっとうしいんだよね。

Ⓐ 自分だって毎日遅く帰ってくるくせに、私には早く家に帰って来
いとか言うし。

Ⓑ うざいよねー。

A : 우리 아빤 일찍 들어와라, 공부 열심히 해라는 둥, 잔소리 대마왕이라니까.
B : 우리 아빠도 그래. 옷 좀 얌전하게 입으라는 둥. 일일이 잔소리해서 귀찮다니까.
A : 아빠도 맨날 늦게 들어오면서 나한테 일찍 들어오라고 하는 게 말이 되냐고.
B : 짜증 제대로야!

293 むなしい 허무하다

空しい, 虚しい는 한자 빌 '공', 빌 '허'를 써서 '공허하다, 내용이 없다, 보람이 없다, 헛되다, 덧없다'라는 뜻이다.

(A) こっちが話してるのに、相手がちゃんと聞いてくれないと、話す気なくなるよね。

(B) そうそう、こないだなんて、さんざん話した後に、何の話だっけ？とかって言われるし。

(A) こっちだけ一生懸命話してて、超むなしくなるよね。

A : 이쪽에선 열심히 얘기하는데, 상대가 제대로 안 들어 주면 얘기할 맘이 나겠어.
B : 그래, 맞아. 요전에도 실컷 얘기했더니 글쎄 무슨 얘기냐는 거야.
A : 우리만 열심히 얘기하면 뭐해. 진짜 허무해진다고.

294 機嫌(きげん)が悪(わる)い 심기가 불편하다

機嫌은 기분이라는 뜻으로, 표정이나 태도에서 드러나는 마음 상태를 말한다. 機嫌がいい는 '기분이 좋다', 機嫌が悪い는 '기분이 언짢다'로 해석하며, 機嫌をとる는 남의 기분을 맞추려고 그 사람의 마음에 드는 말을 하는 것이다.

(A) お母さん、なんか機嫌悪くない？

(B) お父さんと喧嘩したみたいよ。

(A) お皿洗いでも手伝って、機嫌とったほうがよくない？

(B) そんなことしても機嫌良くならないから、そっとしておこうよ。

A : 엄마, 왠지 기분 나빠 보이지？　B : 아빠하고 싸운 것 같아.
A : 설거지라도 도와서 비위를 맞추는 게 좋지 않을까?
B : 그래 봤자 기분이 풀리시진 않을 거 같으니까 얌전히 있자.

295 テンションが上(あ)がる 기분이 업되다

テンションが下(さ)がる 기분이 다운되다 (가라앉다)

テンションは本来 '정신적 긴장이나 불안'을 뜻하는데, 여기서는 '기분'을 말한다. テンションが上がる라고 하면, '楽(たの)しい気分(きぶん)になってやる気(き)が出(で)ること 기분이 좋아지면서 의욕이 생김'을 말하고, テンションが下がる라는 말은 'つまらなくてやる気が出ないこと 따분하고 의욕도 없음'을 뜻한다.

(A) 明日(あした)、朝(あさ)から雨(あめ)が降(ふ)るんだって。

(B) マジで？ 朝から雨なんてテンション下がるわー。

(A) 私(わたし)は、新(あたら)しく、かわいい傘(かさ)を買(か)ったから、雨降ると逆(ぎゃく)に嬉(うれ)しい
けどね。

(B) 新しいもの買うと、テンションも上がるよね。
私も傘買おうかな。

A : 내일은 아침부터 비가 온다.
B : 정말이야? 아침부터 비라니 기분이 다운되잖아.
A : 나는 예쁜 우산을 새로 사서 오히려 비 오면 기쁜걸.
B : 새 물건을 사면 기분이 업되긴 해. 나도 우산 살까 봐.

テンションが上がる

おまけ

テンション高(たか)い 텐션이 높다
テンション低(ひく)い 텐션이 낮다

テンションが高い는 들떠 있거나 반응이 좋거나 말을 잘하거나 해서 '기분이 좋다, 컨디션이 좋다, 들떠있다'라는 뜻으로 쓴다.

テンション高くない？ 텐션 높지 않아?
今日(きょう)ちょっとテンション低い。 오늘은 좀 텐션이 낮다.

---

296 はしゃぐ (신명이 나서) 까불며 떠들다

신이 나서 까불며 떠드는 것, 우쭐해져서 큰소리치는 것을 말한다.

Ⓐ もうすぐ夏休みですけど、何か予定ありますか？

Ⓑ 今年は奮発してハワイに行くんです。

Ⓐ うわぁ、いいですね。

Ⓑ 子供たちが、今からはしゃいじゃって、毎日うるさくて大変ですよ。

• 奮発(ふんぱつ)する 큰마음 먹고 돈을 내다 (물건을 사다)

A : 이제 곧 여름휴가네요. 뭐 하실 생각이세요?
B : 올해는 큰맘 먹고 하와이 갑니다!
A : 야, 부럽네요.
B : 아이들이 벌써부터 들떠 있는 바람에 날마다 시끄러워 죽겠어요.

297 くつろぐ 느긋하게 쉬다

일이나 걱정거리는 잊고 편하게 쉬는 것을 말한다. 또, 스스럼없이 편하게 행동하는 것을
뜻하기도 한다.

Ⓐ ホテルって、なんかくつろげないよね。

Ⓑ そうなんだよね。やっぱ靴を脱がないとくつろげないよね。

Ⓐ そうそう。和室の部屋があればいいのにね。

Ⓑ 畳の上に寝っ転がると気持ちいいもんな～。

くつろぐ

• 寝(ね)っ転(ころ)がる＝寝転(ねころ)がる 누워 뒹굴다

A : 호텔방은 왠지 안 편해. B : 그러게. 아무래도 신발을 신고 있다 보니 편하지가 않지.
A : 그래, 맞아. 온돌방(다다미방)이 있으면 좋을 텐데.
B : 온돌방(다다미방)에서 뒹굴뒹굴하는 기분이 좋지~!

원래 규슈 지방 쪽에서는 미각을 나타내는 말로 썼는데, 1990년대부터 젊은 사람들 사이에서 느긋하고 한가롭게 지내는 모양이나 기분을 나타내는 말로 쓰이기 시작했다.

> **관련표현**
>
> まったりがいい 여유롭게 보내는 것이 좋아
> まったりと 여유롭게
> まったりだね 여유롭네
> まったりする 여유롭게 보내다

Ⓐ 映画も見て、ご飯も食べたし、このあと、どうしよっか。

Ⓑ カフェでコーヒーでも飲む？

Ⓐ そうだね。雨も降ってることだし、こんな日はカフェでまったりがいいよね。

Ⓑ そうそう。デザートでも食べながら、まったりと、おしゃべりしよう。

A : 영화도 보고 밥도 먹었겠다, 이젠 뭐 하지?
B : 카페 가서 커피라도 마실래?
A : 그럴까? 비도 내리고 이런 날에는 카페에서 여유롭게 보내는 것도 좋지 뭐.
B : 그래, 맞아. 디저트 먹으면서 느긋하게 수다나 떨자.

> **おまけ**
>
> **まったり / のんびり / ゆっくり / のほほん＋過(す)ごす**
> 느긋하고 한가롭게 지내다
>
> 어무것도 하지 않고 빈둥거린다는 말은 まったり, のんびり, ゆっくり, のほほん이 있는데,
> 이 중 のほほん은 아무 생각도 하지 않는다는 뉘앙스가 포함되어 나쁜 의미로도 쓴다.

299 　余裕(よゆう)ない　여유가 없다

余裕がない、余裕ないは 정신적으로나 경제적으로 여유가 없을 때 쓰는 말이다.

Ⓐ あの子、最近元気がないね。

Ⓑ そう? 全然気づかなかった。

Ⓐ 口数も少ないし、顔色も悪いみたい。

Ⓑ ほんと? 私も忙しくて、気遣ってあげる<u>余裕がなかった</u>からな。
　あとで、ちょっと声かけてみようかな。

A : 쟤가 요즘 기운이 없어 보여.　　B : 그래? 전혀 몰랐는걸.
A : 말수도 적어지고 안색도 나쁜 것 같아.
B : 정말? 나도 바빠서 마음 쓸 <u>여유가 없었</u>거든. 나중에 얘길 좀 해 봐야겠네.

300 　やりきれない　견디기 힘들다, 견딜 수 없다

遣(や)り切(き)れないは '견딜 재간이 없다, 못 해먹겠다, 못 살겠다' 등의 괴로운 마음 상태를 나타내는 말이다.

Ⓐ あの事件で、5歳の子供が犠牲になったんだって。

Ⓑ そんな小さい子が犠牲になるなんて、<u>やりきれない</u>ね。

Ⓐ 最近、こんな事件ばっかだよね。

Ⓑ ね。子供が犠牲になることほど、<u>やりきれない</u>事件はないよね。

A : 저 사건으로 다섯 살 난 아이가 희생되었대.
B : 그렇게 어린아이가 희생되다니 <u>도저히 못 참겠어.</u>
A : 요즘 이런 사건이 너무 많이 일어나.
B : 맞아. 어린아이가 희생되는 것만큼 <u>견디기 힘든</u> 사건은 없어.

301   気(き)が気でない   안절부절못하다

말 글대로 '정신이 정신이 아니다'라는 뜻으로, 걱정이 되어 제정신이 아닌, 안절부절못하는 것을 말한다.

Ⓐ お子さんが大学に合格されたんですってね。

Ⓑ そうなんですよ。希望の大学に合格できたんです。

Ⓐ でも、随分気苦労されたんじゃないですか。

Ⓑ そうですね。特に、試験当日や、合格発表の日は、気が気でなかったですね。

A : 자녀분이 대학에 합격했다면서요.   B : 그래요. 원하던 대학에 합격했어요.

A : 그래도 심적으로 꽤 힘드셨겠어요.

B : 왜 아니겠어요. 특히 시험 당일이랑 합격자 발표 날엔 그야말로 내 정신이 아니었죠.

302   泣(な)きべそ   울상

지금이라도 울 것 같은 얼굴을 말한다.

Ⓐ あの子も、今日から社会人になるんだね。

Ⓑ 時が経つのって、本当に早いよね。

Ⓐ ねえ。こないだまで、トイレに一人で行くのが怖いって泣きべそかいてたと思ったら。

Ⓑ もう社会人だもんね。そりゃ私たちも年をとるはずだよ。

• 泣(な)きべそをかく 울상을 짓다

A : 저 아이도 오늘부터 사회인이 되는 거네.   B : 세월 가는 게 정말 빨라.

A : 그럼. 얼마 전까지 화장실도 무섭다고 혼자 못 가고 울상 짓던 거 생각하면.

B : 벌써 사회인이라니. 그게 바로 우리가 나이 들었다는 증거야.

303 半泣(はんな)き 거의 우는 상태, 넋이 나간 상태

반쯤 우는 상태를 말한다.

Ⓐ 昨夜寝てたら、金縛りにあったんだよ！

Ⓑ うわ、怖いね。お化けは見なかった？

Ⓐ それがさ、誰かが体の上に乗ってる感じがして…。

Ⓑ え〜、こわい！

Ⓐ しばらくしたら、金縛りもとけたんだけど、もう半泣きだったよ。

• 金縛(かなしば)りにあう 가위눌리다

A : 어젯밤 자다가 가위눌렸어!　B : 야, 무서웠겠다. 귀신은 안 봤어?

A : 그게 말이야. 누군가가 몸 위로 올라온 느낌이 들어서….　B : 으악, 무서워!

A : 좀 지나서 가위눌림이 사라지긴 했는데 말야, 정말이지 <u>반은 울고 있었다</u>니까.

304 じれったい 답답해

좀처럼 말을 안 해서 답답할 때 쓴다. 제삼자의 입장에서 보고 있자니 답답해서 뭐라도 해 주고 싶은 기분이 들 때도 쓰는 말이다.

Ⓐ あのさ…、実はさ。

Ⓑ あー、もうじれったい。何なのよ。

Ⓐ 怒らないで聞いてよ。

Ⓑ わかったから、早く言いなさいよ。

A : 있지, 실은 말야.

B : 아, 진짜 <u>답답해</u>. 뭐야.

A : 화내지 말고 들어 봐.

B : 알았으니까, 빨리 말해 봐.

不気味(ぶきみ) 섬뜩함, 으스스

어쩐지 불안한 기분이나 무서운 기분이 드는 것을 말한다.

> 관련표현

不気味(ぶきみ)な声(こえ)で笑(わら)う。 섬뜩한 소리로 웃다.

不気味(ぶきみ)な笑顔(えがお)を浮(う)かべる。 섬뜩한 웃음을 띠우다.

不気味(ぶきみ)な事件(じけん)だった。 섬뜩한 사건이었다.

Ⓐ あの洋館(ようかん)すてきね。

Ⓑ そうか？ だいぶ古(ふる)い建物(たてもの)だし、お化(ば)け屋敷(やしき)みたいで<u>不気味(ぶきみ)</u>じゃないか？

Ⓐ 確(たし)かに夜(よる)見(み)ると、ちょっと<u>不気味(ぶきみ)</u>かもね。

Ⓑ 夏(なつ)になると、ここで肝試(きもだめ)しする人(ひと)たちもいるらしいよ。

- 洋館(ようかん) 양옥집, 서양식 집
- お化(ば)け屋敷(やしき) 도깨비집, 귀신의 집
- 肝試(きもだめ)し 담력 테스트

A : 저 양옥집 멋있는데.

B : 그래? 꽤 오래된 건물 같고 도깨비집 같아서 <u>으스스</u>하지 않아?

A : 정말 밤에 보면 좀 <u>으스스</u>할 것 같긴 하다.

B : 여름 되면 여기서 담력 테스트 하는 사람들도 있대.

situation
nihongo
13

가정과 관련된 대화 장면

<アットホーム・ダッド 앳 홈 대드>라는 일본 드라마 얘기를 잠깐 할
까 해요. 우리말로는 '전업주부 남편'이라고 번역되었네요. 실직한 남편
이 자의 반 타의 반 아내 대신 집안일을 도맡아 하면서 생기는 해프닝을
다룬 작품이에요. 처음엔 초보 주부로 실수를 연발하지만 차츰 프로 주
부가 되어 가는 과정이 코믹하게 그려지죠. 그런데 이런 모습 자체가 드
라마에서만 일어나는 게 아니라 실제 일본 가정에서도 많이 볼 수 있는
풍경이라고 해요. 드라마에 투영된 일본 사회의 현실이 남의 얘기 같지
않네요.

カカア天下

306 尻(しり)にしかれている　아내에게 쥐어 살다

'尻 엉덩이'에 '敷(し)かれている 깔려 있다'라는 뜻으로, 아내에게 쥐어 사는 남편을 표현
할 때 쓰는 말이다.

Ⓐ 課長って絶対奥さんに尻にしかれてるよね。

Ⓑ ね。前に奥さん見たことあるけど、すごい強そうな人だったもん。

Ⓐ 目に浮かぶよね、主導権を握られてるのが。

Ⓑ ほんとだね、でもその方が夫婦ってうまくいくっていうしね。

A : 과장님은 100% 부인에게 <u>쥐어 사시지</u>.
B : 그치, 전에 사모님을 본 적이 있는데 굉장히 강해 보이는 분이셨거든.
A : 눈에 선하다, 주도권을 빼앗겨 사는 모습이.
B : 정말 그래, 그래도 그러는 편이 부부로 잘 산다고 하니까.

307 鬼嫁(おによめ) 호랑이 부인

잔혹하고 무자비한 부인을 가리키는 말이다.

Ⓐ 隣の奥さん、また酔っ払って帰ってきた旦那さんのこと、家の前
で叱り飛ばしてたわよ。

Ⓑ 怖いな、鬼嫁だよね、隣の奥さんって。

Ⓐ でも旦那も旦那よね、毎日酔っ払って帰ってきて。

Ⓑ それにしたってな…。

• 叱(しか)り飛(と)ばす 몹시 꾸짖다, 혼내다

A : 옆집 아줌마, 또 취해서 들어온 남편을 집 앞에서 내쫓았다.
B : 무섭다. 호랑이 부인이네, 옆집 아줌마.
A : 그치만 남편도 남편이야, 매일 취해 들어오고.
B : 그렇다고 해도….

鬼嫁

おまけ

鬼(おに)〜 아주〜, 초〜

'とても 아주', '超(ちょう)〜 초〜'와 같은 의미로, 최대한을 강조하고 싶을 때 젊은 사람들 사이
에서 쓴다.

鬼速(おにそく) 초고속
鬼かわいい 아주 귀엽다
鬼イケメン 아주 잘생김
鬼寒(おにさむ)い 아주 춥다

カカア天下(でんか) 기센 엄마
亭主関白(ていしゅかんぱく) 기센 아빠

カカア天下は集でママが主導権を갖고 있는 것을 말한다. 반대로 가부장적이고
기가 센 아빠를 亭主関白라고 한다.

Ⓐ 香織の家も、やっぱりお父さんより、お母さんが強い？

Ⓑ うん、強いね。うちは**カカア天下**だから。

Ⓐ やっぱりどこの家もそうなんだね。

Ⓑ お父さんは影が薄いもん。

　いるんだか、いないんだか分からないよ。

A : 가오리 집도 역시 아빠보다 엄마가 강해?
B : 응, 강하지. 우리 집은 <u>엄마 목소리가 더 크니까.</u>
A : 역시 어느 집이나 그런가 봐.
B : 아빠는 존재감이 약하지. 계신지 안 계신지 모르겠으니까.

Ⓐ おじいちゃんは**亭主関白**だったから、おばあちゃんは随分苦労
したのよ。

Ⓑ 昔の人はみんなそうだったんだろうね。

Ⓐ そうね、身の回りのことを全部おばあちゃんがやってあげてたか
ら、お茶碗がどこにあるかも知らなかったのよ。

Ⓑ うわぁ、私、絶対そんな人と結婚したくない。

A : 할아버지는 <u>가부장적인 남편</u>이라서 할머니가 꽤나 힘드셨어.
B : 옛날 사람들은 다 그렇게 살았잖아.
A : 그래, 하나부터 열까지 다 할머니가 챙겨 주셔서 밥그릇이 어디 있는 줄도 모르셨다니까.
B : 우와, 난 절대 그런 사람과 결혼하고 싶지 않아.

309 かぎっこ 열쇠아동

'鍵(かぎ) 열쇠'에 접미어 '〜っこ ~하는 것, ~의 것'이 붙은 것으로, 맞벌이 가정에서 자라는 아이가 학교 수업이 끝난 후 부모가 퇴근할 때까지 열쇠를 들고 집과 학원을 전전한다고 해서 생긴 말이다.

Ⓐ 最近は共働きの夫婦が増えたよね。

Ⓑ そうだね。子供が寂しい思いをしなきゃいいけど。

Ⓐ でも、私も子供の時かぎっこだったけど、寂しいって思うよりも、働いてる両親を自慢に思う気持ちの方が強かったな。

Ⓑ 子供に愛情が伝わってれば大丈夫なのかもね。

A : 요즘은 맞벌이 부부가 늘었어. B : 그치. 아이가 외로워하지 않으면 좋으련만.

A : 근데 나도 어릴 때 열쇠아동이었지만 외롭다는 생각보다도 일하시는 부모님을 자랑스럽게 여기는 마음이 더 컸거든.

B : 아이가 부모 사랑을 느끼고 있다면 괜찮을지도 모르지.

310 ほったらかしにする 방치해 두다

아무렇게나 내버려 두는 것을 말한다.

ほったらかしにする

Ⓐ お子さん、まだ小学生ですよね。

Ⓑ うん、小学校2年生。

Ⓐ そんな小さいのに、こんな遅くまで仕事して、<u>ほったらかしにしてて</u>大丈夫ですか？

Ⓑ 私の母親が面倒みててくれるから。

A : 자녀분, 아직 초등학생이죠? B : 네, 초등학교 2학년이요.

A : 그렇게 어린데 이 늦은 시간까지 일하면서 <u>혼자 놔둬도</u> 괜찮으시겠어요?

B : 친정 엄마가 봐 주시니까 괜찮아요.

311 親離(おやばな)れ 부모로부터 독립하는 것
子離(こばな)れ 자식으로부터 독립하는 것

親離れ는 '親(おや) 부모'를 '離(はな)れる 떨어지다, 벗어나다'라는 뜻으로, 경제적으로는 물론 정신적으로도 부모로부터 독립하는 것을 말한다. 마찬가지로 子離れ는 부모가 자식으로부터 독립하는 것을 말한다.

（妻）直樹ってば、今日も遅くなるのかしら。

（夫）もう大学生なんだから、少しは放っておいたらどうだ。

（妻）でも、週末もずっと家にいないし… なんだか寂しいわ。

（夫）母さんも、そろそろ子離れしないといけないな。

아내 : 나오키, 오늘도 늦나 보네.　남편 : 이제 대학생이니 조금쯤 풀어 주는 게 어때.

아내 : 하지만 주말에도 쭉 집에 없고…. 어쩐지 쓸쓸해.

남편 : 당신도 슬슬 <u>애한테 독립</u>해야겠어.

---

312 すねをかじる (부모의) 등골을 빼먹다, (부모에게) 손을 벌리다

'すね 정강이'를 'かじる 갉아먹다'라는 뜻으로, 자식이 나이를 먹어도 독립하지 못하고 부모의 도움을 받는 것을 말한다.

Ⓐ 就職もしないで、どうするつもり？

Ⓑ バイトして、稼いでるから大丈夫。

Ⓐ でも、まだ親に生活費を援助してもらってるんでしょ？ いつまでも親のすねかじってないで、ちゃんと独り立ちしなさいよ。

A : 취직도 안 하고 어쩔 셈이야?　B : 알바해서 벌고 있으니까 괜찮아.

A : 그렇지만 아직 부모님한테 생활비를 도움받고 있잖아? 언제까지나 부모님한테 <u>손 벌리지</u> 말고 제대로 독립하란 말이야.

313 　落(お)ちこぼれ 　뒤떨어지는 아이

기존의 조직이나 제도를 미처 따라가지 못하는 사람을 말한다.

　Ⓐ 小学生の時から勉強が苦手でさ。

　Ⓑ でも、運動は得意だったんじゃない？

　Ⓐ いや、運動もだめで、得意なものが一つもない落ちこぼれだっ

　　たんだ。

　Ⓑ 今の姿からじゃあ、想像つかないけど。

A : 초등학교 때부터 공부에 취미가 없었어. 　 B : 그렇지만 운동은 잘했잖아?

A : 그렇지 않아. 운동도 못하고 잘하는 게 하나도 없는 뒤떨어지는 아이였어.

B : 지금 모습 같아선 상상이 안 되는데.

314 　共働(ともばたら)き、共稼(ともかせ)ぎ 　맞벌이

'共(とも) 함께, 같이'에 '働(はたら)く 일하다'가 합해진 말로 부부가 같이 일하는 것을 말한
다. 명사와 명사가 연결되면서 뒤에 오는 はたらき의 は가 탁음 ば가 되었다.

　Ⓐ 結婚してからも働きたい？

　Ⓑ うん、せっかく好きな仕事してるんだし、働きたいよ。

　Ⓐ でも、共働きは大変だろうね。
　　旦那さんがよく理解してくれればいいけど。

A : 결혼하고 나서도 일하고 싶어?

B : 어. 모처럼 좋아하는 일도 하고 있는데 계속 하고 싶어.

A : 근데 맞벌이는 힘들 거야. 남편이 잘 이해해 준다면 몰라도.

315 **箱入(はこい)り娘(むすめ)** 규중처녀

'箱入り 상자 안에 들어 있음, 소중히 간직함'의 '娘 딸'이란 뜻으로, 소중히 간직한 딸, 온실 속의 화초처럼 키운 딸을 말한다.

Ⓐ みんなで一緒(いっしょ)に卒業旅行(そつぎょうりょこう)に行(い)きたいね。

Ⓑ でも、うちの親(おや)、友達同士(ともだちどうし)だけで旅行(りょこう)なんて許(ゆる)してくれないよ。

Ⓐ そんなに遠(とお)くに行(い)くわけじゃないし、大丈夫(だいじょうぶ)じゃない？
それにもう大学(だいがく)も卒業(そつぎょう)する年(とし)なのに…。

Ⓑ 電車(でんしゃ)で1時間以上(じかんいじょう)遠(とお)くに行(い)く場合(ばあい)は、親(おや)と一緒(いっしょ)に行(い)かないとダメなの。

Ⓐ 何(なに)それ。ほんと箱入(はこい)り娘(むすめ)だね…。

A : 다 같이 졸업여행 가고 싶어.
B : 그치만 우리 부모님은 친구들끼리 가는 여행 허락 안 하셔.
A : 그렇게 멀리 가는 것도 아닌데 괜찮지 않을까? 더구나 대학 졸업반인데….
B : 전철로 1시간 이상 걸리면 부모님하고 함께가 아님 안 돼.
A : 말도 안 돼! 정말 온실 속의 화초 같은 아가씨잖아….

箱入り

'成田 나리타(일본 공항 이름)'에 '離婚 이혼'이 합해진 말로, 결혼한 지 얼마 안 된 남녀가 신혼여행을 계기로 이혼하는 것을 말한다. 신혼여행을 다녀온 부부가 나리타 공항에서 이혼하는 이야기를 다룬 드라마로도 방영되어 화제가 된 적이 있다.

Ⓐ 新婚旅行に行って、初めての夫婦喧嘩をする人も多いみたい
だね。

Ⓑ だから、成田離婚する人もいるんだろうね。

A : 신혼여행 가서 첫 부부싸움을 하는 사람도 많나 봐?
B : 그러니까 '나리타 이혼' 하는 사람도 있다잖아.

- -

Ⓐ 成田離婚するなんて、お互いのことをよく知らないのに結婚する
からいけないんだよ。

Ⓑ 結婚式の準備を進めたり、旅行の準備をしたりしているうちに、
彼の優柔不断さに、不満も溜まってたの。しかも旅行に行った
ら、本当に頼りなくて、これから一緒にやっていけそうもないって
思っちゃったんだもん。

A : '나리타 이혼'을 하다니, 서로에 대해 잘 알지 못하면서 결혼한 게 잘못이야.
B : 결혼식과 신혼여행을 준비하면서 그 사람의 우유부단한 성격이 못마땅해 불만이 쌓였어. 게다가 신혼여행을 갔더니 정말 믿을 만한 구석이라곤 없어서 앞으로 함께 살아갈 게 막막해지더라니까.

situation nihongo 14

가족 간의 대화 장면

일본 드라마 중에는 <持続可能な恋ですか？ 지속가능한 사랑입니까?>, <フリーター、家を買う 프리타, 집을 사다>, <Mother 마더>, <いま、会いにゆきます 지금 만나러 갑니다> 등과 같이 가족을 소재로 한 작품이 많습니다. 보는 이에게 잔잔한 감동을 주고, 현실에 있을 법한 일들을 드라마로 풀어내면서 소시민들의 지난한 일상을 다독여 주는 힘이 바로 가족 드라마의 매력이라고 할 수 있는데요, 때론 눈물 쏙 빼는 뭉클함과, 때론 깔깔 배꼽 잡게 만드는 유쾌함이 함께하는 드라마의 생활 속 표현들을 익혀 보기로 해요.

317　小言(こごと)　잔소리

필요 이상으로 듣기 싫게 꾸짖거나 참견할 때 쓴다.

Ⓐ 仕事終わったんでしょ？
　　せっかくの日曜日なのになんで早く家に帰らないんですか？
Ⓑ うちの奥さんの小言がうるさくてゆっくりできないんだよ。
Ⓐ なるほど。納得…。

A : 일 끝났잖아요? 모처럼의 일요일인데 왜 집에 안 가요?
B : 우리 부인 잔소리가 따가워서 편안하게 지낼 수가 없어.
A : 그렇구나. 알 것 같아.

318 とっとと 어서, 빨리, 냉큼

'빨리'라는 뜻으로, '빨리 ~하자'라고 말하고 싶을 때 쓴다.

(A) テレビ局の前で待ってたって、芸能人なんてめったに見られないよ。

(B) そんなことないよ。待ってれば絶対見られるって。

(A) 寒いし、<u>とっとと</u>帰ろうよ。

(B) じゃあ、一人で帰りなよ。

• めったに 좀처럼, 특별한 경우 외에는

A : 방송국 앞에서 기다려 봤자 연예인 좀처럼 볼 수 없어.
B : 그렇지 않아. 기다리면 반드시 만날 수 있다니까. A : 날씨도 추운데 빨리 집에 가자.
B : 그럼, 혼자 집에 가.

319 さっさとしろよ 빨리 좀 해

서두르라고 재촉하는 말로, 화가 많이 나 있을 때는 'さっさとしろよ、もう！빨리 좀 해 정말!'이라고 말한다.

(A) ほら、早く行くぞ。

(B) ちょっと待って、まだ化粧が終わってないから。

(A) さっさとしろよ、もう遅刻してるんだからな。

(B) あとちょっとだから！

A : 야, 빨리 가자. B : 좀 기다려, 아직 화장이 덜 끝났어.
A : <u>빨리 좀 해</u>, 이미 늦었다니까. B : 이제 다 되어 가.

320　お手(て)て　손

'손'을 가리키는 말로, 아이들과 대화할 때 쓰는 유아어다.

(관련표현)

あし → あんよ 다리 / め → おめめ 눈

(A)　ママー、お菓子食べたい。

(B)　お手て洗った〜？ 洗ってからじゃないとだめよ。

(A)　洗った〜。

(B)　じゃあ、そこのお皿にあるのだけ食べなさい。

A : 엄마, 과자 먹고 싶어.　B : 손 씻었어? 씻고 와야 줄 거야.
A : 씻었어.　B : 그럼 거기 접시에 있는 것만 먹어.

321　ねんね　잠을 잠, 자장자장

우리말의 '코하다'와 같이 잔다는 뜻의 유아어다.

(관련표현)

ねんねの時間(じかん) 코할 시간

(A)　まだ起きてるの？ もうねんねの時間よ。

(B)　まだねんねしない〜。

(A)　お化けが出てくるわよ〜。

(B)　出てこないもん。

ねんね

A : 아직도 안 자? 이제 코할 시간이야.　B : 아직 코 안 할 거야~.
A : 그럼 도깨비 나온다.　B : 아니야, 안 나와!

322 　**道草(みちくさ)** 딴짓, 옆길로 샘

道草는 길가의 풀이라는 뜻으로, 길 가는 도중에 딴짓으로 시간을 보낸다는 말이다. 말이나 소가 길가의 풀을 그냥 지나치지 못하고 뜯어 먹는 모습에서 나온 말로, '道草を食(く)う = 道草をする 딴짓하다'라고도 한다.

(A) 今日は学校終わったら早く帰ってきなさいね。

(B) わかってるよ。

(A) いつもみたいに、道草してちゃだめよ。

(B) わかってるってば。じゃあ行ってきます。

A : 오늘은 학교 끝나면 곧장 돌아와야 한다.　B : 알겠어요.
A : 평소처럼 딴짓하다 늦으면 안 돼.　B : 알았다고요. 그럼 다녀오겠습니다.

323 　**耳(みみ)にタコ** 귀에 못이 박히다

말 그대로 '귀에 굳은살'이란 뜻으로 몇 번이나 들어서 싫증나는 것을 말한다.

관련표현

耳にタコができる 귀에 못이 박히다

(A) あんまり遅くならないうちに、早く帰ってくるのよ。

(B) 分かってるよ。

(A) 変な人にはついていかないようにね。

(B) 分かってるって。
　その言葉、もう耳にタコができるぐらい聞いたって。

A : 너무 늦지 않게 일찍 돌아와야 한다.　B : 알았어요.　A : 이상한 사람은 따라가면 안 돼.
B : 알았어요, 알았어. 그 말은 귀에 못이 박힐 정도로 들었다구요.

あうんの呼吸(こきゅう) 찰떡궁합

'あうん 날숨과 들숨'의 '呼吸 호흡'이란 뜻으로, 서로 마음이 맞아 말을 하지 않아도 바로
이해하고 행동할 때 쓴다.

夫) ちょっと、あれとって。

妻) うん？ ああ、こしょう？

友人) すごい！ なんで、あれだけで、分かるの？

妻) なんとなく。あうんの呼吸ってやつかな。

남편 : 저거 좀 줘.
아내 : 어? 아, 후추요?
친구 : 대단하다! 어쩜 저거라고만 했는데 알 수 있어?
아내 : 그냥 뭐랄까, 찰떡궁합이라고나 할까.

ちょうだい、ちょーだい 줘

'下(くだ)さい 주세요'라는 뜻으로 격이 없는 사이에서 쓰는 말이다.

Ⓐ このパン、超おいしい。

Ⓑ 一口ちょーだい。

Ⓐ うん、そっちのパンもちょっとちょーだい。

Ⓑ いいよ、でも、このパンはイマイチだよ。

• **イマイチ** 조금 부족한 모양

A : 이 빵, 짱 맛있다!
B : 어디 한입 줘 봐.
A : 어. 니 빵도 좀 줘.
B : 그래. 근데 이 빵은 맛이 좀 덜해.

おやつちょうだい

326   足(あし)の踏(ふ)み場(ば)もない   발 디딜 곳이 없다

말 그대로 '발 디딜 곳도 없다'라는 뜻으로, 물건이 많이 어지럽혀져 있어 발을 디딜 장소도 없는 것을 말한다. 방이 아주 난장판이 되어 있을 때 쓴다.

(A) うわ、部屋汚すぎじゃない？

(B) 汚いほうが落ち着くんだ。

(A) だからって、これじゃあ、足の踏み場もないじゃん。

A : 와, 방이 너무 지저분한 것 아냐?
B : 지저분한 게 편해.
A : 그렇다고 이건 발 디딜 틈이 없잖아.

327   門限(もんげん)   통금 시간

(A) ちょっと出かけてくる。

(B) こんな夜にどこに行くんだ？

(A) 友達と約束があって。

(B) 門限までには帰ってくるんだぞ。

A : 좀 나갔다 올게.
B : 이런 밤중에 어디에 가는 거야?
A : 친구랑 약속이 있어서.
B : 통금 시간까지는 돌아와야 한다.

situation nihongo
15

아줌마들의 대화 장면

흔히들 우스갯소리처럼 인간의 종류를 나눌 때 여자, 남자, 그리고 아줌마가 있다고 하죠. 곳곳에서 '대한민국 아줌마 파워'를 실감하곤 하는데요, 그렇다면 일본의 '아줌마'들은 어떤지 궁금하지 않으세요? 파워에서는 우리에게 밀리지만 가족에게 헌신하는 모습은 다를 바 없네요. 아줌마들의 전매특허라 할 수 있는 수다도 유쾌하기 이를 데 없고요. 특히 다음의 어휘들, 일본 드라마 속에 나오는 아줌마들의 대화를 잘 이해하려면 놓치시면 안 돼요!

そろそろお暇します

328 おじゃましてます 폐 끼치고 있습니다

남의 집을 방문하여 들어갈 때는 'おじゃまします 실례합니다'라고 인사한다. 또, 이미 가 있는 상황에서 가족 중 누군가가 들어온다면 おじゃましてます라고 하면 된다. 邪魔(じゃま)는 무언가를 할 때 방해가 되는 것을 말한다.

友人A あ、お父さんが帰ってきた。

友人B じゃあ挨拶しないと。

こんにちは、おじゃましてます。

父親 いらっしゃい、ゆっくりしていって。

친구 A : 아, 아버지 오셨다.
친구 B : 그럼 인사해야지. 안녕하세요. 폐 끼치고 있습니다.
아버지 : 잘 왔다, 편하게 있다 가라.

329 公園(こうえん)デビュー 공원 데뷔

아이 키우는 부모가 처음 아이를 데리고 집 근처 공원에 나가 아이의 또래나 부모를 사귀는 일을 말한다. 공원 데뷔 하는 날은 인사가 중요하다고 한다. 아이도 부모도 새로운 이웃을 사귀는 날이니만큼 첫인상이 중요할 테니 말이다.

(관련표현)

公園デビューをした時期(じき)はいつ頃(ごろ)ですか？

공원 데뷔를 한 시기는 언제쯤인가요？

Ⓐ そろそろ子供も歩けるようになってきたし、公園デビューしようと思って。

Ⓑ あそこの公園、だいたい10時くらいになると、近所のお母さんたち集まってくるみたいよ。

Ⓐ ちゃんと挨拶して、仲間に入れてもらえるようにしないとね。

Ⓑ うまく付き合えれば、情報交換もできるし、良い相談相手にもなるだろうしね。

A : 이제 아이가 혼자 걸을 수 있으니까 슬슬 공원 데뷔 할까 해.
B : 저기 공원, 대개 10시쯤이면 이 근처 엄마들이 모이는 모양이야.
A : 제대로 눈도장을 찍고(제대로 인사하고) 친하게 지내자고 해야겠네.
B : 친해지면 정보교환도 하고 좋은 상담 상대도 생길 거야.

所帯(しょたい)じみている 아줌마(아저씨) 다 되다

생각이나 태도가 가정을 가진 사람 특유의 모습이 느껴지고 발랄한 느낌이 사라지는 것을
말한다. 특히 살림에 쪼들려 마음 놓고 멋도 못 내는 여성이나 삶에 찌든 남자를 말할 때
쓴다. 회화에서는 주로 所帯じみている의 い를 생략하여 所帯じみてる라고 말한다.

(관련표현)

残(のこ)り物(もの)を包(つつ)んで持(も)って帰(かえ)るなんて、私も所帯染みてきたなぁ。
남은 것을 싸 들고 가다니, 나도 아줌마가 다 됐네.

Ⓐ なんか、髪(かみ)の毛(け)ボサボサじゃない？

Ⓑ そう？ 美容院(びよういん)ってけっこう高(たか)いから、1年(ねん)に1回(かい)しか行(い)かないの。

Ⓐ 洋服(ようふく)もなんだかダサいし…。

Ⓑ 洋服(ようふく)なんて着(き)れれば何(なん)でもいいじゃない。

Ⓐ 子供(こども)生(う)んでから、急(きゅう)に所帯(しょたい)じみたよね…。

• ボサボサ 부수수, 더부룩이 (머리가 흐트러진 모양)

A : 왠지 머리가 부시시한데? B : 그래? 미용실이 꽤 비싸서 1년에 한 번밖에 안 가.
A : 옷도 어쩐지 촌스럽고…. B : 옷 같은 건 입을 수만 있으면 뭐든 괜찮잖아.
A : 아이 낳고 갑자기 아줌마 다 됐네….

おまけ

所帯持(しょたいも)ち 가정을 가진 사람
생계를 꾸려나가는 사람을 가리키는 말로, 보통 결혼한 사람을 말한다.
따라서 所帯を持つ는 결혼해서 가정을 꾸린다라는 뜻이다.

男所帯(おとこじょたい) 홀아비 살림, 남자들만 사는 것
彼(かれ)は「すんません。むさ苦(くる)しい男所帯(おとこじょたい)でこんなんしかなくて…」と言(い)いながら水(みず)を出(だ)した。
그는 "죄송합니다. 남자들만 살다 보니 지저분하고 이런 것 밖에 없어요."라고 말하면서 물을
내놨다.

世間知(せけんし)らず 세상 물정 모름

경험이 없고 세상 돌아가는 사정을 잘 모르는 것이나 그런 사람을 말한다.

(A) うちの子が、だまされて偽物のブランドバックを買ってきちゃいましてね。

(B) それは災難でしたね。

(A) そんなに安くブランドのバックが買えるわけがないのに、世間知らずなもので、買ってしまったんですよ。

(B) そういったことも、社会勉強になりますから。

A : 우리 애가 속아서 가짜 명품백을 사왔네요.　B : 그건 정말 큰일이네요.

A : 그렇게 싸게 명품백을 팔 리 없는데 세상 물정 모르는 애라 덜컥 샀지 뭐예요.

B : 그것도 다 사회 공부가 된답니다.

だだをこねる 떼를 쓰다

부당한 일을 해달라고 억지로 요구하거나 고집을 피우는 것을 말한다.

(A) お子さん、聞き分けがよさそうで、うらやましいです。

(B) 聞き分けがいいなんて、とんでもないですよ。こないだも、おもちゃを買ってってお店でだだをこねて、大変だったんですよ。

(A) どこの家も同じようなものなんですね。

(B) お互い、子育てには苦労しますね。

A : 아드님이 말귀를 잘 알아듣는 것 같아 부럽네요.

B : 말귀를 잘 알아듣다니요, 천만에요. 얼마 전에도 장난감을 사 달라고 가게에서 떼를 쓰는데 얼마나 힘들던지요.

A : 어느 집이나 마찬가지인 것 같네요.　B : 서로 육아로 고생하고 있네요.

グレる 비뚤어지다

불량스럽게 나쁜 짓을 하는 것을 말한다.

(A) 俺、高校の時、グレてたんですよ。

(B) 本当？ 今の姿からじゃ想像がつかないけど。

(A) 勉強できないし、学校もつまらなくなって、だんだん不良とかとつ

るむようになっちゃって。

(B) どうやって更生したの？

(A) 担任の先生が超良い先生で、説得されて、だんだん更生してい

ったんですよね。

- **つるむ** 행동을 같이 하다
- **更生(こうせい)** 갱생, 다시 태어남, 본래의 바른 상태로 돌아감

A : 나 말예요, 고등학교 때 <u>불량 학생</u>이었어요.

B : 정말? 지금 모습으로 봐선 상상이 안 가는데.

A : 공부도 취미 없고, 학교도 재미없어져서 점점 나쁜 애들이랑 어울려 다니게 됐죠.

B : 어떻게 마음을 잡았어?

A : 담임선생님이 진짜 좋은 분이셨는데, 그 분 말씀에 감동 먹고 서서히 마음을 잡게 된

거예요.

おまけ

방황하는 청소년을 뜻하는 말

非行(ひこう)に走(はし)った。 잘못된 길로 들어섰다.

ヤンキーだった。 양아치였어.

不良(ふりょう)だった。 불량했다.

아주 닮은 모양을 말한다. 그っくりだ는 '似(に)ている 닮았다'와 같은 말로 반대는 '似てない 닮지 않았다'라고 한다.

Ⓐ 私(わたし)の妹(いもうと)なんです。

Ⓑ うわぁ、そっくりだね。

Ⓐ そうですか？ あんまり似(に)てないと思(おも)うんですけど。

Ⓑ ううん、そっくりだよ。特(とく)に目(め)の形(かたち)なんかが似てるね。

A : 제 여동생이에요.
B : 야, 정말 닮았다.
A : 그래요? 별로 안 닮은 것 같은데요.
B : 아냐, 꼭 닮았어. 특히 눈매 같은 게 꼭 닮았네.

そっくり

Ⓐ 最近(さいきん)、電車(でんしゃ)の中(なか)で子供(こども)がものすごく騒(さわ)いでても、注意(ちゅうい)しない親(おや)が増(ふ)えてきてるよね。

Ⓑ そうそう。しつけがなってないよね。

Ⓐ 昔(むかし)はしつけだっていって、よく殴(なぐ)られたりもしたものだけど。

Ⓑ 今(いま)はそういうことすると、虐待(ぎゃくたい)だって言(い)われてしまったりするからね。

A : 요즘 전철 안에서 아이가 엄청 소란을 떨어도 주의를 안 주는 부모가 늘었지?
B : 그래그래. 예의범절을 가르치질 않아.
A : 옛날에는 예의 바르게 행동하라고 매를 맞기도 했는데 말야.
B : 요즘은 그렇게 하면 아동 학대란 소리 들을걸.

寝相(ねぞう)が悪(わる)い 잠버릇이 나쁘다

寝相(ねぞう)が良(よ)い 잠버릇이 좋다

'寝相 잠버릇'이 '悪い 나쁘다', '良い 좋다'라는 뜻으로, 이불을 차고 잔다거나 방 안을 휘 저으면서 잔다거나 하는 잠버릇에 관한 표현이다.

Ⓐ うちの子、寝相が悪くて、隣で寝てると、夜中に蹴られるのよね。

Ⓑ うちの子も、小さいときはそうだった。

Ⓐ 大きくなるにつれて、だんだん寝相が良くなるかしら。

Ⓑ きっと、少しずつ直ってくると思うよ。

A : 우리 앤 잠버릇이 나빠서 옆에서 자고 있으면 한밤중에 발길에 차인다니까.

B : 우리 애도 어릴 때는 그랬어.

A : 자라면서 점점 잠버릇이 좋아질지 모르겠네.

B : 분명 조금씩 고쳐질 거야.

ぬか喜(よろこ)び 좋다 맘

아직 확정되지 않은 일을 정해진 일인 것처럼 기뻐하다 허무하게 끝나는 것을 말한다.

Ⓐ 赤ちゃんができたと思ったのに。

Ⓑ ただ食べ過ぎで気持ち悪くなったのを、つわりと思うなんてね。

Ⓐ あんなに夫婦で喜んだのに、ぬか喜びだったよ。

Ⓑ まぁ、そのうちできるよ。

A : 아이가 생겼다고 생각했는데….

B : 그냥 과식해서 속이 안 좋은 걸 입덧으로 착각하다니 말이야.

A : 그렇게 부부가 다 기뻐했는데, 좋다 말았어.

B : 뭐, 곧 생기겠지.

そろそろお暇(いとま)します 슬슬 가 보겠습니다

자리에서 일어나 돌아가려고 할 때 쓰는 말이다. 帰(かえ)ります와 같은 의미다.

(A) あ、もうこんな時間。そろそろお暇しないと。

(B) せっかくだし、夕飯も食べていったら？

(A) そんな、悪いから…。また来るね。

(B) そう？ じゃあまた今度、ゆっくり遊びに来てね。

A : 아, 벌써 시간이 이렇게 됐네. 슬슬 가 봐야겠다.
B : 간만에 왔는데 저녁이라도 먹고 가지?
A : 에이, 미안해서…. 다시 올게.
B : 그럴래, 그럼. 다음에 시간 넉넉할 때 또 놀러 와.

長居(ながい)しました 너무 오래 있었습니다

같은 장소에 길게 있는 것을 말한다. 남의 집을 방문하고 돌아가려고 일어설 때 쓰는 말이다.

(A) あ、もうこんな時間？

(B) ほんと。話しこんじゃって、時間がたつのも忘れてたね。

(A) そろそろおいとましないと。すっかり長居しちゃった。

• 話(はな)しこむ 이야기에 열중하다
• おいとまする 물러가다, 작별하다

長居しました

A : 어머, 벌써 시간이 이렇게 됐어?
B : 정말이네. 얘기에 열중해서 시간 가는 줄도 몰랐어.
A : 슬슬 가 봐야겠다. 너무 오래 있었어.

situation nihongo 16 학생들의 대화 장면

일본 애니나 드라마의 '학원물' 첫 장면이 머릿속에 떠오르시나요? 첫 만남은 꼭 벚꽃이 흩날리는 교정이라는 공식이 있는데요, 우연히 두 남녀 주인공이 무슨 운명처럼 맞닥뜨리는 장면이 나오기라도 하면 그야말로 흐드러지게 핀 벚꽃이 얼마나 아름답던지요. 일본의 새 학기는 4월이에요. 마침 벚꽃이 피기 시작하는 시기이기도 하고, 벚꽃에는 '시작'을 알리는 의미가 들어 있습니다. 자, 그럼 풋풋한 첫사랑이 그리워지는 교정으로 함께 가 보실래요?

---

340 学園祭(がくえんさい) 학교 축제

고등학교나 대학교의 학교 축제로 학원제 또는 문화제라고 불리며, 주로 가을에 열린다.

Ⓐ 今年の学園祭は、芸能人誰が来るんだろう。

Ⓑ うちの学校、毎年たいした人来ないよな。

Ⓐ 今年は、メジャーな人がくればいいのに。

Ⓑ どうせマイナーな人しか来ないって。

A : 올해 축제 때는 연예인 누가 올까.
B : 우리 학교는 해마다 인기 있는 사람은 안 오잖아.
A : 올해는 메이저 급이 오면 좋을 텐데.
B : 어차피 마이너 급밖에 안 온다고.

'学校(がっこう)の食堂(しょくどう) 학교 식당'을 줄인 말로, 대학교나 고등학교 구내에 있는 학생 식당을 말한다.

ⓐ 昼(ひる)どーする？

ⓑ 学食(がくしょく)で食(た)べようと思(おも)ってたんだけど。

ⓐ この時間(じかん)すげー込(こ)むじゃん。

ⓑ じゃあ、どっか別(べつ)のとこいく？

- どーする？＝どうする？ 어떻게 할 거야?
- 思(おも)ってたんだけど＝思っていたのだけど 생각했는데
- すげー＝すごく 굉장히
- 込(こ)むじゃん＝込むじゃない(ですか) 붐비잖아
- どっか＝どこか 어딘가

A : 점심 어떻게 할 거야?
B : 학교 식당에서 먹을 건데….
A : 이 시간에는 엄청 붐비잖아.
B : 그럼 어디 다른 데로 갈까?

おまけ

社食(しゃしょく) 사내 식당

学食와 마찬가지로 社食는 '社員食堂(しゃいんしょくどう) 사원 식당'를 줄인 말이다.

昼食(ひるしょく)はいつも行(い)く地下(ちか)の社食をやめて、
久(ひさ)しぶりに外(そと)のレストランで食(た)べた。

점심은 항상 가는 지하 사내 식당을 안 가고, 오랜만에 밖에 있는 레스토랑에서 먹었다.

342 出席(しゅっせき)をとる 출석을 부르다

언뜻 '출석을 부르다'라고 하면 出席을 呼ぶ라고 할 것 같지만, 出席を取る라고 표현한다. 대리출석은 代返(だいへん)이라고 한다.

Ⓐ あの授業って、毎回出席とる？

Ⓑ とるときと、とらないときあるんだよね。

Ⓐ もし今日出席とってたら、悪いけど代返しといて！

Ⓑ いいけど、今度何かおごってね。

A : 그 수업은 매번 출석 체크 하니?
B : 할 때도 있고, 안 할 때도 있어.
A : 만약 오늘 출석 부르면 미안하지만 대리출석 좀 해 줘!
B : 좋아, 나중에 한턱내야 한다.

343 ちくる 고자질하다

말하면 곤란한 내용을 이야기하는 것을 말한다.

Ⓐ 先生に、昨日掃除当番さぼったことばれて、怒られたよ〜。

ってか、なんでさぼったこと、ばれたんだろう？

Ⓑ 私が先生に、掃除当番さぼってたこと話したんだよ。

Ⓐ お前がちくったのか！

Ⓑ ずるいことしたんだから、怒られて当然だよ。

A : 선생님께 어제 청소 당번 땡땡이친 거 들켜서 야단맞았어~. 잠깐, 어떻게 땡땡이친 걸 아셨지?
B : 내가 선생님께 청소 당번 땡땡이친 거 말씀드렸어. A : 니가 고자질했다고!
B : 치사한 짓 했으니 야단맞아도 당연하지.

'遅刻 지각'과 '魔 자주 ~하는 사람'이 합해진 말로, 자주 지각하는 사람을 말한다.

관련표현

チクリ魔(ま) 고자질쟁이

電話魔(でんわま) 전화쟁이

Ⓐ 明日の集合時間、2時でいいかな。

Ⓑ うん。じゃあ、みんなに伝えておくね。

Ⓐ 香織には、1時半って伝えておいて。あの子遅刻魔だから。

Ⓑ そうだね。いつも30分は遅刻してくるもんね。

A : 내일 집합 시간은 2시면 되겠지.　B : 그래. 그럼 모두에게 알릴게.
A : 가오리한테는 1시 반이라고 해. 걘 <u>지각대장</u>이니까.
B : 그래야겠다. 항상 30분은 지각하니까.

Ⓐ 学校の帰りに寄り道してたこと、また香織が先生に言いつけやがった。

Ⓑ ほんと、香織って<u>チクリ魔</u>だよな。

A : 학교에서 돌아오는 길에 딴 데 들렀던 걸 가오리가 또 선생님에게 일러바친 거야.
B : 정말 가오리는 <u>고자질쟁이</u>야.

遅刻魔　　チクリ魔

345 パンキョー 일반 교양과목

대학에서 사용하는 말로 '一般教養科目(いっぱんきょうようかもく) 일반 교양과목'을 줄여 般教(ぱんきょう)라고 한다.

(A) 午後(ごご)も授業(じゅぎょう)あんの？

(B) うん、パンキョーが一(ひと)つ入(はい)ってる。

(A) パンキョーならさぼっちゃえよ。
一緒(いっしょ)にカラオケでも行(い)こーぜ。

A : 오후에도 수업 있어?

B : 어, 교양이 하나 있어.

A : 교양이면 수업 빼먹어버려. 같이 노래방 가자.

346 プレッシャー 프레셔(pressure), 압박

정신적인 압박을 말한다.

(A) 明日(あした)の発表会(はっぴょうかい)頑張(がんば)ってね！

(B) 緊張(きんちょう)して、うまくできるか分(わ)からないな。
私(わたし)プレッシャーに弱(よわ)くて。

(A) 練習通(れんしゅうどお)りにやれば大丈夫(だいじょうぶ)だよ。

(B) プレッシャーに負(ま)けないような強(つよ)い人(ひと)になりたいんだけど…。

A : 내일 발표회 열심히 해!

B : 긴장돼서 잘할 수 있을지 모르겠어. 내가 프레셔에 약해서 말이야.

A : 연습한 대로 한다면 괜찮을 거야.

B : 프레셔에 지지 않는 강한 사람이 되고 싶은데….

347 借(か)りパク 빌린 물건을 그냥 가지는 것

'借りる 빌리다'와 'パクる 덥석 먹다, 남의 것을 속여서 가지다'가 합해진 말로, 빌린 물건을 돌려주지 않는 것을 말한다.

(A) 部屋の掃除してたらさ、友達から借りパクしたものが、たくさん出てきたんだよね。

(B) 友達に返すの忘れてたってこと？

(A) そうそう、本やらCDやら、たくさんあるんだけど、もう誰に何を借りたかも思い出せないよ。

(B) 借りたらちゃんと返せよ。

(A) 悪気はないんだけど、つい忘れちゃうんだよな。

A : 방 청소를 했더니 친구들한테 빌리고는 안 돌려준 것들이 많이 나왔어.
B : 친구한테 돌려주는 걸 깜빡했단 말이야?
A : 어, 어. 책이랑 CD랑 잔뜩 있는데 이제는 누구한테 어떤 걸 빌렸는지 기억도 안 나.
B : 빌렸으면 제대로 돌려줘야지. A : 나쁜 뜻은 없었는데 자꾸 깜빡한다니까.

348 気合(きあ)い 기세, 기합, 정신력

정신을 집중해서 임하는 마음 자세를 말한다.

(A) 今日、これからバイトで、朝まで働かないといけないんだ。

(B) 明日学校あるんでしょ？

(A) うん、寝ないでいくつもり。

(B) 大丈夫なの？

(A) 平気っしょ。気合いで乗り越えるよ。

A : 오늘은 지금부터 알바라서 아침까지 일해야 돼. B : 내일 학교 가는 날이잖아?
A : 어, 안 자고 갈 생각이야. B : 괜찮겠어? A : 끄떡없어. 정신력으로 버틸 수 있어.

349 ググる 구글로 검색하다, 구글링

검색 사이트 'Google 구글'과 'する 하다'가 합해진 말로, Google로 검색하는 것을 말한다.

Ⓐ この言葉、流行ってるらしいんだけど、知ってる？

Ⓑ 知らないけど。ググってみれば？

Ⓐ そうだね。流行ってるなら、ググればすぐ出てくるよね。

A : 이 말 유행하는 말 같은데 알아?
B : 모르겠어. 구글로 검색해 보면 어때?
A : 그럼 되겠다. 유행하는 말이라면 구글로 검색하면 바로 나오지.

350 無駄足(むだあし) 헛걸음

'無駄 보람이 없음, 쓸데없음, 헛됨'이라는 뜻과 '足 발, 발걸음'이 합해진 말로, 헛수고만 한 걸음이었다는 말이다. 방문한 곳의 사람이나 물건이 없을 때 쓴다.

Ⓐ あの本、どこの本屋に行っても売り切れなんだよ。

Ⓑ 私も、わざわざ街の一番大きな本屋に行ったのになくて、無駄足だったよ。

Ⓐ 予約して、取り寄せてもらうしかないね。

Ⓑ 早く読みたいのに。

• 取(と)り寄(よ)せる (주문하거나 말하여) 가져오게 하다

A : 저 책 어느 서점에 가도 품절이야.
B : 나도 일부러 동네 큰 서점에 갔었는데 없어서 헛걸음만 했어.
A : 예약 주문하는 수밖에 없을 것 같아.
B : 얼른 읽고 싶은데.

351 痛(いた)くもかゆくもない 아무런 상관없다

말 그대로 '아프지도 가렵지도 않다'라는 뜻으로 전혀 아프다고 느끼지 못할 만큼 영향을 주지 않는다는 말이다.

  Ⓐ 今年から、学費が5万円もあがるんだって！

  Ⓑ そうなんだ、まぁ5万円くらい、仕方ないんじゃない。

  Ⓐ あんたの家はお金持ちだから、5万円なんて痛くもかゆくもない かもしれないけど、うちは貧乏だから厳しいんだよー。

A : 올해부터 학비가 5만 엔이나 오른대!
B : 그렇구나. 뭐 5만 엔쯤 별 수 없잖아.
A : 너희 집은 부자니까 5만 엔쯤 <u>아무 상관없는</u>지 모르겠지만 우리는 가난해서 힘들단 말이야.

352 皮肉(ひにく)る 빈정거리다, 비꼬다, 비아냥거리다

'皮肉(ひにく) 빈정거림, 비꼼, 야유, 비아냥거림'을 뜻하는 말에 る가 붙어 동사화된 것이다. 皮肉を言(い)う와 같은 뜻이다.

  Ⓐ テストで0点だったって本当？

  Ⓑ げっ、なんで知ってるの。

  Ⓐ マークシートだったのに、0点取るなんて、ある意味天才だね。

  Ⓑ 皮肉らないでよ、これでもけっこう落ち込んでるんだから。

A : 테스트 0점 받았다는 게 사실이야?
B : 헉, 어떻게 알았어?
A : 마크시트인데 0점 받았다니, 어떤 의미에서 보면 천재인걸.
B : <u>비아냥거리지 마</u>. 이래봬도 꽤 충격 받았으니까.

353　耳(みみ)が痛(いた)い　귀가 따갑다, 찔리다

말 그대로 '귀가 아프다'라는 뜻으로 남의 말이 자신의 약점을 찔러 듣기에 괴롭다는 말이다.

Ⓐ いまどき、英語ぐらいはできないとね。

Ⓑ 私も一応ちょこちょこ勉強してるんだけどね。

Ⓐ 毎日きちんとコツコツ努力を続けるのが大事なんだよ。

Ⓑ うーん、耳が痛いね。

- 今時(いまどき) 요즘, 오늘날
- コツコツ 꾸준히 노력함, 부지런히 함

A : 요즘 영어 정도는 기본이잖아.　B : 나도 일단 조금씩이라도 공부하고 있는데 말이야.
A : 날마다 제대로 꾸준하게 노력하는 게 중요하지.　B : 음, 찔리네.

354　メアド　메일 주소

メールアドレス(mail address)를 줄인 말이다.

Ⓐ <u>メアド</u>教えてくれない？

Ⓑ うん、いいよ。

Ⓐ じゃあ、ここに書いて。

Ⓑ オッケー。

A : 메일 주소 가르쳐 줄래?
B : 응, 좋아.
A : 그럼 여기에 써 줘.
B : OK!

355 高校(こうこう)デビュー 고등학교 데뷔

고등학교에 입학할 때 이미지를 바꿔 갑자기 예뻐지거나 멋스러워지는 것을 말한다.

- Ⓐ 同中だった香織って覚えてる？
- Ⓑ ああ、なんか地味な感じの。
- Ⓐ それがさ、こないだ偶然道で会ったんだけど、なんか髪も脱色して、スカートも短くしたりして、別人みたいだった。
- Ⓑ へー、高校デビューしたんだね。

A : 중학교 동창 가오리 기억해？ B : 아… 좀 촌스럽던？
A : 그래, 저번에 길에서 우연히 만났는데 머리는 탈색하고 짧은 스커트에다 꼭 딴 애 같았다니까. B : 정말？ 고등학교 데뷔했구나.

356 イメチェン 변신, 변화

'イメージチェンジ 이미지 체인지'의 약자로 머리 모양이나 패션을 바꾸는 등 외모를 바꾸는 것을 말한다.

- Ⓐ 春から大学生だし、イメチェンしたいな。
- Ⓑ パーマでもかけたら？
- Ⓐ いいね、髪の色も変えてみようかな。
- Ⓑ 髪型変えるのが一番のイメチェンになるもんね。

イメチェン

A : 봄이면 대학생도 되고 하니까, 이미지 좀 바꿔 보고 싶어. B : 파마라도 하면 어때？
A : 좋은 생각이다, 머리 색깔도 바꿔 볼까？
B : 머리 모양을 바꾸는 게 가장 이미지 변신이 되긴 하지.

무엇을 하기에 딱 좋은 날이나 날씨를 말한다.

관련표현

遠足(えんそく)日和 소풍 가기 좋은 날
お出(で)かけ日和 외출하기 좋은 날
お散歩(さんぽ)日和 산책하기 좋은 날
洗濯(せんたく)日和 빨래하기 좋은 날
引越(ひっこ)し日和 이사하기 좋은 날
お花見(はなみ)日和 꽃구경 가기 좋은 날

Ⓐ うわぁ、今日はよく晴れてるね！
Ⓑ 絶好のお出かけ日和だね。
Ⓐ こんな日に学校に行かなきゃいけないなんて。
Ⓑ さぼって、どっか行っちゃおうか。

A : 와, 오늘은 날씨가 정말 화창하네!
B : 외출하기에 <u>더없이 좋은 날</u>이네.
A : 이런 날에 학교에 가야 하다니.
B : 학교 빼먹고 어디 가 버릴까?

358 五月病(ごがつびょう) 5월병

4월에 입학이나 입사한 신입생, 신입사원이 한 달이 지난 5월이 되면 새로운 환경에 제대로 적응하지 못하고 우울증이나 무기력감에 빠지는 증상을 말한다. 특히, 황금연휴(4월 말부터 5월 초에 걸친 긴 휴일)를 지내면서 새로운 환경에 대한 기대와 의욕에 차 있던 성실한 사람일수록 더 큰 무력감에 빠질 염려가 있다고 한다.

Ⓐ なんか、最近調子が出なくって。

Ⓑ 五月病なんじゃない？

Ⓐ そうなのかな、疲れがなかなかとれなくて。

Ⓑ 4月から新しい生活始めたから、疲れが溜まってるのかもね。

A : 요즘 왠지 컨디션이 안 좋아.
B : 5월병 걸린 거 아냐?
A : 그런 걸까? 피로가 좀처럼 풀리지 않아.
B : 4월부터 새로운 생활이 시작돼서 피로가 쌓여 있을지도 모르겠다.

359 夏(なつ)バテ 더위 먹음, 여름을 탐

여름에 더워서 몸이 축 처지고 피로를 느끼는 것을 말한다. 暑気(しょき)あたり라고도 한다.

Ⓐ なんか、ちょっと痩せた？

Ⓑ 最近食欲なくて。

Ⓐ 暑い日が続いてるから、夏バテしちゃったみたいだね。

Ⓑ うん、暑いのに弱くて、毎年夏バテしちゃうんだ。

A : 왠지 살 빠진 것 같아? B : 요즘 입맛이 없어서.
A : 날이 계속 더워서 더위 먹었나 보구나.
B : 어. 더위에 약해서 해마다 더위를 먹지 뭐야.

ゼミ 세미나, 토론식 수업

독일어 Seminar에서 온 말로, ゼミナール의 약자다. 대학에서의 토론식 수업을 말한다.

Ⓐ 授業が終わったら飲みに行かない？

Ⓑ 残念ながら今からゼミがあるんだ。

Ⓐ え？ ゼミの日じゃないのに？

Ⓑ この前できなかったからその代わりに。

A : 수업이 끝나면 술 마시러 안 갈래?
B : 아쉽게도 지금부터 세미나가 있어.
A : 그래? 세미나 날도 아닌데?
B : 저번에 못 해서 그때 대신.

よいお年(とし)を 연말 잘 보내

연말에 헤어질 때 나누면 좋은 인사말이다. 친구끼리는 よいお年を라고 하고, 예의를 지켜야 할 땐 'どうぞよいお年(とし)をお迎(むか)え下(くだ)さい 아무쪼록 좋은 한 해를 보내시길 바랍니다'라고 하면 된다.

Ⓐ 次に会うのは年明けだね。

Ⓑ そうだね、新年会の時だろうね。

Ⓐ じゃあ、よいお年を。

Ⓑ うん、よいお年を〜。

A : 다음에는 새해에 만나겠네. B : 그렇겠네, 신년회 때쯤이겠다.
A : 그럼, 연말 잘 보내. B : 응, 너도 잘 보내.

'明(あけ)ましておめでとうございます 새해 복 많이 받으세요'와 '今年(ことし)もよろしくお願(ねが)いします'를 줄여 あけおめことよろ라고 말한다. 제때 인사를 못한 경우에는 앞에 遅(おそ)くなったけど를 덧붙여 遅くなったけど、あけおめことよろ〜 라고 말하면 된다.

(A) 年賀状書くの面倒くさいから、メールでいいや。

(B) メールをみんなにうつのも面倒くさいよね。

(A) あけおめ、ことよろだけでいいや。

(B) その一言だけって、なんか心がこもってなくない？
せめてもう一言何か書きなよ。

A : 연하장 쓰는 거 귀찮은데 메일로 보내야겠다.
B : 메일을 모두에게 쓰는 것도 귀찮지?
A : '새해 복 많이 받으시고 올해도 잘 부탁드립니다.' 정도면 되겠지 뭐.
B : 그 말 한마디만으론 왠지 성의가 없어 보여. 적어도 한마디 정도는 더 쓰지 그래.

おまけ

了解 알겠어 → り、りょ
とりあえず まぁ 일단 → とりま
あー なるほどね 아, 그렇구나 → あね

situation
nihongo
17

시험에 관한 대화 장면

시험 하면 <ドラゴン桜 드래곤 사쿠라>라는 드라마를 빼놓을 수가 없죠. 우리나라의 드라마 <공부의 신>의 원작이기도 한데요, 야마삐(야마시타 토모히사의 애칭)가 나와 챙겨 본 분들 많으실 거예요. 꼴찌 학생들의 도쿄대 입시 준비기를 다룬 작품으로, 누구든지 이 드라마에 빠지면 공부에 대한 열정이 생긴다고 하네요. 참, 일본에서는 시험 보기 전날 '豚かつ 돈가스'나 'カツどん 가쯔동'을 먹는다는 거 알고 계셨나요? 바로 이 음식 이름에는 '勝つ 이기다'라는 뜻이 들어 있기 때문이랍니다.

ついてる~♪

---

363 ついてる 재수 좋다
ついてない 재수 없다

ついてる는 '운이 좋은 것', ついてない '운이 없는 것'을 말한다.

Ⓐ テストどうだった？
Ⓑ もうボロボロだったよ。
Ⓐ ヤマあたんなかったの？
Ⓑ 全然あたんなかった。まじついてないよ。

まじついてないよ

- ヤマをかける 찍어서 공부하다
- ヤマがあたる 찍어서 공부한 곳이 나오다
- ヤマあたんなかったの？＝ヤマがあたらなかったの？ 예상 문제가 빗나갔어?, 찍은 게 안 나왔어?

A : 시험 어땠어? B : 아주 엉망이었어.
A : 예상 문제가 빗나갔어? B : 전혀 안 나왔다니까. 진짜 <u>운이 없어</u>.

364 まぐれ 우연

'たまたま 우연히', '偶然(ぐうぜん) 우연'과 같은 의미다.

Ⓐ 試験に一発で受かるなんてすごいね！

Ⓑ まぐれだよ。

Ⓐ いや、あの試験難しいし、まぐれじゃ受からないって。

Ⓑ ちょうど直前に勉強したところが出たし、運が良かったんだよ。

• 一発(いっぱつ) 한 방

A : 시험 단방에 붙었다니 대단하네! B : 우연의 일치야.
A : 아니지, 그 시험이 어려웠는데 우연으로 붙을 수는 없지.
B : 때마침 시험 직전에 공부한 부분이 나왔고, 운이 좋았던 거야.

365 げんかつぎ 행운을 가져다주는 일을 하는 것

'驗(げん) 길흉의 조짐'과 '担(かつ)ぐ 메다, 지다'가 합해진 말, 驗を担ぐ에서 온 말이다. 좋은 일이 생기도록 어떤 일을 하는 것으로 미신적인 요소가 강하다.

Ⓐ テストの前の日は、いつもお母さんがカツどん作ってくれるんだ。

Ⓑ げんかつぎも大切だからね。

Ⓐ それに、不思議とカツどん食べると元気が出てくるんだよね。

Ⓑ きっとお母さんの愛情が詰まってるからだよ。

A : 시험 전날은 항상 엄마가 가쓰동을 만들어 주셔.
B : 행운을 가져다주는 것도 중요하니까.
A : 게다가 이상하게도 가쓰동 먹으면 힘이 나는 거야.
B : 분명 어머니의 사랑이 가득 담겨 있으니까 그런 거야.

366 ジンクス 징크스

좋은 징조, 나쁜 징조 같은 속신을 말한다.

Ⓐ 試験の前にコーヒーでも飲まない？

Ⓑ うぅん。僕は遠慮しておくよ。

Ⓐ ええ、どうして？

Ⓑ 試験前にコーヒーを飲むとうまくできないジンクスがあるんだよ。

A : 시험 전에 커피라도 안 마실래?　B : 아니. 난 사양할게.
A : 음…, 왜?　B : 시험 전에 커피를 마시면 시험을 망치는 징크스가 있어.

367 楽勝(らくしょう) 식은 죽 먹기

낙승, 즉 가볍게 이기는 것을 말한다. 변하여 쉽게 할 수 있는 일에도 쓴다. 시험 어렵지 않았냐는 질문이나 일을 부탁받고는 괜찮겠냐는 질문 등의 대답으로 쓸 수 있는 표현이다.

Ⓐ 今回のテスト難しかったな～。

Ⓑ そうか？ 俺は楽勝だったけど。

Ⓐ マジで？

Ⓑ テストなんて、毎日ちゃんと授業さえ聞いてれば楽勝でできるもんなんだよ。

A : 이번 시험 어려웠지.
B : 그래? 난 식은 죽 먹기였는데.
A : 정말?
B : 시험은 매일 수업만 잘 들으면 식은 죽 먹기로 볼 수 있는 거야.

368 ベストを尽(つ)くす　최선을 다하다

'ベスト 최선, 전력'을 '尽くす 다하다'라는 뜻으로, 있는 힘을 다하는 것을 말한다.

Ⓐ とうとう明日が試験だね！

Ⓑ 今まで、試験のために頑張ってきたから、絶対受からないと。

Ⓐ 落ち着いて受ければ、きっと大丈夫だよ。

Ⓑ うん、ベストを尽くして頑張るよ。

A : 드디어 내일이 시험이구나!
B : 지금까지 시험을 위해 노력했으니까 꼭 붙을 거야.
A : 차분하게 본다면 분명 괜찮을 거야.
B : 어. 최선을 다해 노력할게.

---

369 拍子抜(ひょうしぬ)け　맥빠짐, 김빠짐

보람이 없는 것, 의욕이 사라지는 것을 말한다.

Ⓐ 試験、すっごい難しいと思ってたのに。

Ⓑ 私も。徹夜で勉強したのに。

Ⓐ 拍子抜けするほど簡単だったよね。

Ⓑ ほんと。あんなに勉強しなくても良かったな。

A : 시험이 진짜 어려울 거라고 생각했는데 말이야.
B : 나도 그랬어. 밤새워서 공부했는데.
A : 김 팍 샐 정도로 간단했어.
B : 정말이야. 그렇게까지 공부 안 했어도 됐는데.

370 お手上(てあ)げ　항복, 포기, 속수무책

손을 들어 항복한다는 뜻으로, 해결할 방법이 전혀 없는 것을 말한다.

Ⓐ 英語の授業が難しくて、ついていけないんだよね。

Ⓑ 私も。明日はニュースを見て、その話題について討論しないと
いけないんだ。

Ⓐ うわー、難しそう。文法の授業だけでも難しいのに、討論なん
て、私ならお手上げだよ。

A : 영어 수업이 어려워서 따라갈 수가 없어.

B : 나도 그래. 내일은 뉴스 보고, 그걸 주제로 토론해야 돼.

A : 야, 어려울 것 같다. 문법 수업만으로도 어려운데 토론이라니, 나라면 포기했겠다.

371 元(もと)も子(こ)もない
본전도 못 찾다, 지금까지의 노력이 헛수고가 되다

말 그대로 '원금도 이자도 없다'라는 뜻으로 이익뿐만 아니라 밑천까지 깡그리 잃어버리
는 것, 즉 모처럼 한 노력이 모두 헛되게 되는 것을 말한다.

Ⓐ 遅くまで勉強しないで、早く寝なさいね。

Ⓑ でも、もうすぐ試験だから。

Ⓐ 無理して体壊しちゃったら元も子もないんだから。

Ⓑ うん、これだけやったら寝るよ。

A : 늦게까지 공부하지 말고 일찍 자렴.　B : 하지만 곧 시험이라서요.

A : 무리해서 건강 해치면 노력한 게 헛수고가 되잖니.　B : 네. 이것만 하고 잘게요.

気(き)が抜(ぬ)ける 긴장이 풀리다, 맥이 빠지다

긴장감이 빠지는 것을 말한다. 맥주나 위스키 등의 특유의 맛을 잃을 때도 쓴다.

관련표현

気が抜けたビール 김이 빠진 맥주

(A) せっかく試験も終わったんだし、どっか遊びに行ってくれば？

(B) なんか、気が抜けちゃって、外に出る気にならないんだよね。

(A) がんばって勉強しすぎて疲れちゃったのかね。

(B) そうみたい。しばらくは家でゆっくり休むよ。

A : 모처럼 시험도 끝나고 했으니 어디 놀러라도 다녀오면 어때?
B : 왠지 긴장이 풀려서 밖에 나가고 싶지 않아.
A : 너무 열심히 공부해서 피곤한 모양이다.
B : 그런 것 같아. 당분간 집에서 천천히 쉴게.

(A) 今日、あきら君、来てないんだって。

(B) えー？！そんなぁ。それじゃ、気の抜けたビールと同じじゃん。

(A) そうだね。あんた彼だけのためにここ来てるしね。

A : 오늘 아키라 안 왔대.
B : 뭐라고? 이런. 그럼 김빠진 맥주랑 같잖아.
A : 그러게. 너는 오직 아키라 때문에 온 걸 테니까.

373 朝飯前(あさめしまえ) 누워서 떡 먹기

말 그대로 '아침식사 전'이라는 뜻으로, 아침을 먹기 전 배고픈 상태에서도 해치울 수 있을 만큼 아주 쉬운 일을 의미한다.

Ⓐ 逆立ちってできる？

Ⓑ 当たり前だろ！ 俺、体操部だったんだから。ほら！ うまいだろ！

Ⓐ わぁ、すごい！

Ⓑ こんなの朝飯前だよ。

A : 물구나무설 수 있어?
B : 당연하지! 내가 체조부였는데. 봐! 잘하지!
A : 와, 대단하다!
B : 이런 건 누워서 떡 먹기야.

（母親）明日試験でしょ？ 勉強しなくて大丈夫？

（小学生）うん。心配しなくていいよ。

（母親）ほんと？ やけに自信ありげね。

（小学生）100点とるのなんて朝飯前だよ。

• やけに 되게, 매우, 몹시

• ~ありげ 있음직함

엄마 : 내일 시험이지? 공부 안 해도 괜찮아?
초등학생 : 응. 걱정 안 해도 돼.
엄마 : 정말? 되게 자신 있어 보인다.
초등학생 : 100점 맞는 것쯤 누워서 떡 먹기지.

朝飯前だよ！

セクハラで訴えてやりたい。

situation nihongo 18

직장에 관한 대화 장면

요즘 일본 드라마의 트렌드는 경제적 위기에 봉착한 직장을 배경으로 좌절과 실의에 빠진 주인공이 용기와 패기로 똘똘 뭉쳐 다시 일어선다는 조금은 뻔한 스토리예요. 그나마 드라마에서는 주인공이 다시 기회를 얻고 일어설 수 있었지만, 과연 현실은 어떨까요? 전쟁터 저리 가라 할 정도로 힘들다는 직장. 그곳에서 오가는 말이 어떤 것들인지 궁금해지네요. 모아 놓고 봤더니 부정적인 어휘들이 더 많이 눈에 띄네요. 부디 현실에서는 파이팅 넘치시길!

374 　すずめの涙(なみだ)　새발의 피, 벼룩의 간

말 그대로 '참새의 눈물'이라는 뜻으로, 지극히 적은 것의 예로 쓴다.

ⓐ ボーナスもらったんだ。
ⓑ いいなあ、こんな不景気(ふけいき)なのに、もらえたなんて。
ⓐ でも、すずめの涙ほどだよ。
ⓑ もらえないよりかいいじゃん。

• よりか＝よりも ~보다 (비교 · 선택의 기준을 나타냄)

A : 보너스 받았어.
B : 좋겠다. 이런 불경기에 보너스를 다 받고.
A : 그렇지만 새발의 피 정도야.
B : 못 받는 것보다 낫잖아.

여자들끼리 어울려 음식이나 대화를 즐기는 모임을 말한다. 이런 사회 분위기에 따라 여성 고객만을 대상으로 한 레스토랑과 술집, 노래방이 줄줄이 생겨 성업 중이라고 한다.

Ⓐ 私達の部署で、女子会やろうと思うんだけど、来ない？

Ⓑ いいね！ どこでやるの？

Ⓐ ネットで女子会向きのお店探してるんだ。

Ⓑ 最近は女子会プランとか、お得なのが色々あるもんね。
じゃあ詳細決まったら教えてね！

• 명사 + 向(む)き ~에게 적합한, ~에게 알맞은, ~을 대상으로 한

A : 우리 부서 여직원끼리 모임 가지려고 하는데 올 거야?

B : 좋아! 어디서 하는데?

A : 인터넷으로 여자들이 모이기에 적당한 가게를 찾고 있어.

B : 요즘은 여성 모임 관련 이벤트라든가 서비스 잘해 주는 곳이 많으니까.
그럼 자세하게 정해지면 알려 줘.

おまけ

ガールズトーク 여자끼리 대화

영어의 gurl's + talk가 합해진 말로, 연애, 남성관, 험담 등에 관한 남자가 있는 자리에서는 하지 않을 여자끼리 나누는 솔직한 대화를 말한다.

376 **負(ま)け犬(いぬ)** 패배자, 싸움에서 진 개
　　 勝(か)ち犬(いぬ) 승리자, 싸움에서 이긴 개

負け犬는 싸움에 지고 슬금슬금 도망치는 개, 패배자를 말한다. 2006년 베스트셀러가 된 에세이 『負け犬の遠吠(とおぼ)え 패배자의 울음』에 처음 나온 말로, 30대 이상의 미혼이며 아이가 없는 여성을 負け犬로 정의하면서 유행한 말이다. 반대로 勝ち犬는 30대 이상으로 의사, 변호사 같은 엘리트와 결혼하여 아이도 있는 여성을 말한다. 負け組(ぐみ), 勝ち組라고도 한다.

Ⓐ もうすぐ30なのに、結婚どころか彼氏もいないし、どうしよう。
Ⓑ 負け犬って呼ばれるようになるね〜。

A : 이제 곧 서른인데 결혼은커녕 남자친구도 없으니 어쩌면 좋아.
B : 패배자란 소리 듣게 되겠네~.

- -

Ⓐ 彼氏もいるし、やりたい仕事もしてるのに、なんで世間って結婚してない女は負け犬だって言うんだろう。
Ⓑ しょせん女は結婚するのが一番の幸せだっていう偏見が根強いんだろうね。

• **しょせん** 결국, 어차피 (부정적인 판단을 나타내는 말이 뒤따름)
• **根強(ねづよ)い** 뿌리 깊다, 탄탄하다

A : 남자친구 있지, 하고 싶은 일 하지. 근데 왜 세상 사람들은 결혼 안 한 여자를 패배자라고 하는 걸까.
B : 결국 여자의 행복은 결혼이라는 편견이 깊이 뿌리박혀 있어서일 거야.

377 セクハラ 성희롱

セクシュアルハラスメント(sexual harassment)에서 온 말로 특히 직장 등에서 여성
에 대해 성적으로 지분대는 것을 말한다.

Ⓐ 部長、いっても挨拶するときに、腰に手回してくるんだよね。

Ⓑ そうそう、なんかじろじろ見てくるしさ。

Ⓑ きもいよねー。セクハラで訴えてやりたい。

• じろじろ 빤히, 뚫어지게, 유심히 (실례가 될 정도로 염치없이 쳐다보는 모양)
• きもい＝気持(きも)ち悪(わる)い 기분 나쁘다, 역겹다

A : 부장님은 항상 인사할 때 허리에 손을 두르지?
B : 맞아 맞아, 왠지 빤히 쳐다보고 말이야.
A : 기분 나쁘지 않니? 성희롱으로 고소해 버리고 싶어.

378 懐(ふところ)が寂(さみ)しい 주머니 사정이 나쁘다

말 그대로 '주머니가 허전하다'라는 뜻으로, 가진 돈이 없어서 마음이 쓸쓸한 것을 말한다.

Ⓐ 今年のボーナス何に使う？

Ⓑ 今年は全然もらえないんだよ。

Ⓐ 俺も。必要なものを買って終わりだな。

Ⓑ 不景気で、懐がさらに寂しくなったよな。

A : 올해 보너스는 어디에 쓸 거야?
B : 올해는 전혀 못 받아.
A : 나도 마찬가지야. 필요한 거 사고 나면 끝이야.
B : 불경기로 주머니 사정이 더 나빠졌구나.

379 出世頭(しゅっせがしら) 가장 출세한 사람

'出世 출세'와 '〜頭(がしら) 가장 〜한 사람'이 합해진 말로, 동기들 중에 가장 출세한 사람을 말한다. 또, 출세가 제일 빠른 사람을 가리키는 말이기도 하다.

Ⓐ あいつ、こないだ社長と飲みに行ったらしいぜ。

Ⓑ あいつ仕事もできるし、上層部から気に入られてるよね。

Ⓐ うちら同期の中じゃ、一番の出世頭だな。

Ⓑ だな、あいつが一番に役職がつくだろうな。

A : 저 자식, 저번에 사장님과 술 마시러 간 것 같더라.
B : 쟤는 일도 잘하고 상부에서 마음에 들어 하겠지.
A : 우리 동기 중에서는 가장 <u>성공한</u> 놈이니까.
B : 그렇지, 쟤가 가장 먼저 간부 자리에 오르겠구나.

380 にっちもさっちも 이러지도 저러지도

주사위에서 온 말로 보통 금전적으로 융통성이 없는 것을 말한다. 또 일반적으로는 어떤 일이나 상황이 난관에 부딪쳐서 이러지도 저러지도 못할 때도 쓴다.

Ⓐ 不景気で大変ですよね。

Ⓑ ええ、うちの主人もお給料カットされちゃって。

Ⓐ 早く景気がよくならないと困りますよね。

Ⓑ 本当に。家のローンもあるし、子供も3人いるし、このままじゃあ

にっちもさっちもいきませんよ。

A : 불경기라 힘들죠.　B : 네, 우리 남편도 월급 감봉됐어요.
A : 어서 빨리 경기가 좋아져야지 안 그러면 곤란하겠어요.
B : 정말이에요. 주택대출금도 있고 애도 셋이나 되고 이대로는 <u>이러지도 저러지도</u> 못하겠어요.

　自腹(じばら)を切(き)る　자기 주머니를 털다

'自腹 자기 배, 자기 돈'과 '切る 자르다, 내다'가 합해진 말로, 자신의 돈을 내서 계산하는 것을 말한다.

Ⓐ 取引先と接待があって、銀座の高級クラブに行ったんだよ。

Ⓑ いいな、俺も一度そんなところに行ってみたいな。

Ⓐ でも、最近接待費は経費で落ちなくて、自腹を切らされるんだよ。

Ⓑ どこも不景気で経営が厳しいんだな。

A : 거래처 접대가 있어서 긴자의 고급 술집에 갔었어.

B : 부럽네. 나도 한번 그런 데 가 보고 싶어.

A : 그렇지만 요즘 접대비 경비 처리가 안 돼서 내가 부담해야 한다니까.

B : 어디나 불경기로 경영이 힘들군.

　路頭(ろとう)に迷(まよ)う　길거리로 나앉다

직역하면 '길거리를 헤매다'라는 뜻으로 생활의 터전을 잃고 헤매는 것을 말한다.

Ⓐ 不景気で、会社をクビになる中年男性が多いんだってね。

Ⓑ うちのお父さん、大丈夫かな。

Ⓐ 心配だよね。

Ⓑ お父さんがクビになったら、
うちの家族、路頭に迷うしかなくなっちゃうよ。

A : 불경기로 회사에서 해고당하는 중년 남성들이 많아졌다.

B : 우리 아빠 괜찮으실까.　A : 걱정이겠구나.

B : 아빠가 회사 잘리시면 우리 가족 길거리로 나앉을 수밖에 없어.

383　ぷー、ぷーたろう　백수

직업이 없는 남자나 여자를 가리키는 말이다.

Ⓐ 仕事辞めたんだって？

Ⓑ うん、先月で辞めたんだ。

Ⓐ 新しい仕事探してるの？

Ⓑ ううん、なんか、ぷーたろう生活が楽だし楽しいから、しばらく
は、ふらふらしてようと思って。

A : 일 그만뒀다며？　B : 어. 지난달에 그만뒀어.　A : 새로운 일 찾고 있어？
B : 아니. 뭐랄까, 백수 생활이 편하고 즐거워서 얼마간은 빈둥빈둥하면서 놀까 해.

384　とらばーゆ　전직

프랑스어로 'travail 일, 직업'을 뜻하는 구입잡지 とらばーゆ에서 나온 말로, 전직을 뜻한
다. 주로 여자가 쓰는 말이다.

Ⓐ 今の職場、25過ぎたら、寿退社っていう雰囲気なんだよね。

Ⓑ もうやばいじゃん。彼氏もいないくせに。

Ⓐ ねぇ。そろそろとらばーゆしないとなぁ。

• 寿退社(ことぶきたいしゃ) 축복 퇴사 (직장 여성이 결혼하게 되어 퇴사하는 것. 경사스런 일로 하는
  퇴사)

A : 지금 다니는 직장은 스물다섯 넘으면 결혼하고 퇴사하는 분위기야.
B : 이제 큰일이네. 남자친구도 없는데 어떡하니.
A : 그러게 말이야. 슬슬 직장 바꿔야 할까 봐.

お疲れ様です！

situation
nihongo
19

일에 관한 대화 장면

일과 사랑을 적당히 버무린 드라마야말로 인기 중의 인기죠. 일과 사랑 두 마리 토끼를 무사히 손에 넣을 수 있는지가 바로 관전 포인트이기도 해요. 열심히 일하지만 늘 실수투성이 신입사원, 히스테리 노처녀 상사, 아부가 취미인 직원들. 개성 뚜렷한 캐릭터들이 서로 얽히고설켜 갈등이 고조될 때쯤 어김없이 회사에 위기가 닥쳐요. 하지만 구성원들은 서로 똘똘 뭉쳐 난관을 헤쳐 나갈 줄 알죠. 정말 나무랄 데가 없네요. 일본의 조직 문화 깊숙이 자리한 끈끈함을 잠시나마 엿본 것 같아요.

385 　差(さ)し入(い)れ　응원차 가져다주는 음식, 간식

수고스럽게 일을 하고 있는 사람을 위해 보내는 음식물을 말한다. 본래 수감자에게 들여보내는 물건이라는 말이 변하여 위로나 격려 차원으로 음식을 전한다는 뜻이 되었다.

Ⓐ お疲(つか)れ様(さま)です。差(さ)し入(い)れにおにぎり買(か)ってきました。

Ⓑ ありがとう！ お腹(なか)空(す)いてたんだ！

Ⓐ 残業(ざんぎょう)大変(たいへん)ですね。

Ⓑ うん、だから、残業(ざんぎょう)してる時(とき)の差(さ)し入(い)れって、本当(ほんとう)に嬉(うれ)しいんだよ。

A : 수고하십니다. 간식으로 주먹밥 사왔어요.
B : 고마워! 배고팠는데!
A : 잔업 힘드시겠어요.
B : 응. 그러니까 잔업할 때 이런 간식이 진짜 반갑다니까.

386 ごまをする 아첨하다, 아부하다

'참깨'라는 뜻의 胡麻(ごま)에 '문지르다, 비비다, 갈다'라는 뜻의 する가 이어진 말로 자기 잇속을 생각하고 윗사람 등에게 아첨하는 것을 말한다.

(A) 部長って、なんか苦手なんだよ。

(B) でも、部長に嫌われると、地方にとばされるかもよ。

(A) そんなに力があるんだ。

(B) うん、だからいくら苦手でもごますっといたほうがいいよ。

A : 부장님은 어쩐지 힘들단 말이야.
B : 그렇지만 부장님한테 미움 사면 지방으로 쫓겨날지도 몰라.
A : 그렇게 힘이 있구나.
B : 그래. 그러니까 아무리 힘들어도 <u>아부 좀 해 두는</u> 게 좋을걸.

387 しごく 심하게 훈련시키다

내가 심하게 훈련을 시키면 しごく, 그런 훈련을 받으면 しごかれる라고 표현한다.

(A) 書類の作成が完璧だね。

(B) 新入社員の時に先輩にしごかれましたから。

(A) じゃあ、その先輩に感謝しないとな。

(B) そうですね。苦労しましたけど、その分、身に付くことが多かったので、感謝しています。

A : 서류 작성이 완벽하군.
B : 신입사원 시절에 선배한테 <u>호되게 단련돼</u>서요.
A : 그렇다면 그 선배한테 감사해야겠는걸.
B : 그렇습니다. 고생스럽긴 했지만 그만큼 제 실력이 된 것 같아 감사하고 있습니다.

ヘマ 실수, 바보짓

경솔하게 실수를 하는 것을 말한다.

관련표현

ヘマをする 실수를 하다

(A) 新しいバイトはどう？

(B) ヘマばっかりして、先輩に怒られてばっかりだよ。

(A) 慣れるまでは大変だよね。

(B) 早く仕事に慣れるように頑張らないと。

A : 새로운 아르바이트는 어때？　B : 실수 연발이라 선배한테 혼나기만 해.
A : 익숙해질 때까진 힘들겠다.　B : 빨리 일이 익숙해지게 열심히 해야지.

---

389 **詰(つ)めが甘(あま)い** 마무리가 허술하다

장기에서 승부가 결정될 것 같은 마지막 단계를 詰め라고 하는데 변하여 어떤 일의 최종 단계를 말한다. 따라서 詰めが甘い는 뒷마무리가 깔끔하지 못한 것을 의미한다.

(A) 昨日提出した書類、誤字があったぞ。

(B) すみません、すぐ直します。

(A) だいぶしっかり書類を作れるようになってきたけど、まだ詰めが甘いんだよな。

(B) はい、今後気をつけます。

A : 어제 제출한 서류에 오자가 있더군.　B : 죄송합니다. 바로 고치겠습니다.
A : 제법 서류 작성이 좋아지긴 했는데 아직 마무리가 허술해.
B : 네. 앞으로 조심하겠습니다.

390 しんどい 힘들다, 벅차다

힘들고 피곤하고 고단하다는 말이다.

(A) 新しい仕事どう？

(B) 思ってたよか大変でさ、正直しんどいよ。

(A) なんでも、初めは大変だからね。

(B) ま、ここは踏ん張りどころだと思って、がんばるよ。

• 踏(ふ)ん張(ば)り 앙버팀, 힘껏 버팀

A : 새로 시작한 일은 어때?

B : 생각했던 것보다 힘들어서 말이야. 솔직히 벅차네.

A : 무슨 일이든지 처음에는 힘드니까.

B : 그렇지. 지금은 힘껏 분발해야 할 때라고 생각하고 열심히 할게.

391 猫(ねこ)の手(て)も借(か)りたい 눈코 뜰 새 없이 바쁘다

말 그대로 '고양이의 손이라도 빌리고 싶다'라는 뜻으로 아주 바빠서 일손이 부족한 모양을 말한다.

(A) 忙しそうだね。残業ばっかりして。

(B) 急に先輩が会社を辞めちゃって。

猫の手でも借りたいほどだよ。

(A) 私にできることであったら言ってね。何でも手伝うよ。

(B) ありがとう。そう言ってくれるだけで嬉しいよ。

A : 바쁜 것 같아요. 잔업만 하고.

B : 선배가 갑자기 회사를 그만둬서 말이지. 눈코 뜰 새 없이 바쁘군.

A : 내가 할 수 있는 일이 있으면 얘기해. 뭐든지 도울 테니까.

B : 고마워. 그렇게 말해 주는 것만으로도 기쁘다.

일반적으로 길지 않은 기간 내에 어떤 성과가 눈에 띄게 나타날 때 주로 쓰는 말이다.

> **관련표현**
>
> 勉強(べんきょう)がはかどる 공부가 잘되다
> 仕事(しごと)がはかどる 일이 잘되다

Ⓐ あ～ 眠くて仕事がぜんぜんはかどらない。
Ⓑ お昼、ギョーザ食べ過ぎたんじゃない？
Ⓐ だよね。ご飯も平らげちゃったし…。
Ⓑ コーヒーでも飲んできたら？

• 平(たい)らげる 모조리 먹어 치우다

A : 아~ 졸려서 일 능률이 전혀 안 올라.
B : 점심으로 만두를 너무 많이 먹은 거 아냐?
A : 그치? 밥도 깨끗하게 비웠고 말야.
B : 커피라도 마시고 오면 어때?

Ⓐ テスト勉強はかどってる？
Ⓑ 全然。家にいるとついだらけちゃうんだよな。
Ⓐ 図書館にでも行って勉強すれば？
Ⓑ うん、図書館が一番勉強がはかどるよ。

• だらける 해이해지다, 마음이 풀리다, 나른해지다, 게으름피우다

A : 시험 공부는 잘돼 가니?
B : 전혀. 집에 있으면 나도 모르게 해이해진단 말이야.
A : 도서관에라도 가서 공부하든지?
B : 어, 도서관이 공부가 제일 잘돼.

393 キリがいい 끊기가 좋다

キリが悪(わる)い 끊기가 나쁘다

일이나 독서, 게임 등을 끝맺음하기에 시기적절한 때, 혹은 나쁜 때를 말한다.

Ⓐ ご飯できたから食べよう。

Ⓑ ちょっと、今キリが悪いから。

Ⓐ 早くしないと冷めちゃうよ。

Ⓑ うん、キリがいいところまでやってから食べるよ。

A : 밥 다 됐으니 먹자.
B : 잠깐만, 지금 손을 뗄 수가 없어서 말이야.
A : 얼른 안 오면 식잖아.
B : 어, 이것까지만 끝내고 먹을게.

394 枕(まくら)を高(たか)くして寝(ね)る 발 뻗고 자다

말 그대로 '베개를 높게 하고 자다'라는 뜻으로, 아무 불안감 없이 자는 것을 말한다.

Ⓐ 任されてた仕事がやっと終わったよ。

Ⓑ ずいぶん苦労してたみたいだね。

Ⓐ うん、なかなかうまくいかなくて大変だったけど、今晩からは、枕
を高くして寝られるよ。

Ⓑ ゆっくり休んで。

A : 책임지고 하던 일을 겨우 끝냈어.
B : 꽤 고생한 것 같다.
A : 어. 좀처럼 잘 안 풀려서 힘들었는데, 오늘 밤부터는 발 뻗고 잘 수 있겠어.
B : 편안하게 쉬어라.

395 肩(かた)の荷(に)が下(お)りる 부담을 덜다, 한시름 놓다

말 그대로 '어깨의 짐이 내려오다'라는 뜻으로, 부담을 느끼던 책임이나 의무 등에서 벗어나 마음이 편해지는 것을 말한다.

Ⓐ あの仕事、うまくいったみたいだね。

Ⓑ うん、なんとかうまくいったよ。

Ⓐ 大きい仕事だから大変だったでしょ？

Ⓑ かなりプレッシャーがあったけど、うまく片付いたから、肩の荷が おりたよ。

A : 그 일 잘된 것 같군.　B : 어. 그럭저럭 잘됐어.
A : 큰일이라서 고생했지?　B : 꽤 부담은 있었지만 잘 끝났으니 한시름 놓았어.

396 頭(あたま)が下(さ)がる 머리가 수그러지다, 존경스럽다

말 그대로 '머리가 내려가다'라는 뜻으로, 보통 사람이 하기 어려운 헌신적인 행동을 보고 마음속으로부터 존경심이 우러나와 머리가 숙여지는 것을 말한다.

Ⓐ あの人、毎朝7時には出勤してるらしいよ。

Ⓑ そんなに早く来て何してるの？

Ⓐ 経済新聞読んで勉強したり、残ってた仕事を 朝のうちにやったりしてるらしいよ。

Ⓑ うわぁ、頭が下がるね。

頭が下がる

A : 저 사람 매일 아침 7시에는 출근하는 모양이야.
B : 그렇게 일찍 와서 뭘 하는 거야?
A : 경제신문 읽고 공부하거나 남아 있던 일을 아침 시간에 하거나 하는 모양이야.
B : 와, 존경스럽군.

고민, 상담하는 장면

서른둘 노처녀(!)와 스물둘 꽃미남 신입사원과의 로맨스를 그린 드라마
<アネゴ 아네고>를 볼까요. 벌써 십 년도 더 된 드라마라 고작 서른둘에
우리의 아네고, 노처녀가 돼 있군요. 회사의 맏언니 격인 시노하라 료코.
직장 동료, 후배, 상사 할 것 없이 죄다 그녀에게 고민을 털어놓고 의지하
며 지내죠. 신기하게도 그녀에게 간 고민들은 척척 해결이 되고요. 어머,
이런 든든한 누님이 곁에 있으면 소원이 없을 거라고요? 꽃미남 신입사
원이 있는 직장이라면 기꺼이 다녀 주시겠다고요?

ここだけの話～

---

397 相談(そうだん)に乗(の)る 상담해 주다

상대의 이야기를 듣고 공감하면서 힘이 되어 주는 것을 말한다. 고민을 듣는 쪽이라면 相
談に乗るよ, 고민을 들어 달라고 부탁하는 쪽이라면, 相談に乗ってくれる？라는 표현
을 쓴다.

Ⓐ どうしたの？ 元気(げんき)ないじゃん。

Ⓑ うん、ちょっと色々(いろいろ)あって。

Ⓐ 私でよければ相談に乗るよ。

Ⓑ ありがとう、実(じつ)は誰(だれ)かに相談に乗ってほしかったんだ…。

A : 왜 그래? 기운이 없네.
B : 응, 좀 여러 가지 일이 있어서.
A : 나라도 괜찮다면 들어줄게.
B : 고마워, 실은 누군가에게 상담 좀 받고 싶었어.

398 **ここだけの話(はなし)** 우리끼리 얘기

‘ここだけの 여기만의’, ‘話 이야기’라는 말로, 우리끼리만 아는 비밀 이야기라는 뜻이다.

(A) 私、もうこの会社辞めようと思うんだ。

(B) なんで？

(A) ここだけの話、もうこの会社相当やばいみたいで、倒産するみたいよ。

(B) ほんと？ 私も転職考えたほうがいいのかな。

A : 나, 이제 이 회사 그만두려고 해.
B : 왜?
A : 우리끼리 이야긴데 이제 이 회사 상당히 힘든 것 같아, 도산할 것 같아.
B : 정말? 나도 회사 바꾸는 걸 생각해 봐야되나.

399 **一肌(ひとはだ)脱(ぬ)ぐ** 발 벗고 나서다

말 그대로 ‘一肌 피부’를 ‘脱ぐ 벗다’라는 뜻으로, 적극적으로 나서서 힘껏 도와주는 것을 말한다.

(A) 私、あの先輩のことが好きなんだ。

(B) まじで？ 俺、あの先輩と仲良いから、応援してやるよ。

(A) ほんと？ ぜひお願い！ 応援して！

(B) よっしゃ、じゃあ俺が一肌脱いでやるよ。

• よっしゃ＝よし 좋았어, 좋아

A : 나, 저 선배 좋아해.　B : 정말이야? 나, 저 선배하고 친하니까 도와줄게.
A : 정말? 제발 부탁이야! 도와주라.　B : 좋았어, 그럼 내가 발 벗고 나서 주겠어!

400 フォローする 도와주다

'지원, 원조'라는 뜻의 영어 フォロー(follow)에 'する 하다'를 붙인 말로 부족한 부분을 도와주는 것을 말한다.

(A) あの先輩、妊娠したんだって。

(B) じゃあ、今までみたいに働くのも大変だろうね。

(A) つわりもあるだろうしね。

(B) できる限り、私たちでフォローしてあげようね。

A : 저 선배, 임신했대.

B : 그럼, 지금까지처럼 일하는 것도 힘들겠네.

A : 입덧도 할 테고 말이야.

B : 힘닿는 대로 우리가 도와주자.

401 前途多難(ぜんとたなん) 전도다난, 앞날이 험난함

앞길이나 앞날에 어려움이나 재난이 많은 것을 말한다.

(A) ご両親が、結婚に反対してるんだって？

(B) うん、彼がフリーターだから、だめだって言ってて。

(A) 彼も、ちゃんと就職先は探してるんでしょ？

(B) うん、けど、なかなかいい仕事がなくて。前途多難だよ。

• フリーター 프리터 ('자유 free'와 '아르바이트 arbeit'의 합성어. 구속을 싫어해 정직으로 일하지 않고 아르바이트로만 생활하는 사람)

A : 부모님이 결혼을 반대하신다며？

B : 어. 남자친구가 번듯한 직장이 없다고 안 된다고 하시네.

A : 남자친구도 확실히 취직자리를 알아보고는 있지？

B : 그래. 그렇지만 좀처럼 맞는 일이 없어서 말이야. 앞길이 험난하구나.

402 　社交辞令(しゃこうじれい) 　빈말, 겉치레 말

말 그대로 '사교적인 응대의 말'로 좋은 관계를 유지하려고 예의상 하는 말이다.

(A) 先輩にゴルフ始めたって言ったら、今度教えてくれるって言ってくれたんだ。

(B) そんなの社交辞令でしょ。

(A) そうなのかな。期待しちゃったのに。

(B) 社交辞令をいちいち真に受けてちゃダメだよ。

• 真(ま)に受(う)ける 곧이듣다, 그대로 받아들이다

A : 선배한테 골프 시작했다고 했더니 다음에 가르쳐 주겠대.　B : 그런 건 빈말이잖아.
A : 그런가? 기대하고 있었는데.　B : 인사치레로 한 말을 일일이 곧이곧대로 받아들이면
안 돼.

403 　腹(はら)を割(わ)って 　속마음을 털어놓고

腹에 '본심, 내심'이라는 뜻이 있다. 따라서 자신의 진심이나 생각을 숨김없이 밝히는 것을 말한다.

(A) 香織って好きな人いるでしょ？

(B) えー、いないよ、そんな人。

(A) またまたー。私たち、同じ部活にも入ってることだし、腹を割って話そうよ。

(B) 本当にいないってばー。

A : 가오리, 좋아하는 사람 있지?　B : 어머, 없어, 그런 사람.
A : 뭘 그래. 우리, 같은 동아리 사람이니까, 숨기지 말고 얘기하자구.
B : 정말 없다니까.

404 ずばり 확실하게, 딱 잘라, 단도직입적으로, 정통으로

'칼 등으로 단번에 잘라 버리는 모양'이라는 뜻으로, 급소나 핵심을 정확하게 찌르는 것을 말한다.

Ⓐ あの会社に入りたいけど、就職試験難しいよね。

Ⓑ そうだね。最近不景気だし、さらに難しいだろうね。

Ⓐ 私なんかじゃ、無理だよね。

Ⓑ 無理な可能性が限りなく高いだろうね。

Ⓐ ずばり言うね～。

A : 저 회사 들어가고 싶은데, 취직 시험이 어려워서 말야.
B : 그래. 요즘 경기도 안 좋고 취직이 더 힘들거야.   A : 난 아무래도 안 되겠지?
B : 오르지 못할 나무 쳐다보지도 말라잖아. (무리일 가능성이 한없이 높잖아.)
A : <u>단도직입적으로</u> 말하는구나.

---

405 その場(ば)しのぎ 임시변통, 임시방편

직역하면 '그 자리를 견디어 냄'이란 뜻으로, 뒷일은 생각지 않고 그 자리만 얼버무리며 벗어나려고 하는 것을 말한다.

Ⓐ こんな悪い点数とってたら、大学になんていけないよ、どうしよう。

Ⓑ そうだね。このままじゃ無理だろうね。

Ⓐ そんな冷たいこと言わないでよ。何か慰めの言葉とかないの？

Ⓑ その場しのぎの言葉で慰めたって仕方ないじゃん。
自分が頑張って勉強するしかないんだから。

A : 이런 형편없는 점수로는 대학 따윈 어림도 없는데 어떡하지.
B : 그래. 이대로는 무리일걸.
A : 그렇게 냉정하게 말하지 마. 뭔가 위로해 줄 말 같은 거 없어?
B : <u>적당한</u> 말로 위로해 봤자 소용없잖아. 네 스스로 열심히 공부하는 수밖에 없으니까.

太鼓判(たいこばん)を押(お)す 확실한 보증을 하다

'太鼓判 큰 도장'을 '押す 찍다'라는 말이 변하여 틀림없는 확실한 보증을 뜻한다.

(A) このドレス、似合ってる？

(B) すごい似合ってるよ！ スタイリストの私が言うんだから間違い
ない！

(A) ちょっと派手じゃない？

(B) 大丈夫！ プロが太鼓判を押すんだから、自信持って。

A : 이 드레스 잘 어울리니?

B : 정말 잘 어울려! 스타일리스트인 내가 하는 말인데 틀림없잖아!

A : 좀 화려하지 않아?

B : 괜찮아! 프로가 확실히 보증할 테니까 자신 있게 입어.

首(くび)をつっこむ 어떤 일에 깊이 관여하다

직역하면 '목을 집어 넣다'로 관심이나 흥미를 가지고 필요 이상으로 그 일에 관여하는 것
을 말한다.

(A) あの二人、またけんかしたみたいだね。

(B) 二人の問題なんだから、首つっこむのやめておきなよ。

(A) でも、なんか気になるんだよね。

(B) そんなだから、おせっかいって言われるんだよ。

A : 저 두 사람 또 싸운 것 같아.

B : 두 사람 문제니까 깊이 관여하지 마.

A : 하지만 왠지 걱정이 돼서 말이야.

B : 그러니까 공연히 참견한다는 소릴 듣는 거라고.

408 　トラウマ　트라우마, 정신적 외상

외상 후 스트레스 장애라고도 하며, 집단 따돌림이나 교통사고, 재난, 전쟁 등의 충격적인
사건이 정신적 상처로 남아 영향을 주는 것을 말한다.

Ⓐ 彼氏ができると、すっごい束縛しちゃうんだよね。

Ⓑ あんまり束縛しすぎも良くないんじゃない？

Ⓐ 分かってはいるんだけど、昔、元彼に浮気されたことがあって、
それ以来トラウマになって、また彼も浮気するんじゃないかっ
て、つい束縛しちゃうんだ。

Ⓑ その気持ちは、分からなくはないけど、お互い、信頼することが
大事だからね。

A : 남자친구가 생기면 굉장히 구속하게 돼.

B : 너무 구속하는 것도 안 좋잖아?

A : 알고 있는데, 옛날에 사귀던 남자친구가 바람피운 적이 있어서 그 이후로 트라우마
가 생겨서 말이야. 또 이번 남자친구도 바람피우는 건 아닐까 해서 나도 모르게 구속
하게 돼.

B : 그 기분 모르는 건 아닌데 서로 신뢰하는 게 가장 중요하거든.

トラウマ

409 心(こころ)を鬼(おに)にして 마음을 독하게 먹고

말 그대로 '마음을 무섭게 하고'라는 뜻으로, 의식적으로 심한 태도를 취하는 것을 말한다.

Ⓐ 仕事に復帰したから、子供を保育園に預けるようにしたんだ。

Ⓑ もう保育園に慣れてきた？

Ⓐ それが、毎朝保育園で別れるときに大泣きしちゃうの。

Ⓑ そのうち慣れるだろうから、今は心を鬼にして会社に行くしか
ないね。

A : 일 다시 시작해서 아이를 어린이집에 맡기기로 했어.

B : 이제 어린이집에 익숙해졌어?

A : 그게 매일 아침 어린이집에서 헤어질 때 큰 소리로 우는 거야.

B : 이내 익숙해질 테니 지금은 마음 독하게 먹고 일하러 가는 수밖에 없어.

410 奮発(ふんぱつ)して 큰마음 먹고

말 그대로 '분발해서'라는 뜻으로, 큰마음 먹고 물건을 사거나 돈을 내는 것을 말한다.

Ⓐ ヴィトンのかばん、買ったの？

Ⓑ うん。ボーナスもらったから買っちゃった。

Ⓐ リッチだね！

Ⓑ 今回のボーナスは少し多めにもらえたから、奮発して買っちゃ
った。

A : 루이비통 가방 샀어?

B : 어. 보너스 받아서 샀어.

A : 부자잖아!

B : 이번 보너스는 좀 두둑하길래 큰마음 먹고 샀지.

411 清水(きよみず)の舞台(ぶたい)から飛(と)び降(お)りるつもりで 눈 딱 감고, 아주 큰맘 먹고

말 그대로 '기요미즈 무대에서 뛰어내린다는 각오로'라는 뜻으로, 과감한 결단을 내릴 때 쓰는 비유적 표현이다. 실제로 교토 '清水寺(きよみずでら) 기요미즈데라'의 난간이 무척 높은데, 그 높은 난간에서 뛰어내릴 정도로 어떤 큰 결심을 한다라는 말이다.

Ⓐ ついに車買ったんだって？

Ⓑ ローン組んで買ったよー。憧れのベンツ!!

Ⓐ すげーな。ベンツなんて。

Ⓑ 子供のころからの夢だったから、清水の舞台から飛び降りるつもりで買ったよ。

- ローンを組(く)む 대출을 받다
- 憧(あこが)れ 동경

A : 결국 차 샀다며?
B : 대출받아 샀어. 동경하던 벤츠!
A : 굉장한데. 벤츠라니.
B : 어린 시절부터 꿈이었으니까, <u>눈 딱 감고 과감하게</u> 구입했지.

しまった！

난처한 장면

난처한 상황에 처했을 때 일본어로는 어떻게 표현할까요? '勘弁してほ
しい 좀 봐줘!', 'まいった 곤란해', 'まずい 큰일이다' 등등의 말들, 일본
애니나 드라마에서 많이 들어 보셨을 거예요. 더 나아가 이 말을 실제로
써 본 적이 있다면 이젠 하산하셔도 좋습니다! 좋아하는 드라마나 애니
도 보고 일본어 공부도 하는 일석이조의 기회. 오늘 하루쯤 드라마 속 인
물이 되어 지내보셔도 좋을 듯해요.

---

412 まいった 지다, 난처하다

동사 'まいる 지다, 항복하다'에서 온 말로, 본래 뜻 '지다'와 함께 '난처하다'란 의미로도
쓴다. 중년 이후의 남자가 잘 쓰며, 두 번 연이어 まいったまいった라고도 한다.

Ⓐ 部長が、週末、ゴルフに行こうって言ってましたよ。
Ⓑ 本当？ 週末は子供の運動会があるのに、まいったな。
Ⓐ 断ると、部長、不機嫌になりますもんね。
Ⓑ そうなんだよ。うまく断る方法ないかな。

A : 부장님이 주말에 골프 가자고 하시던데요.
B : 정말이야? 주말에는 애들 운동회가 있는데 이거 난처하네.
A : 거절하면 부장님이 언짢아하실 텐데요.
B : 그러게 말야. 요령껏 잘 거절하는 법 어디 없을까.

'勘弁 용서함', '～してほしい ~해 달라, ~해 주길 원한다'라는 뜻으로, 상황이 좋지 않을 때 이번만큼은 봐 달라, 잘못을 용서해 달라는 말이다. 어떤 부탁이나 제안을 받고 이번 한 번만 봐 달라고 사정하거나 거절할 때 쓰는 표현이다.

관련표현

勘弁してよ 좀 봐줘

勘弁してください 좀 봐주세요

勘弁してくれ 좀 봐주라

Ⓐ 今日もまた会社の飲み会なんだよね。

Ⓑ またたくさん飲まされるんじゃないの？

Ⓐ そうなんだよね。上司が酒好きでさぁ。
　週に4回は飲み会あるんだぜ。まったく勘弁してほしいよ。

Ⓑ まあ、それも仕事のうちだよ。

• 仕事(しごと)のうち 일의 연장

A : 오늘도 또 회식이 있어.

B : 또 술 잔뜩 마시게 하는 거 아냐?

A : 그렇겠지. 상사가 술을 좋아하는 사람이라서 말이야. 주 4회는 술자리가 있다니까. 정말이지 좀 봤으면 좋겠어.

B : 뭐, 그것도 일의 연장이잖아.

勘弁してくれ

414 しまった 아차, 어머나, 헉

'〜してしまった ~해 버렸다'라는 뜻으로, 해야 할 일을 잊고 있었다거나 이미 한 일을
후회하는 등 실수했다는 생각이 드는 순간 내뱉는 말이다.

(A) 今日、香織ちゃんの好きな韓国ドラマの最終回だったよ。
(B) しまった、見逃しちゃった。
(A) じゃ、私がダウンロードしてあげるよ。
(B) ありがと〜！

A : 오늘 니가 좋아하는 한국 드라마 최종회였는데.
B : 헉, 못 봤다.
A : 그럼 내가 다운로드 해 줄게.
B : 고마워!

415 やばい 헐, 큰났다, 대박

'あぶない 위험하다', 'お手上(てあ)げ状態(じょうたい) 두 손 두 발 다 든 상태'라는 뜻으
로 위험하거나 불합리한 상황이 예측될 때 쓰는 말이다. 'おいしすぎてやばい 너무 맛
있다'와 같이 '最高(さいこう)である 최고다', 'すごくいい 아주 좋다'라는 뜻으로도 쓴다.

(A) やばい、もうすぐテストなのに何もしてない。
(B) 同じく…。今回も赤点とったら、夏休みも補習だ。
(A) やばいって思いながらも勉強できないんだよね〜。
(B) 今日は一緒に図書館行って勉強しようよ。

A : 헐, 좀 있으면 시험 보는데 하나도 안 했어.
B : 나도. 이번에도 낙제점 받으면 여름방학에 보충 수업 해야 하는데.
A : 큰났다는 것을 알면서도 공부가 안 되네. B : 오늘은 같이 도서관에 가서 공부하자.

416 　まずい　큰일이다

일반적으로는 '맛없다'라는 뜻으로 많이 쓰이지만, 상황이 좋지 않을 때 やばい와 비슷한 의미로 쓰기도 한다. やばい보다는 표현 정도가 약하다.

Ⓐ あ! まずい! あそこにいるの、バイト<ruby>先<rt>さき</rt></ruby>の<ruby>お店<rt>みせ</rt></ruby>の<ruby>常連<rt>じょうれん</rt></ruby>さんだ。

Ⓑ なんでまずいの? <ruby>挨拶<rt>あいさつ</rt></ruby>してくれればいいじゃん。

Ⓐ <ruby>実<rt>じつ</rt></ruby>は、<ruby>今日<rt>きょう</rt></ruby>バイトがあったんだけど、<ruby>具合<rt>ぐあい</rt></ruby>が<ruby>悪<rt>わる</rt></ruby>いって<ruby>言<rt>い</rt></ruby>ってさぼったんだ。

Ⓑ そりゃまずいね。さぼったのがばれちゃうかも。

A : 앗! 큰일이네! 저기 있는 사람 아르바이트 가게 단골손님인데.
B : 뭐가 큰일이야? 인사하고 오면 되잖아.
A : 실은 오늘 아르바이트가 있는데 몸이 안 좋다고 거짓말하고 빼먹었거든.
B : 그렇담 큰일 맞네. 땡땡이친 게 들킬지도 모르잖아.

417 　やっちゃった　한 건 하다, 실패하다, 실수하다

'やる 하다'에 '～しまった ~해 버렸다'의 회화적 표현인 ～ちゃった가 합해져서 やっちゃった가 되었다. 'またやってしまった 또 해 버렸다'와 같이 해서는 안 되는 일을 저질렀을 때 쓰는 말이다. '失敗(しっぱい)しちゃった 실수해 버렸다'와 같은 뜻이다.

Ⓐ <ruby>今日<rt>きょう</rt></ruby>、<ruby>会議<rt>かいぎ</rt></ruby>があるのに<ruby>寝坊<rt>ねぼう</rt></ruby>して<ruby>遅刻<rt>ちこく</rt></ruby>しちゃったんだよね。

Ⓑ うわー、やっちゃったね。

Ⓐ こないだも遅刻したばかりなのに、またやっちゃったよ。

Ⓑ かなり<ruby>気<rt>き</rt></ruby>まずいね。

● <ruby>気<rt>き</rt></ruby>まずい 서먹서먹하다, 거북하다

A : 오늘 회의가 있는데 늦잠 자다 지각해 버렸어.　B : 우와- 한 건 했구나.
A : 지난번 지각한 것도 얼마 안 됐는데, 또 그런 거야.　B : 꽤 눈치 보이겠다.

やましい 뒤가 켕기다, 양심의 가책을 받다, 꺼림칙하다

양심의 가책을 받거나 하여 마음에 걸리는 것을 말한다.

Ⓐ はい、プレゼント。
Ⓑ なんで？ 今日、別に記念日でもないのに。
Ⓐ いや、理由はないけど、なんとなく…。
Ⓑ あやしいなぁ。なんかやましいことでもあるんじゃないの？

A : 여기, 선물.
B : 뭐야? 오늘 딱히 기념일도 아닌데.
A : 아니, 이유는 없어. 그냥….
B : 수상하네. 뭔가 뒤가 켕기는 일이라도 한 거 아냐?

---

419 **図星(ずぼし)** 정곡

図星는 본래 '과녁 중심의 검은 점'이지만 '목표, 정곡, 핵심, 급소'라는 뜻으로도 쓴다. '図星をさす 정곡을 찌르다', '図星をさされる 정곡을 찔리다, 딱 알아맞히다'의 형태로 '생각하는 것이 딱 들어맞다, 핵심을 찌르다'라는 말이다.

Ⓐ 冷凍庫に、魚の干物もあるから、焼いて食べたら？
Ⓑ いや、そんなにお腹すいてないからいいよ。
Ⓐ 自分で焼くのがめんどーなんでしょ？
Ⓑ 違うよ、ほんとうに、そんなにお腹すいてないだけだよ。
Ⓐ またまた、図星のくせに。

A : 냉동실에 반건조 생선도 있는데 구워 먹지？　B : 아니, 별로 배 안 고프니까 괜찮아.
A : 직접 굽기가 귀찮아서 그러지？　B : 아니야, 정말로 배가 별로 안 고픈 것뿐이야.
A : 또 또, 딱 걸렸으면서.

420 **きょどる** 행동이 이상하다, 행동이 수상하다

きょどる는 '거동불심, 거동이 의심스러움, 수상함'이라는 뜻의 挙動不審(きょどうふしん)과 명사 뒤에 붙어 동사로 만들어 주는 る가 합해진 말이다. 잘못을 했거나, 대답을 못하고 피하려 하거나 하면서 불안정한 행동이나 수상한 태도를 보이는 것을 말한다.

Ⓐ 友達の結婚式に行ったら、急にお祝いの言葉を前で言ってください って頼まれちゃって。

Ⓑ ちゃんとできた？

Ⓐ 急だったし、緊張して、超きょどっちゃったよ。

Ⓑ そういうとき、ちゃんときめれば、かっこいいのに。

A : 친구 결혼식에 갔다가 갑자기 앞에서 축하인사를 해 달라고 부탁을 받았지 뭐야.
B : 제대로 했어? A : 너무 갑작스러운 일이라 긴장해서 완전 헤매 버렸어.
B : 그럴 때 제대로 해냈으면 멋있었을 텐데.

---

421 **取(と)り付(つ)く島(しま)もない**
(상대가 퉁명스러워서) 말을 붙일 수 없다

말 그대로 '발붙일 섬도 없다'라는 뜻으로, 의지할 데가 없다는 말이다. 또, 싸운 뒤 화를 내거나 까탈을 부리는 상대에게 쓰는 말이기도 하다. 너무 퉁명스러워서 말 붙이기조차 힘들다는 뉘앙스로 쓴다.

Ⓐ 彼女とけんかしたんだって？

Ⓑ うん、彼女の誕生日を忘れちゃってて、すごい怒ってるんだよね。

Ⓐ そりゃあ、お前が悪いな。早く謝って仲直りしろよ。

Ⓑ 仲直りしたいんだけど、取り付く島もないんだよ。

A : 여자친구랑 싸웠다고? B : 어. 여자친구 생일을 깜빡했더니 엄청 화를 내더라구.
A : 그렇담, 니가 잘못했네. 어서 사과하고 화해해라.
B : 화해하고 싶긴 한데 말도 못 붙이겠어.

422 ま、いっか 아무렴 어때

あ、いいかを縮った話で, 'まあ 만족스럽지는 못하나 그런대로, 아쉬운 대로, 그럭저럭'과 'いいか 좋다, 됐다'라는 뜻으로 'まぁ, それでもいいか 뭐 그래도 괜찮아', '仕方(しかた)ないか 할 수 없지'라는 뉘앙스를 담고 있다. 맞장구칠 때나 혼잣말로 중얼거릴 때 쓰기도 한다.

- Ⓐ 牛丼食べるときは、七味があると、断然おいしいんだけど。
- Ⓑ 七味きらしちゃってるんだよね。
- Ⓐ 紅しょうがもないの？
- Ⓑ うん、紅しょうがもないや。
- Ⓐ ま、いっか。そのまま食べてもおいしいし。

A : 소고기덮밥 먹을 때는 시치미 있으면 훨씬 맛있는데.　B : 시치미 떨어졌어.
A : 생강절임도 없어?　B : 어. 생강절임도 없는데.　A : 됐어. 그냥 먹어도 맛있으니까.

423 やらかす 하다, 저지르다

- (妻) 担任の先生に呼び出されたの。
- (夫) 翔太がまた何かやらかしたのか？
- (妻) うーん、それがよくわからないのよ。
- (夫) 心の準備をして行かないとな。

● 呼(よ)び出(だ)す 호출하다, 불러내다

아내 : 담임선생님이 오라셔.
남편 : 쇼타가 또 무슨 일 저지른 거야?
아내 : 음…, 그게 잘 모르겠어.
남편 : 마음의 준비를 하고 가야겠네.

술자리, 술에 관한 대화 장면

갑자기 오래전 일드 <LOVE STORY 러브 스토리>가 생각나네요. 슬럼프에 빠진 작가와 편집부 직원의 러브 스토리를 다룬 작품이었죠. 거기 보면 미팅 경험 없는 남자 주인공에게 실제 미팅을 체험하게 해주는 재미있는 장면이 나와요. 100엔 게임까지 하면서요. 동전 앞뒷면으로 키스 여부를 묻는데, 순진한 두 남녀 주인공만 곧이곧대로 경험 없다며 뒷면을 고르잖아요. 혹시 술자리 약속 있으시면 재미있는 진실게임 한 판 어떠세요?

いっきのみ~!

424　幹事(かんじ)　간사

술자리 등의 장소를 정하거나 참가 인원수를 확인하거나 진행을 도맡아 하는 등의 역할을 하는 사람을 말한다.

Ⓐ 今度の同窓会の幹事をすることになっちゃって。

Ⓑ うわ、めんどくさいね。

Ⓐ うん、でも誰かがやらないといけないことだしね。

Ⓑ 何か手伝えることあったら言ってね。出欠とるのとか、手伝うよ。

A : 이번 동창회 간사 역을 맡게 됐어.
B : 이런, 귀찮겠다.
A : 응, 근데 누군가가 하지 않으면 안 되잖아.
B : 뭔가 도울 일이 있으면 말해. 참석 여부를 물어보는 것쯤은 도울게.

425 __ いっき飲(の)み 원샷

한자로는 一気飲み, 많은 양을 한 번에 마시는 것을 말한다.

Ⓐ 新人のくせに飲み会に遅れるとは何事だ！

Ⓑ すみません、仕事がなかなか片付かなくて。

Ⓐ よし、じゃあまずはビールいっき飲みだ！

Ⓑ 勘弁してくださいよ。

A : 신입인 주제에 술자리에 늦다니 웬 말이야!
B : 죄송합니다, 일이 좀처럼 끝나지 않아서요.
A : 좋아, 그럼 먼저 맥주 원샷해!
B : 좀 봐주세요.

426 __ コールして飲(の)ませる 찍어서 술 마시게 하다

특정한 사람에게 박자에 맞춰 술을 마시도록 권하는 것을 말한다. 흔히들 박수 치면서 '원샷! 원샷!'하고 권하는 것은 一気(いっき)コール라고 한다.

Ⓐ あいつ、ベロンベロンに酔っ払ってるな。

Ⓑ みんながコールして飲ませるからだよ。

Ⓐ っていっても、2、3杯じゃん、あいつが弱すぎるんだよ。

Ⓑ いや、5、6杯は飲んでたって。みんな無責任に飲ませるんだから～。

A : 저 녀석, 해롱해롱 취했네.
B : 모두가 찍어서 마시게 해서 그렇지.
A : 아무리 그렇다고 2, 3잔으로 취한다는 건 저 녀석이 너무 약한 거지.
B : 아니야, 5~6잔은 마셨어. 모두 무책임하게 먹인다니까.

427 _ 王様(おうさま)ゲーム 왕게임

5~10명 정도가 모였을 때 할 수 있는 게임으로 제비뽑기로 왕이 된 사람이 명령을 하면 지정당한 사람이 왕의 지시대로 해야 하는 게임이다. 술자리, 미팅 등에서 주로 한다.

Ⓐ 王様ゲームやろうよ！

Ⓑ でた！合コンの定番！

Ⓐ ほら、まずはくじ引いて王様決めよう。

Ⓑ みんな、くじ引いた？じゃあ、王様だ〜れ、だ〜れ？

A : 왕게임 하자!

B : 나왔네! 미팅 때 안 하면 서운하지!

A : 그럼 먼저 제비뽑기로 왕을 정하자.

B : 모두 제비 뽑았어? 그럼 왕은 누구야?

428 _ 腹踊(はらおど)り 배춤

배에 재미있는 얼굴 그림을 그려 놓고, 배를 움직여 가며 추는 춤이다. 술자리 등에서 흥을 돋우기 위해 한다.

Ⓐ 会社の忘年会で、何かかくし芸やらないといけないんだって。

Ⓑ 腹踊りでもやれば？

Ⓐ 今時そんなことやる人いないでしょ。

Ⓑ だからこそ、けっこうウケると思うんだけどなぁ。

A : 회사 송년회에서 뭔가 장기를 보여 줘야 한다.

B : 배춤이라도 추면 어때?

A : 요즘에 그런 거 하는 사람 없어.

B : 그러니까 반응이 좋을 거 같은데.

429 　 イナバウアー　이나바우어

토리노 올림픽 피겨스케이팅의 금메달리스트 아라카와 시즈카의 특기로 독일 피겨스케이트 선수였던 이나 바우어(Ina Bauer)의 이름을 따서 만든 기술을 말한다. 발뒤꿈치를 서로 마주보면서 상체를 뒤로 젖히는 어려운 포즈다.

(A) 明日の宴会で、何か、かくし芸やらないといけないんだよね。

(B) イナバウアーでもやったら？

(A) えー、ちょっとそれ、もう古くない？

(B) 大丈夫、まだイケるって。

A : 내일 연회에서 뭔가 개인기 하나 보여 줘야 돼.　B : 이나바우어라도 해 봐?
A : 에이, 그건 좀 한물가지 않았어?　B : 괜찮아, 아직은 통하니까.

430 　 グロッキー　그로기(groggy), 몸을 못 가눔, 뻗음

그로기(groggy)는 권투 용어로 심한 타격을 받아 몸을 가누지 못하고 비틀거리는 것을 말한다. 과음을 하거나 해서 기분이 나쁘거나 몹시 지쳐서 휘청거리는 것을 말한다.

(A) 昨日、だいぶ飲んでたけど、ちゃんと家まで帰れた？

(B) それが、帰りの電車で気持ち悪くなっちゃって。

(A) やっぱり。かなり飲んでたもんね。

(B) うん、かなりグロッキーで。

A : 어제 꽤 마셨는데 제대로 집에 들어간 거야?
B : 그게 말이지, 집에 가는 전철에서 속이 안 좋아져서 말이야.
A : 역시. 꽤 마셨잖아.
B : 어. 완전 뻗었어.

431 宅飲(たくの)み 자택 음주

宅는 '自宅(じたく) 자택'을 뜻한다. 즉, 집에서 술자리를 갖는 것을 말한다.

Ⓐ 今度の週末、うちで飲み会することにしたから、時間あったらおいでよ。

Ⓑ 行く行く! 宅飲みか、いいね。

Ⓐ 居酒屋行くより、安いし、宅飲みがいいよね。

Ⓑ そうそう、それに酔っ払っても、そのまま寝ちゃえるしね。

A : 이번 주말에 우리 집에서 술 마시기로 했으니까 시간 되면 와.
B : 갈게, 가고 말고! 자택 음주라, 근사한데.
A : 이자카야 가는 것보다 저렴하기도 하고 집에서 마시는 게 좋아.
B : 그래 맞아, 더구나 술 취하면 그대로 잘 수도 있고 말이야.

432 たちが悪(わる)い 질이 나쁘다, 개가 되다

사람의 타고난 성질이나 심성이 나쁜 것을 말한다.

Ⓐ 明日香織と飲みに行く約束してるんだ。

Ⓑ 香織にあんまり飲ませるなよ。あいつ、酔うとたちが悪いから。

Ⓐ そうなの?

Ⓑ こないだ一緒に飲んだらすごい酔っ払って大騒ぎするし、大変だったんだよ。

A : 내일 가오리와 술 마시러 갈 약속했어.
B : 가오리는 많이 먹이지 마라. 걔 취하면 개가 되니까.
A : 그래?
B : 저번에 함께 술 마셨는데 많이 취해 시끄럽게 굴어서 힘들었어.

433 手(て)がつけられない　손을 쓸 수가 없다

手をつける는 '손을 쓰다', 手がつけられない는 '손을 쓸 수가 없다'라는 말이다. 어떻게 할 방법이 없는 것을 말한다.

Ⓐ あの人に、あまりお酒飲ませちゃだめだよ。

Ⓑ どうして？

Ⓐ 酔うと、手がつけられないほど暴れだすんだよ。

A : 저 사람한테 술 많이 먹이면 안 돼.
B : 왜?
A : 술 취하면 손을 쓸 수 없을 정도로 날뛰거든.

434 気(き)がおけない　스스럼없다

조심할 필요 없이 마음을 편안하게 대할 수 있는 것을 말한다.

Ⓐ 地元の友達と飲むのって楽しいよね。

Ⓑ だよな。子供のころから知ってるから、気がおけない間柄だもんな。

Ⓐ 大人になると、なかなか気がおけない友達っていうのができないしね。

Ⓑ だからこそ、昔の友達のありがたみって分かるよな。

A : 고향 친구하고 술 마시는 건 즐겁지.
B : 그럼. 어릴 때부터 알고 지냈으니까 스스럼없는 사이잖아.
A : 어른이 되면 좀처럼 스스럼없는 친구를 만난다는 게 불가능하지.
B : 그러니까 그야말로 옛 친구의 고마움을 느낀다는 거지.

435 電波(でんぱ)ない 휴대폰이 안 터지다

말 그대로 '전파가 없다'라는 뜻으로, 휴대폰 전파가 잡히지 않는 것을 말한다.

- Ⓐ ごめん、ちょっと遅れそうだから、先行ってて。
- Ⓑ でも、行こうと思ってる店、地下だから電波ないんだけど、場所分かる？
- Ⓐ あ、マジで？ 店の場所知らないんだよね。
- Ⓑ じゃあ待ってるよ。ちょっと分かりにくいところにあるから。

A : 미안, 좀 늦을 것 같으니까 먼저 가 있어.
B : 그렇지만 가려고 하는 가게가 지하라서 휴대폰이 안 될 텐데, 장소가 어딘지 알아?
A : 아, 정말? 가게 어딘지 몰라.
B : 그럼 기다릴게. 좀 찾기 어려운 곳이라서 말이야.

436 オール 올나이트

オール(all)는 'オールナイト(all-night) 올나이트'에서 온 말로 밤을 새우는 것, 특히 밤을 새워 아침까지 노는 것을 말한다.

- Ⓐ 最近、嫌なことばっかりでさぁ。
- Ⓑ 落ち込んでるみたいだね。
  今日はとことん飲もう！
- Ⓐ じゃあオールで飲もうよ！
- Ⓑ よっしゃ！ 朝まで付き合うよ！

• とことん 끝의 끝, 최후의 최후, 철저히

A : 요즘 안 좋은 일뿐이야. B : 기분 꿀꿀하구나. 오늘은 끝까지 마시자!
A : 그럼 올나이트로 마시는 거야! B : 좋아! 아침까지 함께 있어 줄게!

종료 시간 관계로 말이나 진행을 서둘러 달라는 의미로 쓴다.

관련표현

巻きでお願(ねが)いします。 줄여서 간략하게 부탁드립니다.

20分(にじゅっぷん)出番(でばん)のところ15分(じゅうごふん)に巻いてください。

20분 출연 분량을 15분으로 줄여 주세요.

Ⓐ 飲(の)み会(かい)もお開(ひら)きの時間(じかん)になってきたんで、最後(さいご)に部長(ぶちょう)から一言(ひとこと)
お願(ねが)いします。

Ⓑ よし、じゃあ、一言(ひとこと)挨拶(あいさつ)しようか。

Ⓐ あ、部長(ぶちょう)、すみません。宴会場(えんかいじょう)の予約時間(よやく)、大幅(おおはば)に過(す)ぎちゃっ
てるんで、巻きでお願(ねが)いします。

Ⓑ 分(わ)かってるよ。

• お開(ひら)き 끝, 해산

A : 술자리도 끝낼 시간이 되었고 마지막으로 부장님께 한 말씀 부탁드립니다.

B : 좋아. 자, 한 말씀 드려 볼까요?

A : 아, 부장님 죄송합니다. 연회장 예약 시간이 크게 오버된 관계로 간략하게 부탁드립니다.

B : 알았어.

사건, 사고, 추궁에 관한 대화 장면

한때 마니아층만의 전유물 같던 수사물, 추리물이 이젠 대중적인 인기를 얻고 있어요. <踊る大搜査線 춤추는 대수사선>이나 <ヒーロー 히어로 > 모두 굉장히 인기 있는 작품이었죠. 범죄 수사물이다 보니 요즘 우리 사회에서도 찬반이 엇갈리는 흉악범죄자 피의자 신상공개가 일본에서는 이미 이루어지고 있다는 사실을 알 수 있네요. 이제부터 열혈 형사 '아오시마'가 사건 사고를 낱낱이 파헤치듯 여러분도 여기에 나오는 어휘를 꼼꼼하게 익혀 보시길 바랍니다.

水ぶっかけられちゃってさ。

438　アリバイ　알리바이

어떤 장소에 있었다는 사실을 증명하는 것을 말한다.

Ⓐ 犯人はやっぱり、あいつじゃないかな。

Ⓑ でも、昨日の夜、あのお店にいたのを、店員も他の客も見てるんだよ。

Ⓐ アリバイありってわけか。

Ⓑ 動機はありそうなんだけどな。

A : 범인은 역시 그 녀석 아닐까?
B : 그렇지만 어젯밤 그 가게에 있는 걸 점원도 다른 손님도 봤다고.
A : 알리바이가 있다는 건가.
B : 동기는 있어 보이는데 말이야.

439 濡(ぬ)れ衣(ぎぬ) 누명

무고한 죄, 근거 없는 소문을 말한다.

- Ⓐ 私のケーキ食べたでしょ？
- Ⓑ 食べてないよ。
- Ⓐ うそ、あんたがケーキ食べてるの見たって子がいるんだから。
- Ⓑ 濡れ衣だよ。私は食べてないって。

A : 내 케이크 먹었지?
B : 안 먹었어.
A : 거짓말. 니가 케이크 먹는 걸 본 애가 있는데.
B : 누명이야. 난 안 먹었다니까.

440 デカ 형사, 경관
ホシ 범인, 용의자

デカ는 메이지 시대에 사복 형사가 입던 '角袖(かくそで) 소매가 각진 옷'에서 나온 말로, 형사나 경관을 뜻하고, ホシ는 범인이나 용의자를 나타내는 속어다.

- (部下) ホシはおそらく、まだこの近辺を逃亡中と思われます。
- (上司) だったら早く捕まえろ！
- (部下) 全力で捜査中です！
- (上司) デカがこれだけ揃って、なんでホシ一人捕まえられないんだ！

부하 : 범인은 필시 아직 이 근처를 도주 중인 것 같습니다.
상사 : 그럼 빨리 체포해! 부하 : 있는 힘을 다해 조사하고 있습니다!
상사 : 이렇게 많은 경찰이 모여서 왜 범인 하나를 못 잡는 거야!

441 　不幸中(ふこうちゅう)の幸(さいわ)い　불행 중 다행

불행한 일 중에 그나마 마음의 위로를 주는 것을 말한다.

ⓐ 昨日(きのう)、あそこのコンビニに、強盗(ごうとう)が入(はい)ったんだって。

ⓑ ええ？ けが人(にん)はでなかったの？

ⓐ レジにあったお金(かね ぬす)は盗まれちゃったらしいけど、けが人はでなか

　ったって。

ⓑ けが人がいないなら、**不幸中の幸い**だね。

A : 어제 저기 있는 편의점에 강도가 들었대.
B : 뭐라고? 다친 사람은 없었어?
A : 계산대에 있던 돈은 가져간 모양인데 다친 사람은 없대.
B : 다친 사람이 없으면 불행 중 다행이야.

442 　事故(じこ)る　사고를 내다

'事故 사고'에 る를 붙여 동사화한 것으로 '事故を起(お)こす 사고를 내다'와 같은 말이
다. 젊은 사람들이 흔히 쓴다.

ⓐ あいつ、バイクに乗(の)ってて**事故(じこ)った**らしいよ。

ⓑ まじで？ 大丈夫(だいじょうぶ)だったわけ？

ⓐ それが、奇跡的(きせきてき)に怪我(けが)は一(ひと)つもなかったらしいよ。

ⓑ それならよかった。

A : 저 녀석 오토바이 타다 <u>사고 냈</u>다고 해.
B : 정말? 괜찮았단 말이야?
A : 그게 말이야. 기적적으로 상처는 하나도 없었던 모양이야.
B : 그렇다면 다행이다.

443 　しらを切(き)る　시치미를 떼다, 잡아떼다

일부러 모르는 체하는 것을 말한다.

Ⓐ 私の彼、同じ会社の人だから、社内の人には、付き合ってること秘密にしてるんだ。

Ⓑ でも、こないだあの二人付き合ってるの？って聞かれたよ。

Ⓐ ほんと？ 知られちゃまずいんだけど！

Ⓑ わかってるよ。だから、しつこく聞かれても、しらを切りとおしたよ。

A : 내 남자친구가 같은 회사 사람이라서 딴 사람들한테는 교제 사실을 비밀로 하고 있어.
B : 그렇지만 요전에 저 두 사람 사귀는 거야, 하고 묻던데.
A : 정말이야? 알려지면 곤란한데!
B : 알고 있어. 그러니까 집요하게 물어봐도 시치미를 뚝 떼고 있었지.

444 　根(ね)も葉(は)もない　아무런 근거 없다, 사실 무근이다

말 그대로 '뿌리도 잎도 없다'라는 뜻으로, 사실을 뒷받침할 만한 아무런 근거가 없는 것을 말한다.

Ⓐ 香織って、あの人と付き合ってるの？

Ⓑ え？ 付き合ってないけど、なんで？
私、あの人と特に仲良くもないし。

Ⓐ 付き合ってるっていう噂を聞いたんだけど。

Ⓑ 誰がそんな根も葉もない噂流してるんだろう。

A : 가오리, 그 사람이랑 사귀는 거야?
B : 뭐라고? 사귀긴 누가 사귄다고 그래, 근데 왜? 나 그 사람이랑 특별히 사이 좋은 것도
아닌데.　A : 사귄다는 소문을 들었거든.　B : 누가 그런 근거 없는 소문을 퍼뜨리는 거야.

445　味(あじ)をしめる　맛을 붙이다, 재미를 들이다

한 번 좋은 경험을 하고 나서는 그 맛을 잊을 수가 없는 것을 말한다.

Ⓐ あの野良猫、毎晩庭に来るようになったね。

Ⓑ 実は、前に何回か余ったご飯をあげたことがあるんだよね。

Ⓐ それで味をしめて毎晩来るようになったのか。

A : 저 도둑고양이 밤마다 마당에 오잖아.

B : 실은 전에 몇 번 남은 밥을 준 적이 있어.

A : 그래서 재미 들려서 밤마다 오는 거구나.

446　根掘(ねほ)り葉掘(はほ)り　꼬치꼬치, 미주알고주알

뿌리부터 잎까지 남기지 않고 사소한 것까지 꼬치꼬치 캐묻는 것을 말한다.

Ⓐ お母さんに、彼氏といるとこ見られちゃった。

Ⓑ 何か言われなかったの？

Ⓐ どこで会ったのかとか、何してる人なのかとか、根掘り葉掘り聞かれたよ。

Ⓑ そりゃあ、どういう人なのか気になるだろうからね。

A : 엄마한테 남자친구랑 함께 있는 걸 들켰어.

B : 뭐라고 안 하시던?

A : 어디서 만났냐는 둥, 뭐 하는 사람이냐는 둥 꼬치꼬치 캐물으셨지.

B : 당연히 어떤 사람인지 걱정되셔서 그러셨겠지.

447 釘(くぎ)をさす 단단히 말해 두다, 못을 박아 두다

뒤에 문제가 생기지 않게 미리 단속해 두는 것을 말한다.

Ⓐ あの人、口が軽いから、みんなにしゃべっちゃうんじゃないかな。

Ⓑ 絶対に言うなって釘をさしておいたけど。

Ⓐ こないだもそう言っておいたんだけど、結局口をすべらしちゃったんだよね。

Ⓑ もう一回、強く釘をさしておいたほうがいいかな。

A : 저 사람 입이 가벼워서 모두에게 말해 버릴 텐데.
B : 절대로 말하지 말라고 단단히 말해 두긴 했는데.
A : 요전에도 그렇게 말해 뒀는데 결국 말실수를 해 버렸거든.
B : 한 번 더 단단히 못 박아 두는 편이 좋을까?

448 見当(けんとう)がつく 짐작이 가다, 예상되다

확실하지 않은 일에 대한 대체적인 예상을 하는 것을 말한다.

Ⓐ 台の上の花瓶を割ったの誰かしら?

Ⓑ だいたい見当はついてるけど…。

Ⓐ え? 誰?

Ⓑ 猫のミミだよ! いつもこの台の上に乗って遊んでるもん。

A : 테이블 위에 있던 꽃병을 누가 깼을까?
B : 대충 짐작이 가는데….
A : 어머? 누구야?
B : 고양이 미미야! 늘 이 테이블 위에 올라와 놀잖아.

449 氷山(ひょうざん)の一角(いっかく) 빙산의 일각

알려진 일이 일의 전체 중의 아주 적은 부분이라는 말이다.

Ⓐ 今朝痴漢にあったの！

Ⓑ え？ 大丈夫だった？

Ⓐ うん、近くにいたサラリーマンの人が助けてくれて、痴漢犯も捕
まったから。

Ⓑ よかったね。でも、痴漢にあっても、怖くて黙ってる子も多いし、
痴漢犯が捕まっても、本当に氷山の一角でしかないんだろうね。

A : 오늘 아침에 치한을 만났어!　B : 뭐? 괜찮아?
A : 어. 가까이에 있던 샐러리맨이 구해 줘서 치한도 잡았으니까.
B : 다행이다. 그치만 치한한테 당해도 무서워서 잠자코 있는 애들도 많고, 치한이 잡혀
　도 정말 빙산의 일각일 뿐일 거야.

450 ぶっかけられる 뒤집어쓰다

'ぶっかける 세차게 끼얹다, 마구 뿌리다'라는 뜻에 られる가 이어진 수동 표현이다.

Ⓐ なんで、そんなに服濡れてるの？

Ⓑ 花屋の前通ったら、水まきしてて、水ぶっかけられちゃってさ。

Ⓐ うわー、災難だったね。

• 水(みず)まき 물을 뿌림, 또는 물뿌리개

A : 왜 그렇게 옷이 젖었어?
B : 꽃가게 앞을 지나다가 물을 뿌리고 있어서 물벼락 맞았지 뭐야.
A : 저런, 운이 나빴구나.

'猫(ねこ) 고양이'와 'ばば 응가(유아어)'가 합쳐진 말로, 고양이가 자신의 똥을 흙으로 덮어 감추는 것에서 나온 말이다. 즉, 나쁜 일을 저질러 놓고는 모르는 척한다는 뜻이다. 특히 주운 물건을 슬쩍할 때 쓴다.

(A) あれ？ このペン、学校のじゃない？

(B) うん、同じようなのがいっぱいあったからネコババしてきちゃった。

(A) いくらいっぱいあったからって、だめじゃない。

(B) 分ったよ、明日元の場所に戻しておくよ。

A : 어머? 이 펜 학교 거 아냐?
B : 어. 똑같은 게 잔뜩 있길래 슬쩍해 왔어.
A : 아무리 많았어도 그렇지, 그럼 안 되잖아.
B : 알았어. 내일 제자리에 갖다 놓을게.

ネコババ

situation nihongo **24**

음식, 다이어트에 관한 대화 장면

가끔 '맛방'인지 드라마인지 헷갈릴 때가 있는데요, 일본 드라마에 나오는 음식 장면은 그야말로 압권이에요. おいしい! うまい! 소리가 그칠 줄 모르네요. <ランチの女王 런치의 여왕>을 보다가 오므라이스에 푹 빠졌더랬죠. <バンビ~ノ! 밤비노>를 볼 때는 스파게티였어요. <ホタルの光 2 호타루의 빛 2>를 볼 땐 글쎄 스키야키가 어찌나 먹고 싶던지요. 다이어트 중이라면 '맛방' 같은 일드 시청은 당분간 자제하시라고 말씀드리고 싶네요.

舌鼓をうつ

---

452 おススメ 추천

'勧(すす)め 추천'이라는 말에 'お 미화어(순수 일본어 앞에 붙어 말을 아름답고 부드럽게 해 주는 접두어)'를 붙인 말이다. 쇼핑이나 음식 주문할 때 많이 쓰는 표현이다.

Ⓐ 何をお探しですか？

Ⓑ ファンデーション買いたいんですけど、よく分からなくて。
　 おススメのものありますか？

Ⓐ こちらが今一番売れてるもので、おススメですよ。

Ⓑ そうなんですか。ちょっと試してみてもいいですか。

A : 뭘 찾으십니까?
B : 파운데이션을 사고 싶은데, 잘 몰라서요. 추천할 만한 제품이 있나요?
A : 이게 지금 가장 잘 나가는 제품으로 추천합니다.
B : 그래요. 좀 써 봐도 될까요?

호화로운 요리를 말한다.

> 관련표현

先生(せんせい)にご馳走する 선생님에게 맛있는 음식을 대접하다
先生にご馳走になる 선생님에게 맛있는 요리를 대접받다
おごる 한턱내다
おごってもらう 얻어먹다
ご馳走様(ちそうさま) 맛있게 잘 먹었어
ご馳走様でした 맛있게 잘 먹었습니다

Ⓐ うわぁ、今日(きょう)はご馳走だね。
Ⓑ お兄(にい)ちゃんが試験(しけん)に合格(ごうかく)したから、そのお祝(いわ)い。
Ⓐ 毎日(まいにち)こんなご馳走だったらいいのに。
Ⓑ 毎日こんなに作(つく)ってたら、家計(かけい)が大赤字(おおあかじ)になっちゃう。

• 大赤字(おおあかじ) 적자가 크게 남

A : 우왜! 오늘은 <u>진수성찬</u>이네.
B : 오빠가 시험에 합격해서, 그 축하파티.
A : 매일 이런 <u>진수성찬</u>이면 좋겠는데.
B : 매일 이렇게 만들었다간 가계부에 큰 구멍이 날걸.

454 食(く)いつく 혹하여 달려들다, 적극적으로 나오다

적극적으로 흥미를 가지고 달려드는 것을 말한다.

(A) あのデパートのレストラン街って、有名なお店がいっぱい入ってるんだって。

(B) ふーん。

(A) 韓国料理屋とかもあるんだって。

(B) 本当？行ってみたい！

(A) 急に食いついてきたね。

(B) だって、私、韓国料理大好きなんだもん。

A : 저 백화점 식당가에는 유명한 가게가 거의 다 입점해 있다.　B : 그래?
A : 한국 음식점도 있다.　B : 정말? 가 보고 싶어!　A : 갑자기 <u>적극적으로</u> 나오네.
B : 왜냐면 나, 한국 음식 굉장히 좋아한단 말이야.

455 無性(むしょう)に 몹시, 공연히

어떤 감정이 심하게 일어나는 것을 말한다.

(A) 夕飯、何食べようか。

(B) なんか、無性に辛いものが食べたいんだよね。

(A) そういう時ってあるよね。

(B) よし、今夜はキムチチゲ食べに行こう！

A : 저녁 뭐 먹을까?
B : 왠지 <u>몹시</u> 매운 음식이 먹고 싶다.
A : 그럴 때가 있어.
B : 좋았어. 오늘 저녁은 김치찌개 먹으러 가자!

目(め)の色(いろ)が変(か)わる 눈빛이 달라지다

말 그대로 '눈빛이 변하다'라는 뜻으로, 무엇을 얻으려고 필사적이 되는 것을 말한다.

Ⓐ あそこのお店(みせ)のチョコレートケーキ、すごくおいしいよ。

Ⓑ 本当(ほんとう)？ どこどこ？ どこのお店(みせ)？

Ⓐ ケーキ、すごい好(す)きみたいだね。
チョコレートケーキって言(い)った瞬間(しゅんかん)に目(め)の色(いろ)が変わったよ。

Ⓑ うん！ ケーキ、大好物(だいこうぶつ)なんだよね！

A : 저 집 초콜릿 케이크 정말 맛있어.
B : 정말? 어디어디? 어느 집?
A : 케이크 정말 좋아하나 보다. 초콜릿 케이크라고 말한 순간 눈빛이 달라졌어.
B : 응! 케이크 정말 좋아해!

舌鼓(したづつみ・したつづみ)を打(う)つ
혓소리를 내며 맛있게 먹다, 맛있게 쩝쩝대며 먹다

직역하면 '혀로 북을 친다'는 말로, 음식의 맛에 대해서 칭찬할 때 쓰는 표현이다.

Ⓐ 北海道(ほっかいどう)への旅行(りょこう)はどうでしたか？

Ⓑ とにかく料理(りょうり)がおいしくて、最高(さいこう)でした。

Ⓐ 何(なに)がおいしかったですか？

Ⓑ やっぱりカニですね。新鮮(しんせん)なカニに舌鼓(したづつみ)をうちましたよ！

A : 홋카이도 여행은 어떠셨나요?
B : 여하튼 음식이 맛있어서 최고였습니다.
A : 어떤 음식이 맛있던가요?
B : 역시 게 요리지요. 신선한 게 요리를 어찌나 맛있게 먹었는지 몰라요.

---

458 こだわり　신경 씀

사소한 데에 필요 이상으로 신경 쓰는 것을 말한다. こだわり의 동사는 こだわる로, 우리말로 해석할 때 '특별하게 생각하는 것, 남다른 고집, 독특한 작품, 장인 정신'등 다양하게 해석될 수 있으므로 주의해야 한다. 예를 들어, 식재료에 신경을 많이 쓰면 食材(しょくざい)にこだわる, 음식점 요리사가 자신만의 비법으로 장인 정신을 가지고 요리를 만들면 味(あじ)にこだわる가 된다.

Ⓐ このお店のものは、何でもおいしいですね。

Ⓑ ありがとうございます。食材にこだわってるんですよ。

Ⓐ だから素材の味が生かされておいしいんですね。

Ⓑ ええ、農家と直接取引してるから、安くて、新鮮なものを使えるんです。

A : 여기 음식은 뭐든지 맛있네요.　B : 고맙습니다. 식재료를 엄선하고 있습니다.
A : 재료의 맛이 살아 있어서 맛있는 거로군요.
B : 네. 산지와 직접 거래하고 있어서 값싸고 신선한 재료를 쓸 수 있습니다.

---

459 大食(おおぐ)い　대식가

많이 먹는 것을 말한다.

Ⓐ よく食べるね。

Ⓑ うん！ いつも二人前は食べるね！ 大食いなの。

Ⓐ なのになんでそんなに細いの？ 痩せの大食いだね。

Ⓑ 見えないとこは太ってるんだよ～。

A : 잘 먹는다.　B : 응! 항상 2인분은 먹어! 대식가야.
A : 근데 왜 그렇게 말랐어? 마른 대식가네.
B : 안 보이는 데는 살이 쪘지.

460 奥(おく)が深(ふか)い 심오하다

의미가 깊은 것, 깊이가 있는 것을 말한다.

ⓐ 最近(さいきん)、コーヒーに凝(こ)ってて、自分(じぶん)で豆(まめ)から淹(い)れてるんだ。

ⓑ なんだかおしゃれだね。

ⓐ コーヒーもけっこう奥(おく)が深(ふか)くてさ、種類(しゅるい)もたくさんあって、おもしろいよ。

ⓑ 喫茶店(きっさてん)でも始(はじ)めてみたら？

A : 요즘 커피에 빠져서 직접 원두를 내려 마시고 있어.
B : 어쩐지 멋스러운데.
A : 커피도 꽤 심오해서 말이야. 종류도 다양하고 흥미롭다니까.
B : 찻집이라도 시작해 보든지?

461 ハマる 빠지다, 빠져들다

본래 はまる는 '강에 빠지다', '덫에 걸리다'와 같이 깊은 구멍이나 나쁜 상황에 빠져드는 것을 뜻하지만, 여기서는 '뭔가에 열중하다, 빠져들다, 열심히 하다'라는 뜻으로 쓰인다. 주로 연애나 취미에 관한 내용을 표현할 때 많이 쓰며, 夢中(むちゅう)になる, 熱中(ねっちゅう)する와도 의미가 같다.

ⓐ このアイス、超(ちょう)おいしいんだよ！

ⓑ 本当(ほんとう)だ！ すごいおいしいね。

ⓐ はまっちゃって、毎日(まいにち)食(た)べてるんだ。

ⓑ お腹(なか)壊(こわ)さないようにね。

ハマる

A : 이 아이스크림, 짱 맛있어!　B : 정말! 진짜 맛있다.
A : 아이스크림에 빠져서 매일 먹고 있어.　B : 배탈 안 나게 조심해.

やつれる 수척해지다, 여위다

일반적으로 많이 쓰는 '痩(や)せる 마르다, 살이 빠지다'와 달리, やつれる는 '건강이 안 좋아 보이게 마르다'라는 뜻으로 쓰는 말이다.

Ⓐ なんか、最近^{さいきん}やつれたみたいだけど、大丈夫^{だいじょうぶ}？

Ⓑ そう？ 忙^{いそが}しくて、食事^{しょくじ}する時間^{じかん}もないからかな。

Ⓐ 忙しくても、ご飯^{はん}は食^たべないと。
それでなくても痩^やせてるんだから。

A : 왠지 요즘 수척해진 것 같은데 괜찮아?
B : 그래? 바빠서 밥 먹을 시간도 없어서 그런가.
A : 바빠도 밥은 먹어야지. 안 그래도 말랐잖아.

やけになる 자포자기가 되다

일이 자기의 생각대로 되지 않아 앞뒤 분별없이 행동하는 것을 말한다.

Ⓐ ダイエットしてるのに、昨日^{きのう}すごい食^たべちゃった。

Ⓑ なかなか我慢^{がまん}できないよね。

Ⓐ そうそう。ついケーキ食べちゃって、やけになって他^{ほか}のお菓子^{かし}も
食べちゃったんだ。

A : 다이어트 중인데 어제 엄청나게 먹었어.
B : 좀처럼 참는다는 게 쉽지 않아.
A : 맞아 맞아. 나도 모르게 케이크를 먹고는 될 대로 되란 생각에 딴 과자도 먹어 버렸다
니까.

464 病(や)み上(あ)がり （병에서) 회복된 지 얼마 안 됨

병에서 회복된 지 얼마 안 된 상태, 또는 그런 사람을 말한다.

Ⓐ まだ仕事終わらないの？

Ⓑ うん、もうちょっとやっていかないと。

Ⓐ 病み上がりなんだし、無理しないで。

Ⓑ 分かってる、ありがとう。

A : 일 아직 안 끝나?
B : 응, 좀 더 해야 해.
A : 회복된 지 얼마 안 됐으니까 무리하지 마.
B : 알아, 고마워.

病み上がり

situation nihongo 25

일상적인 수다 장면

생생한 상황별 일본어 어휘의 끝으로 여자끼리, 남자끼리 가볍게 수다를 나누는 장면에서 들을 수 있는 평범한 어휘들을 모아 봤어요. 빼놓고 가자니 아쉽고 많이 쓰진 않는 '잡동사니' 같은 말들이죠. 훌랑 버리지 말고 한곳에 잘 보관해 뒀다가 필요할 때 써 보세요.

여기에 소개된 어휘만으로는 부족하다 싶으시죠? 이제부터는 여러분이 찾아 추가하시면 돼요. 일본 애니나 드라마를 볼 때 좀 귀찮더라도 생생한 생활 속 어휘들을 찾아 기록하는 습관을 들여 보세요. 일본어 실력 업그레이드는 멀리 있지 않습니다.

---

465 ガラクタ 잡동사니

Ⓐ これ、子供の時からの宝箱なんだ。

Ⓑ 何これ、ガラクタばっかじゃん。

Ⓐ 私にとっては、大切な思い出なんだよ。

Ⓑ ふ〜ん、私にはゴミにしか見えないけど…。

A : 이거 어릴 때부터 간직해 온 내 보물 상자야.
B : 뭐야 이게, 잡동사니뿐이잖아.
A : 나한테는 소중한 추억이야.
B : 음. 나한테는 쓰레기로밖에는 안 보이는데….

ナマ足

ガラクタ？
宝物？

466 ___ マニア 마니아

어떤 한 가지 일에 몹시 열중하는 사람을 가리키는 말이다.

Ⓐ あの人、実は鉄道マニアらしいよ。

Ⓑ 知ってる！前に電車の写真を自慢げに見せられたことある。

Ⓐ 彼女も鉄道好きなんだって。

Ⓑ へー。鉄子なんだ。

● 鉄子(てつこ) 철도 관련 제품에 몹시 열중하는 여성

A : 저 사람, 실은 철도 <u>마니아</u>래.
B : 알아! 전에 전철 사진을 자랑하듯 보여 준 적이 있어.
A : 여자친구도 철도를 좋아한대.
B : 어머~, 철도녀구나.

467 ___ パシリ 졸병, 쫄다구

주로 젊은 사람들이 쓰는 속어로, 심부름꾼이라는 뜻이다. 가장 약한 막내에게 물건 사오기나 청소 같은 잡다한 일을 시켜 부려먹을 때 쓰는 말이다.

Ⓐ 亮君、ちょっとコンビニでジュース買ってきてよ。

Ⓑ やだよ、人をパシリに使うなよ。

Ⓐ いいじゃん、行ってきてよ、ね、お願い！

Ⓑ しょうがねぇなあ。じゃあ行ってきてやるよ。

Ⓐ (本人がいないところで…) やっぱり、亮君って、いいパシリだよね。

A : 료, 편의점에서 주스 좀 사와.　B : 싫어. 사람 쫄따구처럼 부리지 마.
A : 괜찮잖아. 사다 주라, 어, 부탁이야!　B : 할 수 없군. 그럼 다녀와 주지.
A : (료가 없는 곳에서…) 역시 료는 충실한 쫄다구지.

ナマあし 맨발

'生(なま) 생, 날'에 '足(あし) 발'이 합해진 말로 '맨발'이라는 뜻이다. 素足(すあし)와 같은
의미로 남자보다는 여자에게 주로 쓴다.

Ⓐ 最近暑くなってきたし、ナマあしの季節だね。
Ⓑ 足をきれいに見せるために、お手入れしないと！
Ⓐ エステに通ってる人も多いよね。
Ⓑ 汚い足じゃ、ナマあしになれないしね。

• 手入(てい)れ 손질함

A : 요즘 날씨도 더워지고, 맨발의 계절이 왔네.　B : 발 예뻐 보이려면 관리 좀 해야겠어.
A : 피부관리실 다니는 사람도 많지?　B : 지저분한 발이면 맨발로 다니기도 그러니까.

バッサリ 싹, 싹뚝

미련 없이 단칼에 베는 모양을 나타낸다.

Ⓐ うわぁ、ずいぶんバッサリ髪切ったね！
Ⓑ うん、ロングヘアーに飽きたから。
Ⓐ ショートヘアーもよく似合うね。
Ⓑ ほんと？ よかった。
　　ちょっとバッサリいき過ぎたかなって思ってたんだけど。

• ずいぶん 몹시, 아주, 대단히

A : 와아, 아주 머리를 싹뚝 잘랐네!　B : 응, 긴 머리에 질려서.
A : 쇼트커트도 잘 어울린다.
B : 정말? 다행이다. 너무 바싹 자른 거 아닌가 하고 걱정했는데.

470　冷(ひ)え性(しょう)　냉한 체질

몸이 금세 차가워지는 것을 말한다.

(A) オフィス内って、クーラーききすぎだよね。

(B) ほんと。私冷え性だから、辛くって。

(A) 体に悪いよね。

(B) 仕事が終わるころには、骨の髄まで冷えちゃってるよ！

A : 사무실 안은 에어컨 바람이 너무 강해.

B : 정말이야. 난 냉한 체질이라 견디기가 힘들어.

A : 몸에 좋진 않지.　B : 퇴근할 무렵엔 뼛속까지 시릴 정도야!

471　無難(ぶなん)　무난

이렇다 할 단점이나 흠잡을 데가 없는 것을 말한다.

(A) 友達の結婚式に呼ばれたから、ドレス買いたいんだよね。

(B) けっこう高いよね、ドレス。

(A) そうなの。だから長く着られるのがいいんだけど、何色がいいかな？

(B) 黒が無難じゃない？

(A) でも、みんな黒着てるよね。

(B) 小物で華やかにすれば、他の人とも差がつくよ。

無難

A : 친구 결혼식도 초대받고 했으니 드레스 사고 싶어.

B : 꽤 비싸지, 드레스.

A : 맞아. 그러니까 오래 입을 수 있는 게 좋을 텐데 무슨 색이 좋을까?

B : 검정색이 무난하지 않을까?　A : 그치만 다들 검정색으로 입고 오잖아.

B : 액세서리로 화려하게 꾸미면 딴 사람들하고 달라 보일 거야.

472 **ややこしい** 복잡하다

복잡하고 번거로운 것을 말한다.

Ⓐ 私のせいで、あのカップル、けんかしたみたいなんだよね。

Ⓑ 二人(ふたり)の問題(もんだい)なんだし、二人で解決(かいけつ)するでしょ。

Ⓐ でも、誤解(ごかい)させちゃったみたいだし、やっぱ何(なん)か言(い)ってきた方(ほう)が
いいかな。

Ⓑ やめときなよ。変(へん)に口出(くちだ)ししても、ややこしくなるだけなんだから。

A : 나 때문에 저 커플 싸웠나 봐.
B : 두 사람 문제니 둘이서 해결하겠지.
A : 그래도 나 때문에 오해가 생겼는데 아무래도 뭐라고 말해 주고 오는 게 좋으려나?
B : 그만둬. 어설프게 끼어들면 복잡해질 뿐이니까.

473 **引(ひ)き立(た)て役(やく)** 들러리 역할

남을 한결 돋보이게 하는 역할을 말한다. 또는 그런 사람을 가리킨다.

Ⓐ 昨日(きのう)の合(ごう)コンどうだった？

Ⓑ それがさ、一人(ひとり)、大学生(だいがくせい)の若(わか)くて可愛(かわい)い子(こ)が来(き)てさぁ。

Ⓐ そりゃあ不利(ふり)だね。

Ⓑ うん、もう私たちなんて、みんな30近(ちか)いし、その子の引(ひ)き立(た)て役(やく)
でしかなかったよ。

A : 어제 미팅 어땠어?
B : 그게 말이야, 대학생에다 어리고 귀여운 애 하나가 나와서 말이지.
A : 그렇담 불리하잖아.
B : 그래. 이미 우린 다 서른이 가까운데 별 수 있니, 그 애 들러리만 서다 왔지 뭐.

474 本音(ほんね) 본심, 진심
建前(たてまえ) 표면적인 마음

속에 있는 감춰진 마음을 本音라고 하는데, 자신의 마음을 함부로 드러내지 않는 일본인의 특성을 말할 때 자주 나오는 표현이다. 그 반대는 建前라고 한다.

Ⓐ 新しい部署はどう？ 大変でしょ？

Ⓑ そうだね、でも先輩たちがよくしてくれるから…。

Ⓐ 本当に？ 同期なんだし、本音で話そうよ〜。

Ⓑ 建前ぬきで言うと、大変すぎて、毎日ストレス受けてばっかだよ。

A : 새로운 부서는 어때? 힘들지? B : 그렇지 뭐, 하지만 선배들이 잘해 줘서….
A : 정말? 동기니까, 본심을 말해 봐~.
B : 탁 까놓고 얘기하자면 너무 힘들어서 매일 스트레스만 열나 받고 있어.

475 めぼしをつける 찜해 두다, (범인으로) 점찍다

めぼし는 '어림, 짐작, 목표'라는 뜻으로, 보통 동사 つける와 함께 쓰인다.

Ⓐ 誕生日プレゼント、彼氏に何を買ってもらうつもりなの？

Ⓑ かばんが欲しくて。

Ⓐ もう欲しいかばん決まってるの？

Ⓑ うん、デパートに下見に行って、めぼしをつけてきた。

•下見(したみ) 미리 보고 조사해 두는 것

A : 생일선물로 남자친구한테 뭐 사 달라고 할 거야?
B : 가방이 갖고 싶은데.
A : 벌써 갖고 싶은 가방은 정해 놨어?
B : 어. 백화점에 가서 사전조사하고 찜해 두고 왔어.

476 定番(ていばん) 기본, 간판, 대표

유행을 타지 않고 늘 안정된 수요가 있는 기본 상품을 말한다. 노래에서도 '대표곡'이란 뜻으로 쓴다.

Ⓐ 夏になるとサザンが聞きたくなるよね〜！

Ⓑ もう定番だよね。• サザン=サザンオールスターズ 사잔 올 스타즈 (가수)

Ⓐ そうそう、海で聞く定番ソングっていえばサザンだし！

Ⓑ いい曲ばっかだもんね。

A : 여름이 되면 사잔 올 스타즈가 듣고 싶어지지!
B : 이제 <u>당연한 게</u> 됐어.
A : 맞아 맞아, 바다에서 듣는 <u>대표적인</u> 노래 하면 사잔 올 스타즈고.
B : 곡들이 하나같이 다 좋잖아.

サザン・オールスターズ

477 手加減(てかげん) 손대중, 사정을 봐 줌

'손으로 조절함'으로 적당히 손대중으로 분량이나 정도를 재는 것, 상대를 고려하여 적당히 봐주는 것을 말한다.

Ⓐ ボーリングで負けた方が、夕飯奢りね！

Ⓑ 俺、相当うまいぜ、ボーリング。

Ⓐ 私も超得意だよ。

Ⓑ よっしゃ、じゃあ女だからって手加減しないよ。

A : 볼링에서 진 쪽이 저녁 내기다!
B : 나 꽤 하는데, 볼링.
A : 나도 진짜 잘해.
B : 좋았어, 그럼 여자라고 <u>적당히</u> 봐주는 거 없다.

478 　ゆるキャラ 유루캐라

'ゆるい 느슨하다'의 ゆる와 'キャラクター 캐릭터'의 キャラ가 합해진 말로, 지자체 등에서 이벤트, 캠페인, 특산품 홍보용으로 만든 캐릭터를 말한다. 일반적인 상업용 캐릭터에 비해 그 모습이나 이름 등이 다소 어설프긴 하지만 사람들에게 친근감 있게 느껴진다고 하여 ゆるキャラ라고 부른다. 돗토리 현에서는 이런 마스코트를 모아 운동회를 열기도 한다.

Ⓐ 最近、ゆるキャラって流行ってるよね。

Ⓑ そうそう、地方の町おこしのために、ゆるキャラを作ってるところも増えてるしね。

● 町(まち)おこし 지방 자치체가 그 고장의 경제·산업·문화 등의 활성화를 도모하고 발전시키는 것

A : 요즘 유루캐라가 유행하고 있어.
B : 그래 맞아, 고장 활성화를 위해서 유루캐라 만드는 곳도 늘어나는 추세야.

479 　エコ(eco) 에코 (환경, 자연)

'エコロジー(ecology) 생태학'의 앞 세 글자에서 따온 말로, 자연이나 생태 그 자체, 혹은 자연을 훼손하지 않는 친환경적인 삶이나 물건 등을 말한다. 에코인의 필수품으로는 'マイ箸(はし) 개인젓가락', 'エコバック 에코백' 등이 있다.

Ⓐ 水筒持ち歩いてるの？

Ⓑ うん。最近エコに目覚めて。マイ箸も持ち歩いてるし。

Ⓐ へー。私もエコバックは持ってるけど。

● 持(も)ち歩(ある)く 갖고 다니다

A : 물통 가지고 다니니?
B : 어. 요즘 환경을 생각해서 말이야. 개인젓가락도 들고 다니는걸.
A : 그렇구나~. 나도 장바구니를 갖고 다니기는 하는데.

480 売(う)れ筋(すじ)　히트상품
死(し)に筋(すじ)　썰렁 상품. 죽 쑤는 상품

인기가 있는 상품을 말한다. 반대는 死に筋라고 한다.

(電気屋にて)

(A) 冷蔵庫を新しく買い換えたいんですけど、どんなのが人気ですか？

(B) 売れ筋として、やっぱり省エネタイプのものですね。

(A) 普通のより、ちょっと高いんですよね？

(B) 若干高めではありますが、電気代も節約できますし、何より環境に優しいので、人気がありますね。

- 買(か)い換(か)える 새로 사서 바꾸다
- 省(しょう)エネ＝省エネルギー 에너지 절약
- 若干(じゃっかん) 약간

(전자제품 매장에서)

A : 냉장고를 새 걸로 바꿀까 하는데 어떤 게 인기 있나요?

B : 히트상품을 말씀드리자면, 역시 절전 기능이 있는 모델입니다.

A : 보통 것보다 좀 비싸겠네요?

B : 가격이 약간 높은 편이지만 전기 요금도 절약되고 무엇보다 친환경 제품이라서 많이 찾으십니다.

인생 소설을 일본어로!
일본 배우 기무라 타에 낭독

「晴れの日ばかり歩いていたら、目的地には辿り着けないんだよ」

"좋은 날만 걸어선 목적지에 이를 수 없단다."

父は、そう言った。その言葉の深さが、最近わかるようになったと思う。

아버지가 말했다. 나는 요즘 들어서야 그 말의 깊이를 이해했다.

人生は、雨の日が多い。やっと晴れたと思っても、気がつくと雷雲。

인생은 궂은 날이 더 많다. 이제 좀 맑아졌나 싶다가도 어느새 먹구름이다.

ため息で、窓ガラスが曇る。まずは、一歩。とにかく歩いてみること。

한숨으로 창문이 뿌얘진다. 그래 한 걸음씩, 여하튼 걸어 보는 거다.

どしゃ降りでも、家を出る。外に出る。

억수 같은 비가 퍼부어도 집을 나선다. 밖으로 나간다.

そのうち、空に明るさが戻ることを信じて。

이내 하늘빛이 밝아지리라 기대하며.

인생 소설을 일본어로!
《세상에 하나뿐인 책》

wrap up

1 알아 두면 득이 되는 '부사' 익히기

일본어 표현을 더욱 풍부하게 해 준다!

2 회화에 자주 나오는 '속담' 익히기

일상회화에서 관용어처럼 쓰인다!

'회화체 말'을 익히기 위한
마무리 운동

石の上にも三年

알아두면 득이 되는 '부사' 익히기

일본 애니나 드라마와 같은 영상물, 물론 예능프로그램이나 영화도 포함되겠죠. 이런 영상물을 활용한 어휘 공부를 저는 적극 추천해요. '오겐끼데스카, 와타시와겐끼데스. 오겐끼데스카, 와타시와겐끼데스.' 아마 일본어를 모르는 분들도 이 대사만큼은 아실 거예요. 놀라운 건 이와이 슌지 감독의 <Love Letter 러브레터>가 20년도 더 된 영화라는 사실보다 아직도 우리의 기억 속에 저 대사가 남아 있다는 거죠. 여기서 다루는 의성어나 의태어 같은 비슷비슷한 부사어들은 생생한 회화체 말로 익혀서 오래 기억해 두세요.

ヘラ～   ヘラ～

---

481   うっかり   무심코, 멍청히, 깜박

뭔가 잊어버렸을 때 쓰는 말이다.

Ⓐ 何かこげた匂いしない？

Ⓑ あ！カレーあっためてるの、うっかりしてた！

Ⓐ もー、こないだも魚丸焦げにしたばっかじゃん。

Ⓑ ついうっかりしちゃうんだよね。

A : 뭔가 타는 냄새 안 나니?
B : 어머! 카레 데우고 있었는데, 깜박 잊고 있었어!
A : 어휴, 요전에 생선 통째로 다 태워 먹은 지 얼마나 됐다고.
B : 나도 모르게 깜박해 버리네.

いきいき 생기발랄

활기차고 건강한 모양을 나타낸다.

Ⓐ あの人、相当韓国ドラマが好きみたいだね。

Ⓑ だよね。その話してるとき、すっごくいきいきしてるもんね。

Ⓐ 話出すと止まらないしね。

Ⓑ あれだけ、いきいき語れるものがあるっていうのも、うらやましい
　 ものだよ。

A : 저 사람 상당히 한국 드라마를 좋아하는 모양이야.
B : 그런가 봐. 드라마 이야기할 때면 굉장히 활기차잖아.
A : 말을 시작하면 멈추지 않지.
B : 저렇게 생기 있게 말할 거리가 있는 것도 부러울 따름이야.

うかつに 섣불리

주의가 부족한 것, 또는 세상 물정에 어두운 것을 말한다.

Ⓐ 知らないアドレスからのメールはうかつに開けないほうがいいよ。

Ⓑ どうして？

Ⓐ ウィルスにかかることもあるし、変なサイトに入ってしまうこともあ
　 るらしいから。

Ⓑ こわいね、気をつけよう。

A : 잘 모르는 주소의 메일은 섣불리 열지 않는 게 좋아.　B : 왜?
A : 바이러스에 걸릴 수도 있고 이상한 사이트에 들어가는 경우도 있다니까.
B : 무섭구나. 조심해야겠다.

484 うっとり 넋을 잃고, 멍하니

아름다운 것을 보고 마음을 빼앗겨 멍하니 있는 모양을 나타낸다.

관련표현

うっとりする 넋을 잃다, 멍하니 있다

Ⓐ 花嫁さん、きれいだったね。

Ⓑ ねー。ドレスもきれいで、うっとりしちゃった。

Ⓐ 結婚式に行くと、自分も結婚したくなるよね。

A : 신부 예뻤지.

B : 그치? 드레스도 예쁘길래 넋 놓고 보고 말았어.

A : 결혼식에 가면 나도 결혼하고 싶어진다니까.

485 うやむや 유야무야, 흐지부지함, 모호함, 애매함

있는지 없는지 확실하지 않은 것, 변하여 미적지근한 것을 뜻한다.

Ⓐ 分からないことがあったら、何でも聞いてね。

Ⓑ はい、ありがとうございます。

Ⓐ 聞くのが恥ずかしいからって、確認しないでうやむやにしちゃう
と、いずれ大きな失敗につながるからね。

Ⓑ 分かりました、気をつけます。

A : 잘 모르는 게 있으면 뭐든지 물어봐. B : 네. 고맙습니다.

A : 물어보는 게 부끄럽다고 확인하지 않고 유야무야 넘어가면 언젠가는 큰 실수로 이어
지게 될 테니 말이야. B : 알겠습니다. 명심하겠습니다.

大袈裟(おおげさ) 과장됨, 야단스러움

일을 사실 이상으로 과장하는 것을 말한다.

(A) 痛い！包丁で指切っちゃった！

(B) 大丈夫？

(A) 痛くて、もう今日は料理できない！病院行かなきゃ！

(B) <u>大袈裟</u>だな。ちょっと血が出ただけじゃん。

A : 아야! 부엌칼에 손가락 베었어.

B : 괜찮아?

A : 아파서 이제 오늘 음식은 못하겠어! 병원 가야겠다!

B : <u>엄살은</u>, 피가 좀 난 것 가지고.

思(おも)い切(き)って 과감하게

강하게 마음을 정하는 것을 말한다.

(A) あの先輩、彼女いるのかな？

(B) そんなに気になるなら、聞いてみればいいじゃん。

(A) そんな簡単に言わないでよ。

(B) 悩んでても仕方ないんだから、<u>思い切って</u>聞いてみなって。

• **気(き)になる** 신경 쓰이다, 궁금하다

A : 저 선배 여자친구 있을까?

B : 그렇게 궁금하면 직접 물어보든가.

A : 그렇게 쉽게 말하지 마.

B : 고민해 봤자 방법이 없으니 <u>과감하게</u> 물어보라니까.

がっかり 실망함

실망하는 모양을 나타낸다.

Ⓐ このレストラン、味がいまいちだね。けっこう値段は高いのに。

Ⓑ ね、ネットで見たら評判良かったんだけど。

Ⓐ お店の雰囲気は良いけど…。

Ⓑ 期待してたのに、がっかりだね。

• いまいち 조금 부족한 모양

A : 이 레스토랑 맛이 별로네. 꽤 비싼 레스토랑인데 말이야.

B : 그치. 인터넷 검색했을 땐 평판이 좋았는데.

A : 레스토랑 분위기는 괜찮은데….

B : 기대했는데 실망이다.

がむしゃら 죽을둥 살둥

앞뒤 생각 없이 무턱대고 열심히 노력하는 모양을 나타낸다.

Ⓐ 高校の時は野球部だったんですよ。

Ⓑ そうなんだ、甲子園とか目指してたの？

Ⓐ はい、甲子園目指して、がむしゃらに毎日練習してましたね。

Ⓑ いいねー。青春って感じだね。

• 甲子園(こうしえん) 일본 효고 현 니시노미야 시에 있는 야구장 이름. 일본고교야구대회의 상징

A : 고등학교 때는 야구부였습니다.

B : 그렇구나. 고시엔 같은 거 목표로 했었어?

A : 네. 고시엔을 목표로 해서 매일 죽기 살기로 연습했었죠.

B : 좋군. 젊음이 좋긴 좋아.

490 ___ **ぐったり** 축 늘어짐

아주 피곤하거나 혹은 더위 같은 걸 먹어서 녹초가 된 모양을 나타낸다.

Ⓐ 明日の日曜日、どっか行かない？

Ⓑ いいけど、近場にしようよ。

Ⓐ え～、せっかくの休みなんだから、ちょっと遠出しようよ。

Ⓑ 日曜日に一日中遊ぶと、月曜の朝から疲れて<u>ぐったり</u>しちゃうんだよ。

• 近場(ちかば) 가까운 곳

A : 내일 일요일인데 어디 안 갈래?　B : 좋긴 한데 어디 가까운 데로 가자.
A : 뭐야, 모처럼 쉬는 날이니까 좀 멀리 가야지.
B : 일요일에 온종일 놀면 월요일 아침부터 피곤해서 <u>축 늘어져</u> 버린다니까.

---

491 ___ **しみじみ** 절실히, 곰곰이

마음속 깊이 느끼는 모양을 나타낸다.

Ⓐ 一人暮らしって、大変だよね。

Ⓑ 料理も洗濯も、全部自分でやらなきゃいけないしね。

Ⓐ 実家にいるときは、全部親がやってくれるもんね。

Ⓑ ほんと。一人暮らしして、親のありがたみが、<u>しみじみ</u>わかったよ。

A : 혼자 사는 거 힘들지.
B : 요리도 빨래도 전부 직접 해야 하고 말이야.
A : 본가에 있을 때는 전부 부모님이 해 주시잖아.
B : 정말. 혼자 살아 보니 부모님의 고마움을 <u>절실히</u> 느끼겠어.

けちょんけちょん 호되게 몰아세움

좋은 점이 하나도 없다고 호되게 몰아세우거나 깎아내리는 모양을 나타낸다.

관련표현

けちょんけちょんに負(ま)ける 완패하다

Ⓐ 論文書いてるんだって?

Ⓑ これがまた、すごい大変で、最近、徹夜続きだよ。

Ⓐ そんなに大変なんだ。

Ⓑ 一度教授に見せたんだけど、**けちょんけちょんに**言われちゃっ
て、初めから書き直してるんだ。

A : 논문 쓰는 중이라며?
B : 이게 또 굉장히 힘들어서 말이지, 요즘 계속 밤샘하고 있어.
A : 그렇게 힘든 거구나.
B : 한 번 교수님한테 보여 드렸는데 호되게 나무라셔서 처음부터 다시 쓰는 중이야.

- -

Ⓐ 昨日の野球の試合どうだった?

Ⓑ **けちょんけちょんに**負けたよ。

Ⓐ そんなに相手が強かったの?

Ⓑ ピッチャーの投げる球が速いし、打者もすごいしで、15ー0のコ
ールド負け。

• コールド 콜드게임

A : 어제 야구 경기 어떻게 됐어? B : 보기 좋게 완패했어. A : 그렇게 상대 팀이 강했어?
B : 투수가 던지는 공이 워낙 빠르고 타자도 굉장해서 15-0으로 콜드 패했어.

493 **たっぷり** 듬뿍

넘쳐흐를 정도로 충분한 모양을 나타낸다.

Ⓐ コーヒーにミルク入れる？

Ⓑ うん！ たっぷり入れて！

Ⓐ 砂糖は？

Ⓑ 砂糖もたっぷりお願い！

A : 커피에 우유 넣을래?
B : 응! 듬뿍 넣어 줘!
A : 설탕은?
B : 설탕도 듬뿍 부탁해!

---

494 **だらだら** 질질, 늘어짐

해야 할 일을 하지 않고 긴장감 없이 있는 모양을 나타낸다.

Ⓐ やることいっぱいあるのに、ついだらだらしちゃうんだよね。

Ⓑ そうそう、テレビつけたりすると、だらだら見ちゃうしね。

Ⓐ 暑いと特に、やる気が起きなくて、だらだらしたまま1日が終わっ
ていくよね。

A : 할 일이 잔뜩 있는데 나도 모르게 늘어지곤 해.
B : 맞아 맞아. 텔레비전을 켜 놓으면 늘어져서 보게 되고 말아.
A : 날이 더울 땐 특히 의욕이 안 생기니까 빈둥거린 채 하루가 끝나 버리잖아.

495 **ちゃらちゃら** 건들건들, 짤랑짤랑

원래 짤랑짤랑처럼 금속이 부딪쳐 나는 소리를 뜻한다. 사람에게 사용하면 촐랑대는 느낌, 또는 건들거리거나 조금 놀 것 같은 느낌이 드는 남자를 가리킨다.

Ⓐ あの人かっこいい～～。

Ⓑ そう？ なんかちゃらちゃらしてるじゃん。

Ⓐ でも、背も高いし、おしゃれだよ。

Ⓑ ああいう、茶髪にピアスして、女好きっぽい感じの男、嫌いなんだよね。

A : 저 사람 멋있다～~.　B : 그래? 좀 건들거리는 것 같잖아.
A : 그치만 키도 크고 멋쟁이야.　B : 저런 노랑머리에 피어싱을 하고, 여자 밝힐 것 같은 타입의 남자, 난 싫어.

496 **つくづく** 절실히, 뼈저리게

어떤 것을 뼈저리게 느끼는 모양을 나타낸다.

Ⓐ 仕事で失敗しちゃって、部長に怒られたよ。

Ⓑ 相変わらず大変そうだね。

Ⓐ うん、つくづく社会人って大変だなって思ったよ。

Ⓑ あまり気を落とさずにがんばりなよ。

A : 일을 그르쳐서 부장님한테 혼났어.
B : 여전히 힘들어 보이는데.
A : 어. 뼈저리게 사회생활이 힘든 거구나 하고 느꼈어.
B : 너무 기죽지 말고 열심히 해 봐.

ぴったり 꼭, 꽉, 딱

빈틈없이 꼭 맞는 모양을 나타낸다.

Ⓐ このワンピース、私にはちょっと小さいんだけど着る？

Ⓑ かわいいじゃん！ 着る着る！

Ⓐ サイズどう？

Ⓑ ぴったりだよ！

A : 이 원피스 나한테는 좀 작은데 입을래?
B : 예쁘다! 입을게, 내가 입을래!
A : 사이즈 어때?
B : 딱이야!

---

498 **ぶらぶら** 어슬렁어슬렁

목적도 없이 여유롭게 걷는 모양을 나타낸다.

관련표현

ぶらぶらする 어슬렁거리다

Ⓐ 映画が始まるまで、まだ時間があるね。

Ⓑ そうだね。お茶でもする？

Ⓐ う～ん、さっきコーヒー飲んだからなぁ。

Ⓑ じゃあ、デパートでもぶらぶらしてよっか。

A : 영화가 시작하기 전까지 아직 시간이 있네.　B : 그러네. 차라도 마실까?
A : 음, 아까 커피 마셔서.　B : 그럼, 백화점이라도 슬슬 구경하자.

딱 달라붙은 모양을 나타낸다.

Ⓐ あの二人、仲良いよね。

Ⓑ いっつも人前でべたべたしてるよねぇ。

Ⓐ ちょっと目のやり場に困るくらいだよね。

Ⓑ ほんとほんと。
　 うざいくらいにべたべたしてるんだもん、嫌になっちゃう。

A : 저 두 사람 사이 좋은데.
B : 허구한 날 사람들 앞에서 찰싹 달라붙어 있더라.
A : 시선을 어디에 둬야 할지 모르겠어.
B : 내 말이. 짜증날 정도로 찰싹 달라붙어 있어, 싫다 정말!

'平気(へいき) 아무렇지도 않음'에 'ちゃら (입에서 나오는 대로) 함부로 말함'이 합해진 말로, 문제시하지 않는 것, 신경 쓰지 않는 것을 말한다.

Ⓐ 転んじゃったの？ 大丈夫？

Ⓑ このぐらいへっちゃらだよ！

Ⓐ でも血が出てるよ。

Ⓑ こんなの、つばでもつけてれば治るよ！

A : 넘어졌어? 괜찮아?
B : 이 정도는 아무렇지도 않아.
A : 그래도 피 나는데?
B : 이 정돈 침 바르면 나아!

실없이 웃는 모양을 나타낸다.

관련표현

へらへら笑(わら)う 실실 웃다

Ⓐ あそこのお店の店員さんって感じいいよね。

Ⓑ そう? ただ単にへらへら笑ってるだけって感じじゃない?

Ⓐ いつも笑顔で迎えてくれていいじゃん。

Ⓑ 気が利かないし、いまいちだよ。

へらへら笑ってりゃいいってもんじゃないでしょ。

• 気(き)が利(き)く 눈치가 빠르다

A : 저 가게 점원 느낌이 좋지?

B : 그래? 그냥 단순히 실실 웃고 있는 듯한 분위기 아냐?

A : 항상 웃는 얼굴로 맞아 주는데 좋잖아.

B : 눈치도 없고 별로야. 실실 웃고 있다고 좋은 건 아니잖아.

갓 만들어 따끈따끈한 상태, 뭔가를 한 지 얼마 안 된 상태나 그 모양을 나타낸다.

관련표현

できたての**ホヤホヤ** 만든 지 얼마 안 됨
新婚(しんこん)ホヤホヤ 이제 갓 신혼
生(う)まれたての ホヤホヤ 갓 태어남

Ⓐ あそこのパン屋(や)さんって、いつも行列(ぎょうれつ)だよね。

Ⓑ 焼(や)き立(た)て<u>ホヤホヤ</u>のパンが買(か)えるから、人気(にんき)があるんだよ。

Ⓐ そうなんだ。焼(や)き立てっておいしいもんね。

Ⓑ 匂(にお)いもいいし、私も、あのパン屋の前(まえ)を通(とお)ると、つい買(か)っちゃうんだよね。

● 行列(ぎょうれつ) 여럿이 줄지어 감

A : 저 빵집은 항상 손님들이 줄 서 있더라.
B : 갓 구운 <u>따끈따끈한</u> 빵을 살 수 있으니까 인기 있는 거야.
A : 그렇구나. 갓 구운 빵이 맛있지.
B : 빵 굽는 냄새가 좋아서 나도 저 빵집 앞을 지날 땐 나도 모르게 빵을 사 버린다니까.

wrap up 2

회화에 자주 나오는 '속담' 익히기

우리에게도 잘 알려진 일드 〈花より男子 꽃보다 남자〉 기억하시죠? 이 드라마의 제목은 일본 속담에서 따온 거라고 해요. 여기서도 소개한 花より団子라는 속담 중 '団子(だんご) 경단'을 '男子(だんし) 남자'로 바꾼 거죠. 원래 子(し)는 子(こ)라고 발음하기도 하거든요. 속담에 동음을 넣어 유머러스하게 만든 제목이죠. 처음엔 드라마나 애니를 통해 배운 속담을 정리하고 익히기에도 바쁘겠지만, 어느 날 속담을 섞어 가며 대화하고 있는 자신을 발견하게 될지도 몰라요.

豚に真珠

---

503 __ 花(はな)より団子(だんご) 금강산도 식후경

'花より 꽃보다', '団子 경단'이라는 뜻으로, 금강산도 식후경, 즉 외형적인 것보다는 실리를 추구한다는 말이다.

Ⓐ お花見するのに、どんなお弁当持って行こうか。

Ⓑ 家でも作って、デパ地下でも何か買って行こうよ。

Ⓐ お花見って、お花より、おいしい食べ物が目的だよね。

Ⓑ 花より団子だよね。

A : 벚꽃놀이 갈 때 무슨 도시락 가져갈래?
B : 집에서도 만들어가고 백화점 식품매장에서도 뭘 좀 사 가자.
A : 꽃구경인데 꽃보다 맛있는 음식이 목적이구나.
B : 금강산도 식후경이라잖아.

可愛(かわい)さ余(あま)って憎(にく)さ100倍(ばい)
귀여운 나머지 미움 백 배

'可愛さ 귀여움'이 '余って 넘쳐서' 오히려 '憎さ 미움'이 '100倍 백 배'라는 뜻으로, 너무 사랑한 나머지 배신 같은 것을 당하면 오히려 그 사람을 미워하는 것을 말한다.

Ⓐ 香織(かおり)の彼氏(かれし)、別(わか)れ話(ばなし)をしたら、ストーカーみたいにしつこく連絡(れんらく)してきたり、嫌(いや)がらせしてくるようになったんだって。

Ⓑ あの彼氏(かれし)、すごく優(やさ)しそうで、仲(なか)も良(よ)かったのにね。

Ⓐ 別(わか)れ話(ばなし)を切(き)り出(だ)した途端(とたん)、人格(じんかく)が変(か)わったらしいよ。

Ⓑ 可愛さ余って憎さ100倍ってやつなのかね。

- 嫌(いや)がらせ 장난, 협박, 짓궂음
- 切(き)り出(だ)す 말을 꺼내다

A : 가오리 남자친구 있지, 헤어지자고 했더니 스토커처럼 끈질기게 연락하고 협박해댄다.
B : 그 친구 정말 자상해 보이고, 둘 사이도 좋았는데 말야.
A : 헤어지자는 얘기를 꺼내자마자 인격이 달라졌나 봐.
B : 귀여운 나머지 미움 백 배는 이걸 두고 하는 말인가 보다.

可愛さ余って憎さ100倍

505 郷(ごう)に入(い)れば郷(ごう)に従(したが)え
로마에 가면 로마법을 따르라

'郷に入れば 마을에 들어가면', '郷に従え 마을에 따르라'라는 뜻으로, 어떤 곳이든 그곳에 살게 되었다면 그곳의 규칙이나 풍속을 따르라는 의미다.

(A) 海外(かいがい)での生活(せいかつ)はどう？

(B) やっぱり文化(ぶんか)の違(ちが)いを感(かん)じることは多(おお)いよ。

(A) 慣(な)れるまでは大変(たいへん)だよね。

(B) 郷に入れば郷に従えっていうし、こっちの文化に慣れていくしか

ないよね。

A : 외국에서의 생활은 어때?　B : 역시 문화의 차이를 느끼는 경우가 많아.

A : 익숙해질 때까지는 힘들지.

B : 로마에 가면 로마법을 따르라잖아. 이쪽 문화에 익숙해지는 수밖에 없지.

506 風当(かぜあ)たりが厳(きび)しい
風当(かぜあ)たりが強(つよ)い 비난이 거세다

'風当たり 바람받이, 비유적으로 비난, 공격'이 '厳しい 엄하다, 심하다'라는 뜻으로, 주위에서 나쁜 평판을 듣거나 냉담한 대접을 받는 것을 말한다.

(A) 香織(かおり)、まだ結婚(けっこん)しないの？

(B) っていうか、結婚するつもりないんだよね。

(A) へー、独身主義(どくしんしゅぎ)なんだ。

(B) うん、でも30過(す)ぎて独身でいると、世間(せけん)の風当たりが、どんどん

厳しくなってきてさ。

A : 가오리는 아직 결혼 안 해?　B : 안 한다기보단 결혼 생각이 없어.　A : 음. 독신주의구나.　B : 어. 그렇지만 서른 넘어서 독신이면 세상의 눈이 점점 따가워져서 말이야.

腫(は)れ物(もの)に触(さわ)る 조심조심해서 다루다

'腫れ物 종기, 부스럼'에 '触る 닿다, 만지다'라는 뜻으로, 터질 듯한 종기를 만지는 것처럼 상대의 기분이 상하지 않게 조심해서 대하는 것을 말한다. 즉, '腫れ物に触るような感(かん)じ 신줏단지 모시는 듯한 느낌'이라는 말이다. 반대로 상대가 나를 그렇게 취급한다면 'まるで腫れ物に触るような扱(あつか)い 마치 종기라도 건드리는 것처럼 다룸'이라고 해석할 수 있다.

(A) あの先輩、彼氏に婚約破棄されちゃったらしいね。

(B) そうそう、結婚式の日取りまで決まってたのに。

(A) あの先輩の前では、彼氏の話とか、結婚の話はタブーだね。

(B) そうそう、みんなも先輩に気使ってて、まるで<u>腫れ物に触る</u>ような感じだよね。

● **タブー** 터부, 금기

A : 저 선배, 남자친구한테 파혼당한 모양이야.
B : 그래, 결혼식 날짜까지 정해진 마당에.
A : 저 선배 앞에서는 남자친구 얘기라든가 결혼 얘기는 절대금지다.
B : 그래그래. 모두 선배한테 신경 쓰느라 마치 <u>신줏단지 모시는</u> 듯한 느낌이네.

508 嘘(うそ)も方便(ほうべん) 선의의 거짓말

말 그대로 '거짓말도 방편'으로 때에 따라서는 거짓말을 써야 할 때도 있다는 말이다.

(A) 友達(ともだち)がケーキ作(つく)ってくれたんだけど、すごいまずくてさ。

(B) まずいって正直(しょうじき)に言(い)ったの？

(A) そこまで仲良(なかよ)くない子(こ)だから、おいしいって嘘(うそ)つくしかなかったよ。

(B) まぁ、嘘も方便っていうしね。

(A) でも、そしたら次(つぎ)の日(ひ)もお菓子(かし)作ってきて、まいったよー。

A : 친구가 케이크 구워 줬는데 정말 맛없더라.　B : 맛없다고 솔직하게 말했어?
A : 그렇게까지 말할 만큼 친한 애가 아니라서 맛있다고 거짓말할 수밖에 없었어.
B : 뭐. 선의의 거짓말도 있으니까.
A : 그런데 어떤 줄 알아, 그 다음날도 과자 구워 왔지 뭐야, 난처하더라고.

509 目(め)と鼻(はな)の先(さき) 엎어지면 코 닿을 데

말 그대로 '눈과 코끝'이라는 뜻으로, 아주 가까운 곳을 말한다.

(A) 新(あたら)しい家(いえ)はどう？

(B) 前(まえ)の家(いえ)より広(ひろ)いし、日当(ひあ)たりもいいからいいよ。

(A) 周(まわ)りの環境(かんきょう)も良(よ)さそう？

(B) うん、目と鼻の先にスーパーがあって便利(べんり)だし、大(おお)きな公園(こうえん)もあるし、住(す)みやすそうだよ。

A : 새로 이사한 집은 어때?
B : 전에 살던 집보다 넓고 햇볕도 잘 들어서 좋아.
A : 주변 환경도 괜찮은 것 같아?
B : 어. 가까이에 슈퍼마켓이 있어서 편리하고 커다란 공원도 있고, 살기 편할 것 같아.

510 　手取(てと)り足取(あしと)り　꼼꼼히 가르쳐 줌

'손으로 잡고 발을 잡음'이라는 뜻으로 온갖 방법을 다 써서 꼼꼼하게 잘 가르쳐 주는 모양을 말한다.

Ⓐ ゴルフ始(はじ)めたんだって？

Ⓑ うん、会社(かいしゃ)の付(つ)き合(あ)いもあるから、始(はじ)めてみたの。

Ⓐ ゴルフって難(むずか)しくない？

Ⓑ 難(むずか)しいけど、先輩(せんぱい)が<u>手取(てと)り足取(あしと)り</u>教(おし)えてくれるし、けっこう楽(たの)しいよ。

A : 골프 시작했다고?　B : 어. 회사에서 접대골프도 있고 해서 시작했지.
A : 골프 어렵지 않아?　B : 어렵긴 해도 선배가 <u>세심하게</u> 가르쳐 주고 해서 꽤 재미있어.

511 　棚(たな)からぼたもち、棚(たな)ぼた
호박이 넝쿨째 들어오다, 굴러 들어온 호박

'棚(たな)から 선반에서', 'ぼたもち 경단'이라는 뜻으로, 선반에서 떡이 떨어지듯 아무것도 하지 않았는데 생각지도 못한 복이 굴러들어 오는 것을 말한다.

Ⓐ 今度(こんど)、ハワイに行(い)くんだ。

Ⓑ よくそんなお金(かね)貯(た)めれたね。

Ⓐ それが、友達(ともだち)が抽選(ちゅうせん)で当(あ)たったんだけど、仕事(しごと)が忙(いそが)しくて行けないって言(い)うから、私(わたし)が代(か)わりに行(い)くことになったんだ。

Ⓑ いいなー！ <u>棚(たな)からぼたもち</u>だね！

A : 이번에 하와이 가.　B : 어쩜 그런 돈을 다 모았어.
A : 그게 말이야, 친구가 추첨에서 당첨됐는데 일이 바빠 못 간다길래 내가 대신 가게 된 거야.
B : 좋겠다! 호박이 넝쿨째 들어왔네!

512 便(たよ)りのないのはよい便り　무소식이 희소식

'便りのないのは 소식이 없는 것은', 'よい便り 좋은 소식'이라는 뜻으로, 좋지 않은 일에는 어련히 연락을 해 올 것이므로 오히려 연락 없는 편이 나을 거라는 말이다.

Ⓐ 香織ってば、留学に行ってから全然連絡してこないわね。

Ⓑ きっと勉強で忙しいんだろう。

Ⓐ でも、メールする時間くらいあるだろうに。

Ⓑ まぁ、便りのないのはよい便りっていうし、元気にしてるってこと
だろう。

A : 가오리는 유학 가더니 전혀 연락이 없네. B : 틀림없이 공부하느라 바빠서겠지.
A : 그렇지만 메일 보낼 시간 정도는 있을 거 아냐.
B : 뭐, 무소식이 희소식이라잖아. 건강하게 잘 있겠지.

---

513 二足(にそく)のわらじを履(は)く　투잡을 갖다

'二足 두 켤레'의 'わらじを履く 짚신을 신다'라는 뜻으로, 겸할 수 없는 두 가지 일을 하는 것을 말한다. 주로 한 번에 두 가지 일을 병행하고 있다고 할 때 쓴다.

Ⓐ 結婚してから、前よりももっと忙しそうだね。

Ⓑ 今まで通り会社には行かないといけないし、家事もしないといけ
ないから、忙しくて。

Ⓐ 会社員と妻の二足のわらじを履くのは大変だね。

Ⓑ 旦那がもうちょっと協力してくれれば楽になるんだけど…。

A : 결혼하더니 전보다 더 바빠 보이네.
B : 지금까지와 마찬가지로 회사에는 나가야지, 거기다 집안일도 해야 하니까 바쁘지.
A : 회사원과 아내 노릇, 두 가지를 병행하기란 참 힘들겠다.
B : 남편이 조금만 더 도와준다면 수월할 텐데….

514 百聞(ひゃくぶん)は一見(いっけん)にしかず
백문이 불여일견

'百聞は 백 번 듣는 것은', '一見に 한 번 보는 것에', 'しかず 미치지 못 한다'라는 뜻으로, 직접 경험해야 확실히 알 수 있다는 말이다.

Ⓐ エジプトの旅行(りょこう)はどうだった？

Ⓑ ピラミッドが本当(ほんとう)に感動的(かんどうてき)だったよ！

Ⓐ やっぱり、ピラミッドってすごいんだね。

Ⓑ 今(いま)まで、たくさん話(はなし)は聞(き)いてたんだけど、<u>百聞は一見にしかず</u>で、実物(じつぶつ)を見(み)ると、そのすごさが本当に実感(じっかん)できる！

A : 이집트 여행은 어땠어?　B : 피라미드가 진짜 감동적이었어!

A : 역시 피라미드가 굉장한 거로구나.

B : 지금껏 수없이 얘기는 들었지만 '<u>백문이 불여일견</u>'이라고 실물을 보니까 그 굉장함을 진짜 실감할 수 있겠더라고!

515 豚(ぶた)に真珠(しんじゅ)　돼지 목에 진주

귀중한 것도 가치를 모르는 사람에게는 무의미하다는 말이다.

Ⓐ うわ、これ有名(ゆうめい)ブランドのバックじゃん。

Ⓑ え？ そうなの？ 誕生日(たんじょうび)に彼氏(かれし)にもらったんだけど。

Ⓐ 超高(ちょうたか)いよ！ これ！ こんな有名なブランド知(し)らないの？

Ⓑ そういうの、気(き)にしないから。 使(つか)えれば何(なん)でもいいんだけど。

Ⓐ <u>豚に真珠</u>とは、このことだね。

A : 우와, 이거 명품백이잖아.　B : 어머? 그러니? 생일에 남차친구한테 받은 건데.

A : 굉장히 비싼 거야! 이거! 이런 명품 몰라?

B : 그런 건 관심 없으니까. 쓸 수만 있으면 뭐든 상관없는데.

A : <u>돼지 목에 진주</u>라는 말이 바로 이런 경우에 하는 말이지.

'馬子にも 마부에게도', '衣装 의상'이라는 뜻으로, 멋진 옷을 입거나 평소와는 다른 특별한 옷을 입고 온 여성에게 쑥스러운 듯 남자가 잘 쓰는 말이다.

Ⓐ おっ! 香織、浴衣着てきたんだ。
Ⓑ 花火大会に行くなら浴衣着ないとね!

けっこう似合うでしょ?

Ⓐ 馬子にも衣装ってやつだな。
Ⓑ 何よ、それ。褒めてるの? けなしてるの?

• けなす 헐뜯다, 비방하다

A : 어! 가오리, 유카타 입고 왔구나.
B : 불꽃놀이라면 유카타 아냐! 어때, 잘 어울리지?
A : 옷이 날개로군.
B : 뭐야, 그게. 칭찬이야? 욕이야?

馬子にも衣装

517 類(るい)は友(とも)を呼(よ)ぶ 끼리끼리 모이다

'類は 닮음은', '友を呼ぶ 벗을 부른다'라는 뜻으로, 마음이 맞는 사람이나 통하는 사람이
자연스럽게 모이는 것을 말한다.

(A) ダンビの結婚式の二次会で、かっこいい人に出会えないかな。

(B) ダンビの旦那さん、かっこいいから、旦那さんの友達もかっこい
い人多そうだよね!

(A) 類は友を呼ぶって言うしね!

(B) 気合入れておしゃれして、いい人いたら、知り合いになれるよう
に頑張ろうよ。

• 気合(きあい)を入(い)れる 기합을 넣다, 힘을 주다

A : 단비 결혼식 피로연에서 멋진 사람 만날 수 있을까?
B : 단비 남편이 근사하니까 남편 친구들도 멋진 사람들 많을 것 같은데!
A : <u>끼리끼리 모인다잖아!</u>
B : 예쁘게 입고 나가서 좋은 사람 있으면 연결될 수 있게 최선을 다하는 거다.

"위치를 못 찾을 때는 인덱스에 물어보세요!"

Index
백퍼 일본어 회화체

- あうんのこきゅう 324
- あげあしをとる 256
- あけおめことよろ 362
- あさめしまえ 373
- あしのふみばもない 326
- あじをしめる 445
- あそこ → あすこ、あっこ 069
- あたまがさがる 396
- あとのまつり 159
- あなた → あんた、あーた 067
- あなた、なにさまのつもり？ 139
- あのう 030
- あのさ 031
- あのなぁ 033
- あのね 032
- あまり → あんま(り) 079
- あら 049
- ありえない 174
- アリバイ 438
- あれ? 051
- あわせるかおがない 158
- いいえ → いえ 073
- いいかげん 137
- いきいき 482
- いしきする 190
- いたい → いてえ → いってぇ、ってえ、いて 075
- いたくもかゆくもない 351
- いちおう 115
- いっきのみ 425
- いっそ 123
- いっとくけど 118
- イナバウアー 429
- いまのところ 128
- イメチェン 356
- いやぁ 062
- いやしけい 211
- いらっしゃい → らっしゃい 084
- いろけ 213
- ういてる 262
- うかつに 483
- うそ！ 172
- うそもほうべん 508
- うちべんけい 243
- うっかり 481
- うっとうしい 292
- うっとり 484
- うつわがおおきい / うつわがちいさい 244
- うやむや 485
- うるさい→るさい、るせぇ、るっせぇ 085
- うれすじ / しにすじ 480
- うれっこ 170
- うんざり 267
- エコ(eco) 479
- えっ 053
- エロかわ 212
- えんきょりれんあい 195
- え段 + ば → い段 + や(ぁ) 110

- おい / おいおい 038
- おうさまゲーム 427
- おお、おー 061
- おおぐい 459
- おおげさ 486
- オール 436
- おくがふかい 460
- おじさん → おっさん、おっちゃん、おじん / おばさん → おばはん、おばん 077
- おじゃましてます 328
- おススメ 452
- おそろい 199
- おたかくとまる 236
- オチ 248
- おちこぼれ 313
- おっと 052
- おてあげ 370
- おてて 320
- おてんば 233
- おとこうけ / おんなうけ 214
- おとなびた / こどもじみた 237
- おによめ 307
- おまえ → おめぇ 068
- おもいきって 487
- おもわずぼやく 144
- おや 050
- おやばなれ / こばなれ 311
- か 002
- かい 022
- カカアでんか / ていしゅかんぱく 308
- ががつよい 238
- かぎっこ 309
- がくえんさい 340
- がくしょく 341
- かげがうすい 239
- かしら 018
- かぜあたりがきびしい、かぜあたりがつよい 506
- かたこと 249
- かたのにがおりる 395
- かたをもつ 278
- がっかり 488
- かつぜつ 251
- かな 017
- かまって 196
- かまをかける 192
- がむしゃら 489
- かも 016
- ガラクタ 465
- カラげんき 225
- ガラじゃない 241
- かりパク 347
- かわいい → かわいー、かわゆい 083
- かわいさあまってにくさ100ばい 504
- かんけいない 140
- かんじ 424
- かんべんしてほしい 413
- きあい 348

- きがおけない 434
- きがきでない 301
- きがぬける 372
- きがめいる 291
- きげんがわるい 294
- ぎこちない 252
- きまぐれ 242
- ぎゃくギレ 143
- ギャップ 224
- きょどる 420
- きよみずのぶたいからとびおりるつもりで 411
- キリがいい / キリがわるい 393
- ギリギリ / ギリギリセーフ 187
- くいつく 454
- くうきをよめない、KY 257
- くぎをさす 447
- ググる 349
- くそっ 133
- くだらない 277
- くちコミ 171
- くちをすっぱくしていう 254
- くちをそろえる 255
- ぐったり 490
- くつろぐ 297
- くびをつっこむ 407
- くやんでもくやみきれない 153
- グレる 333
- グロッキー 430
- ケチじゃなくてエコ 279
- けちょんけちょん 492
- けちをつける 280
- ゲッ 054
- けりをつける 209
- けんがい 193
- げんかつぎ 365
- けんたいき 197
- けんとうがつく 448
- こうえんデビュー 329
- こうこうデビュー 355
- こうじつ 188
- ごうにいればごうにしたがえ 505
- コールしてのませる 426
- ごがつびょう 358
- ここだけのはなし 398
- こごと 317
- こころをおににして 409
- こじれる 168
- こだわり 458
- ごちそう 453
- ことばづかい 250
- ごまをする 386
- ごめん 150
- こら！ 134
- これは → こりゃ / それは → そりゃ / あれは → ありゃ 109
- これみよがしに 282
- こんにちは → こんちは 076
- さ 014

- さあ~ 060
- さいブレイク 161
- さしいれ 385
- さっさとしろよ 319
- さばをよむ 160
- ざまをみろ、ざまぁをみろ 148
- さまになる 210
- ざんまい 202
- ジェネレーションギャップ 165
- シカト 281
- しごく 387
- じこチュー 285
- じこる 442
- したづみをうつ 457
- したみ 207
- しつけ 335
- じつは 116
- じばらをきる 381
- しまった 414
- しみじみ 491
- じゃ 027
- ジャーン 037
- シャイ 234
- しゃこうじれい 402
- シャッターチャンス 163
- じゃん 004
- しゅっせがしら 379
- しゅっせきをとる 342
- しょうがないじゃん 132

- しょうたいじみている 330
- しょげる 289
- じょしかい 375
- じらいをふむ 286
- しらをきる 443
- しりがるおんな 229
- しりにしかれている 306
- じれったい 304
- しろいめでみる 283
- ジンクス 366
- しんどい 390
- ずうずうしい 269
- すこし → ちょっと、ちょい、ちょっぴり、ちびっと 080
- すこしも → ちっとも 081
- すじあい 276
- すずめのなみだ 374
- すっぽかす 182
- すねをかじる 312
- ずばり 404
- ずぼし 419
- すまんかった 151
- すみません → すいません 088
- ずるい 268
- ぜ 013
- セクハラ 377
- せけんしらず 331
- せこい 266
- せっかく 127

- ゼミ 360
- ぜんとたなん 401
- せんやく 181
- ぞ 012
- そうか → そっか、そーか 070
- そうしょくけいだんし / にくしょくけいじょし 231
- そうそう → そそ 074
- そうだ！ 034
- そうだんにのる 397
- そっくり 334
- そのばしのぎ 405
- そもそも 119
- そりがあわない 240
- それでもいいか → それでもいっか 072
- そろそろおいとまします 338
- だ 001
- たい → てー、てぇ 098
- だいいちいんしょう 220
- たいこばんをおす 406
- たかが 126
- たくのみ 431
- ダサい 216
- だだをこねる 332
- たちがわるい 432
- だって 121
- たっぷり 493
- たなからぼたもち、たなぼた 511
- たなにあげる 284
- たまえ 026

- ダメだし 287
- たよりのないのはよいたより 512
- だらだら 494
- たりきほんがん 288
- だるい 245
- ちいさい → ちっこい、ちっちゃい 082
- ちかよりがたい 221
- ちからもち 227
- チクショー、チキショー 135
- ちくる 343
- ちこくま 344
- ちゃちゃをいれる 253
- ちゃらちゃら 495
- ちょいワル 215
- ちょうウザイ 274
- ちょうしにのる 271
- ちょうだい、ちょーだい 325
- ついてる / ついてない 363
- つきあいがいい / つきあいがわるい 258
- つくづく 496
- っけ 019
- ツケがまわってくる 147
- って、ってば 122
- つめがあまい 389
- つよがる 228
- つれない 275
- てあげる → たげる / てやる → たる 105
- ていうか → つうか 089
- ていく → てく（でいく → でく） 100

- ていばん 476
- ている → てる（でいる → でる）099
- ているの？ → てんの？（ているんだ？ → てんだ？）112
- ておく → とく（でおく→ どく）101
- デカ / ホシ 440
- てかげん 477
- てがつけられない 433
- てしまう → ちゃう、ちまう（でしまう → じゃう、じまう）102
- てしまった → ちゃった（でしまった → じゃった、じまった）103
- でしゃばる 146
- です → （っ）す 097
- てとりあしとり 510
- では → じゃ 090
- デマ 162
- ても → たって（でも → だって）107
- テンションがあがる / テンションがさがる 295
- てんねん 263
- でんぱない 435
- と → って / という（명사）→ っていう / という → って 108
- どう？ 039
- どういうかぜのふきまわし？ 177
- どういうこと？ 046
- どうがん 222
- どうした？ 040
- どうして？ 045
- どうせ 125
- どうでもいいし 130
- どうにかなるよ 131
- とか 021
- どくをはく 149
- どこか → どっか 071
- ところ → とこ 086
- ドタキャン 183
- とっとと 318
- とにかく 120
- ともばたらき、ともかせぎ 314
- トラウマ 408
- とらばーゆ 384
- トラブルメーカー 273
- とりあえず 113
- とりつくしまもない 421
- とんでもない 176
- ドンびき 261
- ない → ねー、ねぇ 092
- ない → ん 093
- ながいしました 339
- なかったことにする 156
- なきべそ 302
- なければ → なけりゃ、なきゃ 106
- なぜ？ 041
- なつバテ 359
- なにかあった？ 047
- なにがあった？ 048
- なにそれ？ 044

- なによ 265
- なの 009
- ナマあし 468
- なめんなよ、ナメるなよ 138
- なりたりこん 316
- なるほど 064
- なんだ 063
- なんだかんだ 129
- なんて 124
- なんで？ 042
- なんて？ 043
- にそくのわらじをはく 513
- にっちもさっちも 380
- にどでま 264
- ぬかよろこび 337
- ぬきさしならないじじょう 184
- ぬけがけ 194
- ぬれぎぬ 439
- ね / な 006
- ねぇねぇ 035
- ねこぜ 219
- ねこのてもかりたい 391
- ネコババ 451
- ねこをかぶる 223
- ねぞうがわるい / ねぞうがよい 336
- ネタぎれ 208
- ネタばれ 166
- ねにもつ 145
- ねほりはほり 446

- ねもはもない 444
- ねんね 321
- の 008
- の → ん / ので → んで / のだ → んだ 091
- のう 028
- のやら 025
- のよ 010
- のよね 011
- ノリがいい / ノリがわるい 259
- のろけばなし 198
- は？ 055
- はいけない → ちゃいけない（ではいけない → じゃいけない）104
- はがうく 200
- はかどる 392
- はがゆい 167
- ばくすいする 185
- はこいりむすめ 315
- はしゃぐ 296
- パシリ 467
- バッサリ 469
- はなにつく 270
- はなよりだんご 503
- ハマる 461
- はらおどり 428
- はらをわって 403
- はれものにさわる 507
- パンキョー 345
- はんなき 303

- ひえしょう 470
- ひきたてやく 473
- ひく 260
- びっくりぎょうてん 175
- ぴったり 497
- ひとなみ 204
- ひとはだぬぐ 399
- ひにくる 352
- ビビる 205
- ひゃくぶんはいっけんにしかず 514
- ひょうざんのいっかく 449
- ひょうしぬけ 369
- びより 357
- ひょんなことから 178
- ぷー、ぷー太郎 383
- フェチ 247
- フォローする 400
- ぶきみ 305
- ふこうちゅうのさいわい 441
- ふざけんな 136
- ぶたにしんじゅ 515
- ぶっかけられる 450
- ぶっちゃけ 117
- ふところがさみしい 378
- ぶなん 471
- ふにおちない 180
- ぶらぶら 498
- プレッシャー 346
- ふんぱつして 410

- へこむ 290
- ベストをつくす 368
- ベタ 169
- べたべた 499
- へっちゃら、へいちゃら 500
- ヘマ 388
- ヘラヘラ 501
- ぼせいほんのうをくすぐる 218
- ほったらしにする 310
- ホヤホヤ 502
- ほら 036
- ほれる 189
- ほんとう → ほんと、んと 087
- ほんね / たてまえ 474
- ま、いっか 422
- まあ 059
- まいった 412
- まきで 437
- まくらをたかくしてねる 394
- まぐれ 364
- まけいぬ / かちいぬ 376
- まごにもいしょう 516
- まじ！ 173
- まず 114
- まずい 416
- まったり 298
- マニア 466
- マメ 235
- みずにながす 155

- みちくさ 322
- みな 023
- みみがいたい 353
- みみにタコ 323
- みもふたもない 272
- みゃくあり / みゃくなし 191
- ムード 201
- ムキになる 142
- むしょうに 455
- むだあし 350
- むちゃぶり 206
- むなしい 293
- むねにてをあててかんがえる 157
- めあて 203
- メアド 354
- めからうろこがおちる 179
- めくじらをたてる 141
- めヂカラ 164
- めとはなのさき 509
- めのいろがかわる 456
- めぼしをつける 475
- めんくい 230
- もう、もう 065
- もうそうへき 226
- もしもし 029
- もともこもない 371
- もん 020
- もんげん 327
- や 024
- やけになる 463
- やっちゃった 417
- やつれる 462
- やばい 415
- やはり → やっぱ(り) 078
- やましい 418
- やみあがり 464
- ややこしい 472
- やらかす 423
- やりきれない 300
- やれやれ 058
- ヤワ 217
- ゆるキャラ 478
- ゆるしてくれ 152
- よ 005
- よいおとしを 361
- よいしょ 057
- よし 056
- よね / よな 007
- よゆうない 299
- よるがた / あさがた / やこうせいにんげん 232
- らくしょう 367
- らない、れない → んない 094
- られる → れる 096
- りょうかい 186
- る → ん 095
- るいはともをよぶ 517
- ればどう？ → れば？ / たらどう？ → た

ら？（だらどう？ → だら？）111

- ろうにまよう 382
- わ 015
- わたし → あたし 066
- わびをいれる 154
- をきどる 246
- んだ / んです 003

雨(あめ)にも負(ま)けず

宮沢賢治(みやざわけんじ)

雨(あめ)にも負(ま)けず風(かぜ)にも負(ま)けず

雪(ゆき)にも夏(なつ)の暑(あつ)さにも負けぬ

丈夫(じょうぶ)な身体(からだ)を持(も)ち

欲(よく)はなく決(けっ)していからず

いつも静(しず)かに笑(わら)っている

一日(いちにち)に玄米四合(げんまいよんごう)と

味噌(みそ)と少(すこ)しの野菜(やさい)を食(た)べ

あらゆることを自分(じぶん)を勘定(かんじょう)に入(い)れずに

よく見聞(みき)きし分(わ)かりそして忘(わす)れず

野原(のはら)の松(まつ)の林(はやし)の蔭(かげ)の

小(ちい)さな萱葺(かやぶ)きの小屋(こや)にいて

東(ひがし)に病気(びょうき)の子供(こども)あれば

行って看病(かんびょう)してやり

西(にし)に疲(つか)れた母(はは)あれば

行ってその稲(いね)の束(たば)を負(お)い

南(みなみ)に死(し)にそうな人(ひと)あれば

行って怖(こわ)がらなくてもいいと言(い)い

北(きた)に喧嘩(けんか)や訴訟(そしょう)があれば

つまらないからやめろと言い

日照(ひで)りのときは涙(なみだ)を流(なが)し

寒(さむ)さの夏(なつ)はおろおろ歩(ある)き

皆(みんな)にデクノボーと呼(よ)ばれ

ほめられもせず苦(く)にもされず

そういうものに私(わたし)はなりたい

비에도 지지 않고
미야자와 겐지

비에도 지지 않고 바람에도 지지 않고
눈에도 여름 더위에도 지지 않는
튼튼한 몸으로
욕심은 없이 결코 화내지 않으며
늘 조용히 웃고
하루에 현미 네 홉과
된장과 채소를 조금 먹고
모든 일에 자기 잇속을 따지지 않고
잘 보고 듣고 알고 그래서 잊지 않고
들판 소나무 숲 그늘 아래
작은 초가집에 살고
동쪽에 아픈 아이 있으면
가서 돌보아 주고
서쪽에 지친 어머니 있으면
가서 볏단 지어 날라 주고
남쪽에 죽어가는 사람 있으면
가서 두려워하지 말라 말하고
북쪽에 싸움이나 소송이 있으면
별거 아니니까 그만두라 말하고
가뭄 들면 눈물 흘리고
냉해 든 여름이면 허둥대며 걷고
모두에게 멍청이라고 불리는
칭찬도 받지 않고 미움도 받지 않는
그러한 사람이 나는 되고 싶다

- 그림책공작소, 엄혜숙 옮김

오다기리 조, 구로키 하루가 출연하는 일드
<重版出来(じゅうはんしゅったい)!
중쇄를 찍자!>에 이 시가 나오죠?

私もそういうものになりたいです。
(저도 그런 사람이 되고 싶네요.)

다음에 또 만나요.

約束